Rome : l'empire infini

ALDO CAZZULLO

Rome : l'empire infini

La civilisation qui a façonné notre monde

Traduit de l'italien par
MARC LESAGE

HarperCollins

Titre original :
Quando eravamo i padroni del mondo. Roma, l'impero infinito

HARPERCOLLINS FRANCE
83-85, boulevard Vincent-Auriol, 75646 PARIS CEDEX 13
Tél. : 01 42 16 63 63

www.harpercollins.fr

ISBN 979-1-0339-1685-7

D'autres, j'y consens, feront mieux que nous respirer l'airain sous leur ciseau moelleux, tireront du marbre de vivantes figures ; ils plaideront mieux les causes, décriront mieux les révolutions du ciel, diront les astres qui se lèvent : toi, Romain, souviens-toi de régir les nations (ce seront là tes arts) et de leur imposer la paix, d'épargner ceux qui se soumettront, de réduire les superbes.

Virgile, *Énéide*

Il y avait un rêve qui s'appelait Rome : il doit être réalisé.

Maximus Decimus Meridius, *Gladiator*

Sommaire

Préface

Les bons journalistes s'occupent de l'actualité. Les meilleurs savent la relier au passé récent. Les excellents écrivent des livres d'histoire.

Dans son ouvrage sur la parabole de Rome, Aldo Cazzullo fait revivre avec des détails de chroniqueur les siècles d'histoire d'une ville fluviale devenue le centre du monde entre la mer Noire et l'océan Atlantique.

En tant que lecteur, je suis intrigué par la façon dont il campe ses personnages, sortes de bouées balisant le parcours d'une régate. L'histoire libérée du moule scolaire devient navigable.

Rome commence avec le régime monarchique de ses sept premiers rois et se termine par la succession chaotique des empereurs. Au milieu, la forme républicaine la plus inventive de l'histoire ancienne. C'est ce type de gouvernement qui rend cette ville exceptionnelle au cours des siècles qui ont vu son expansion civique et militaire.

Ses institutions, les tribuns du peuple, le Sénat font de la vie des citoyens une « *res publica* », un fait public en action. SPQR : *Senatus Populus Que Romanus*, Sénat et peuple romain, le sigle de la ville résume les fondements de son succès.

Jules César est la figure capitale du retour à une forme de monarchie. C'est à lui qu'est consacré le chapitre central de ce livre. Aldo Cazzullo détache sa personnalité de la galerie des statues solennelles et lui redonne vie. Il a donc souvent recours aux verbes au présent. On a ainsi l'impression de lire des scénarios plutôt que de simples biographies.

Le but du livre n'est pas de dresser un résumé historique, mais d'expliquer l'héritage de la civilisation romaine dans les us et coutumes, les lois et le vocabulaire du monde.

La langue contient l'histoire d'un peuple. De plus, c'est au latin que revient la paternité d'institutions publiques, de codes, de constructions qui ont résisté aux millénaires.

Le latin absorbera la nouvelle théologie chrétienne en lui fournissant son instrument de divulgation.

L'émanation de Rome irradie dans les époques suivantes, y compris dans la nôtre.

Les démocraties subissent des glissements vers des régimes totalitaires, virus jamais éradiqués. L'exemple de l'histoire de Rome permet d'en reconnaître les symptômes et de produire des défenses immunitaires.

Le bénéfice de cette lecture est de trouver dans les histoires anciennes une capacité à comprendre la fragilité du temps présent.

Erri De Luca
Traduit de l'italien par Danièle Valin

Introduction

Rome n'est jamais tombée.

L'Empire romain non plus. Et il ne tombera jamais. Car il continue de vivre dans les esprits, les mots, les symboles de ceux qui sont venus après lui.

Les peuples latins, qu'ils soient français, italien ou espagnol, ne sont pas les descendants directs des Romains de l'Antiquité – avant eux, il y eut les Celtes, les Grecs, les Phéniciens, et, après, les barbares. Mais les Romains nous ont laissé un héritage. Nous vivons sur la même terre, nous habitons les villes qu'ils ont fondées, nous empruntons les routes qu'ils ont tracées. Rome vit au travers de nos langues respectives, de nos bâtiments, de nos pensées. Dans notre manière de parler, de construire, de réfléchir, il subsiste un peu de la Rome antique. Et si nombre d'entre nous sont aujourd'hui chrétiens, c'est parce qu'elle l'est devenue.

Rome a inspiré les romans, les bandes dessinées, les films de notre enfance, de *Quo vadis* à *Astérix* en passant par *Ben-Hur*, bien avant *Gladiator*. Si aucune autre période n'a exercé une telle influence sur les générations suivantes, c'est aussi que les années où l'Empire a vu le jour ont coïncidé avec un autre événement qui a changé l'histoire de l'humanité : la naissance et la crucifixion de Jésus.

Le style de la Rome antique n'est jamais mort. À plusieurs reprises, on l'a vu renaître. De la Renaissance au néoclassicisme, de Palladio à Canova, de l'école de Fontainebleau à Soufflot et David, de nombreux artistes, parmi les plus grands qu'ait comptés l'Occident, ont dessiné, peint et sculpté comme le faisaient – d'après eux – les anciens Romains.

De même que chaque empereur a eu le sentiment d'être le nouveau César, chaque révolutionnaire s'est pris pour le nouveau Spartacus. Chaque empire a cru être l'héritier des Romains et s'est présenté comme tel. Byzance. Moscou, la « Troisième Rome ». Le Saint Empire romain germanique de Charlemagne. L'Empire austro-hongrois et l'Empire allemand, qui se targuaient d'en avoir repris le flambeau.

Et puis l'Empire britannique, lequel contrôlait l'Inde avec une poignée de soldats qui, pour la plupart, y étaient nés, tout comme Rome tenait en respect les barbares avec des armées composées et commandées par des barbares qu'on autorisait souvent à garder leurs cris de guerre.

Napoléon a consacré un livre à César, qu'il adulait. Et il ne s'est pas fait couronner roi mais empereur des Français.

L'empire américain, comme l'Empire romain avant lui, s'est construit en nouant des pactes et des alliances aux quatre coins du monde, avec la conviction qu'une influence militaire et culturelle est plus importante que l'occupation des territoires : le véritable pouvoir n'est pas celui qu'on exerce sur la terre mais sur les âmes… et l'économie.

Est-ce un hasard si, aujourd'hui, les empereurs 2.0 que sont Mark Zuckerberg et Elon Musk (pour ne citer qu'eux) revendiquent ouvertement de lorgner du côté des anciens maîtres de Rome ? Ceux-ci furent les premiers à gouverner d'immenses communautés appelées à ne jamais se rencontrer physiquement. Toutes parlaient des langues différentes et priaient des divinités différentes, mais elles naissaient, vivaient et mouraient sous le règne d'un seul et même césar. Il leur fallait donc des visages, des histoires, des idées dans lesquelles se reconnaître.

Car chacun, indépendamment de son origine, de sa couleur de peau ou de son dieu, pouvait devenir romain tout en restant hispanique, gaulois, thrace, syrien, nubien... Les enjeux que dut affronter Rome – les flux migratoires, l'intégration des étrangers, l'état de guerre permanent – sont exactement les nôtres. Rappelons d'ailleurs que, si les Romains étaient intimement convaincus de leur supériorité, ils n'étaient pas racistes, sauf envers les Goths, qu'ils aimaient tourner en ridicule : trop grands, trop blonds.

Ce que nous appelons aujourd'hui l'Occident s'est bâti sur les fondements de la Rome antique.

Dans l'ensemble de cette partie du monde, la langue de la politique et du pouvoir est celle qu'on pratiquait à Rome, il y a deux millénaires. Empereur et peuple sont des mots latins. Comme domination et liberté. Dictateur et citoyen. Loi et ordre (même si le sens a évolué). Roi et justice. Héros et traître. Client et patron. Candidat et élu. Autorité et dignité. Patriciens et plébéiens. Puissants et prolétaires. Préteur et prince. Colère et clémence. Infamie et honneur. Conjuration et sédition.

Colonie est un mot romain, comme traité, société, ou suffrage, emprunté par ces femmes qui se sont battues pour obtenir le droit de vote, les fameuses suffragettes. Le terme palais est issu du nom du mont Palatin, la colline de Rome où se dressait la résidence impériale. Le fascisme tire son nom des faisceaux, ces verges attachées à une hache que portaient les licteurs, symbole du pouvoir de vie et de mort devenu un emblème de la démocratie américaine, de la République française ou de la Guardia Civil espagnole. Socialisme et communisme dérivent également de mots latins, *societas* et *communio*. Le mot président vient, lui, du latin *praesidere*, présider.

Pour faire *consensus*, de nombreux dirigeants recourent à la *propagande* et continuent de distribuer « du pain et des jeux », *panem et circenses*, une expression inventée par l'un des pères de la satire, Juvénal. La France, l'Italie, l'Espagne, les États-Unis ont encore un Sénat, sur le modèle de la Rome antique. Les titres de tsar et de kaiser dérivent de César, signe du fait que chaque empereur s'est rêvé en descendant du vrai fondateur de l'Empire romain. Mais n'est-ce pas un peu le cas de nombreux présidents des États-Unis d'Amérique ? « *Civis romanus sum.* Je suis un citoyen romain », répétait John Kennedy. Beaucoup de ses prédécesseurs et de ses successeurs ont eu le sentiment de partager le même « destin manifeste » : soutenir et gouverner le monde. Après tout, le symbole du pouvoir des États-Unis est l'aigle des légions…

Tout le monde n'a pas toujours été nostalgique de la domination romaine. Au XIXe siècle, Français, Allemands et Anglais ont dressé des statues parfois gigantesques aux grands ennemis de Rome, transformés en héros nationaux : Vercingétorix est honoré au sommet du mont Auxois, où se dressait la forteresse d'Alésia, théâtre de son ultime baroud d'honneur ; un Arminius de fer et de cuivre, haut de près de trente mètres, veille sur la forêt de Teutobourg, où furent massacrés les légionnaires d'Auguste ; quant à Boadicée, l'héroïque reine rebelle, elle bénit Londres juchée sur le pont de Westminster, ses deux filles à ses côtés.

Français, Allemands et Anglais ne seraient pourtant pas qui ils sont sans Rome.

La langue de la religion est née dans la Ville éternelle. Foi, religion, pontife sont des mots latins. Comme croire. Comme dieu (qui vient du grec Zeus). Même chose pour la langue de la guerre, avec arme, militaire, général, soldat (*solidarius* désignait « celui qui reçoit une paye »). N'oublions pas non plus concorde, amitié, amour, famille, mariage (même si la promise n'était pas en blanc mais en jaune).

De nombreuses villes françaises portent des noms romains, car ce sont les Romains qui les ont fondées ou refondées. À commencer par Toulouse, à mon avis l'une des plus belles villes du monde, avec ses pierres roses si apaisantes. Autun, Auch, Auxerre tirent leurs noms d'Auguste. La liste serait longue, les noms latins se mêlant aux noms gaulois. Soissons est *Augusta Suessionum*, Tours est *Augusta Turonum*, Paris est l'*oppidum Parisiorum* cité par Jules César et dont la devise latine, *Fluctuat nec mergitur*, « Flotte mais ne coule pas », témoigne d'une résilience qui ne s'est jamais démentie, y compris tout récemment, de la libération de la capitale, le 19 août 1944, aux attentats du Bataclan, le 13 novembre 2015.

Tout ne se résume évidemment pas à une question de vocabulaire. Derrière les mots, il y a les choses. Au fil des époques, ceux qui ont eu à gouverner de vastes territoires et à influencer les populations les plus disparates ont vu dans l'Empire romain un modèle. En matière de lois. D'infrastructures routières. De calendrier, car, dans toutes les langues parlées en Occident, tous les jours de la semaine (sauf le samedi, dont le nom vient de l'hébreu) et tous les mois de l'année ont des noms latins : juillet rend hommage à Jules César, et août, à Auguste. Et puis en matière de stratégie militaire. D'art de diviser pour mieux régner, mais aussi d'intégrer les étrangers, d'accueillir les immigrés, de créer de nouveaux citoyens. En matière de capacité à respecter les coutumes et les divinités locales, à partager un idéal de justice et de civilisation, parfois au prix de ces déferlements de souffrance, de cruauté et de sang qui baignent les routes de l'histoire.

Une grande partie de ce sang a été versée par les premiers chrétiens. Des martyrs, témoins d'une foi professée en silence, dans l'ombre, avec la douleur et la mort pour seules perspectives. Les empereurs romains sont perçus comme les persécuteurs des adeptes de Jésus. À juste titre pour certains, comme Néron ou Dioclétien. Mais, si le christianisme est aujourd'hui la principale religion du monde occidental, si le pape vit à Rome, si nombre d'entre nous considèrent Jésus comme dieu incarné parmi nous, c'est à l'Empire que nous le devons. C'est à Constantin et à sa mère Hélène, qui rapporta la vraie croix, les poutres de bois auxquelles Jésus avait été cloué, selon la tradition. Nous le devons à ce choix politique extraordinaire, messianique, même, de rendre l'Empire de Rome chrétien.

L'histoire romaine ne se résume pas à une succession de victoires militaires et à un savant exercice du pouvoir. Elle est aussi faite de valeurs morales et civiles. De femmes et d'hommes prêts à mourir pour leur patrie, pour leur communauté, pour quelque chose qui les dépassait. Clélie s'est-elle véritablement échappée à la nage du camp du roi étrusque Porsenna pour sauver ses compagnes de détention, avant de se constituer prisonnière à nouveau ? Attilius Regulus est-il vraiment retourné à Carthage où l'attendait une mort atroce, uniquement pour tenir sa promesse ? Mystère. Une chose est sûre : les Romains de l'Antiquité y croyaient dur comme fer.

Ce n'est un pas un hasard si république est également un mot latin. Comme Constitution. C'est à Rome que s'est formé l'embryon de ce que nous appelons aujourd'hui la démocratie. Même si le peuple se réunissait déjà en assemblée dans la Grèce antique, Rome est à l'origine d'un système électoral codifié et durable, avec réunions publiques, campagnes, bains de foule des candidats, votes et proclamations des résultats. Mieux : à l'époque de Cicéron, c'était le peuple et non le Sénat qui élisait les magistrats. C'était lui qui faisait les lois. La plèbe avait des représentants, des droits, des pouvoirs, dont celui de mettre son veto – encore un mot latin entré dans le langage universel de la politique.

République signifie d'ailleurs « la chose publique » : Rome a vu naître l'idée que l'État appartient à tout le monde. Et si, pour les Grecs, la cité était l'espace politique par excellence, pour les Romains, ce fut le monde. Voilà pourquoi tout homme libre ayant une autre couleur de peau, une autre langue, une autre religion, pouvait devenir romain.

Sans surprise, Rome ne fut jamais une démocratie au sens moderne du terme. Les femmes étaient exclues de la sphère du pouvoir, même si, par rapport à d'autres civilisations antiques (dont la Grèce), elles jouissaient de plus grandes libertés. Les murs du foyer n'étaient pas leur seul horizon : elles pouvaient fréquenter les arènes et les thermes, prendre part aux banquets en compagnie des hommes. Par ailleurs, rien n'obligeait les femmes à prendre le nom de leur mari et elles étaient autorisées à posséder, acheter, vendre ce qu'elles souhaitaient – autant de droits dont nos grands-mères ont pu bénéficier il y a à peine plus d'un siècle. La première manifestation féministe de l'histoire a été celle des matrones romaines qui ont occupé le Forum pour protester contre une loi voulue par Auguste : le texte prévoyait de disculper les maris qui tuaient leur épouse après l'avoir surprise dans les bras d'un autre – ce qu'on appelait encore tout récemment le « crime d'honneur ».

La sphère politique excluait également les esclaves. Le mot *servus* a donné serviteur et servitude en français. Ils pouvaient néanmoins être affranchis (et acquérir un pouvoir considérable, pour certains). Ou se rebeller, à l'image de Spartacus, dont la révolte inspira des générations de révolutionnaires. À commencer par les spartakistes, ces communistes allemands qui se soulevèrent à la fin de la Grande Guerre. Tout comme leur antique modèle, Rosa Luxemburg et Karl Liebknecht connurent une triste fin. Mais le plus incroyable, c'est que le Berlin de 1918 abritait des rebelles prêts à se battre et à mourir au nom d'un mystérieux esclave qui avait connu le même sort deux mille ans plus tôt.

Impossible de retracer dans les moindres détails une histoire aussi riche, qui s'est étirée sur douze siècles, de la fondation légendaire de Rome jusqu'à la chute de l'Empire. Ce serait prendre le même chemin que Funes el Memorioso, le personnage de Borges à la mémoire prodigieuse, pour le meilleur, et surtout pour le pire : cet homme qui se souvient de tout ne sait en réalité rien, il se perd dans des millions de détails sans importance, au détriment de ce qui compte vraiment. Il est pourtant des histoires qu'il est impossible de ne pas raconter. Dont celle de Jules César – peut-être le plus grand homme qui ait jamais existé – et de son héritier Auguste, de leurs ennemis Pompée et Marc Antoine, de leurs nobles opposants Cicéron et Caton, de femmes puissantes comme Cléopâtre et Livie. Car, même peuplée de figures exceptionnelles, Rome fut d'abord un système : une culture politique, une machine militaire, une construction dont le réalisme impitoyable n'avait d'égal que la dimension mythique et littéraire.

Rome nous a laissé de nombreux vestiges. Des empreintes, pour l'essentiel. Les temples de la capitale antique ont été en grande partie détruits. Le seul à être resté intact est le Panthéon, parce qu'il était dédié à l'ensemble des divinités existantes, y compris au dieu unique qui venait de s'imposer. De celle qui fut la plus grande, la plus splendide des places, le Forum, il ne subsiste que des moignons de colonnes, ainsi que trois grands arcs (dont celui de Titus, sur lequel est gravée la menorah, le candélabre à sept branches volé au temple de Jérusalem et peut-être transféré à Byzance). Et le Colisée, le monument le plus visité d'Italie ? Quelle déception, là encore : derrière l'impressionnante façade, l'intérieur est absolument vide. Chose incroyable : on n'y a jamais organisé d'événements d'ampleur, hormis la présentation de l'autobiographie du footballeur Francesco Totti, gloire de l'AS Roma.

J'entends d'ici les critiques : ce serait transformer le Colisée en arène. Mais le Colisée *est* une arène ! C'est sa seule et unique raison d'être.

Entre les vestiges romains et ceux d'autres civilisations grandioses, il existe pourtant une différence cruciale. Si extraordinaires soient-elles, les pyramides sont l'emblème d'une civilisation disparue. La civilisation romaine, elle, vit encore. Le Panthéon n'est pas qu'une église : c'est là que repose le merveilleux Raphaël, figure emblématique de la Renaissance, c'est là qu'est enterré le roi qui a fait l'Italie. De la même manière, son homologue, le Panthéon parisien, rend hommage à la grandeur et au courage des Français qu'il accueille, de Voltaire à Marie Curie, de Jean Moulin à Simone Veil.

La seule clé pour raconter plus de mille ans d'histoire est de comprendre ce qui nous reste. Raconter les raisons, les éléments concrets, les histoires qui font que la civilisation romaine est encore vivante. Hélas, nous sommes indignes d'en être les héritiers. En dépit des différences qui nous séparent de nos lointains ancêtres, nous demeurons des Latins. Nous devrions toujours le garder en tête. Et en être fiers.

L'histoire de Rome est également celle de grands artistes. Des peintres, des sculpteurs, des architectes. Mais aussi des poètes qui ont retenu la leçon des Grecs, qui l'ont assimilée et portée jusqu'aux frontières du monde connu. Mieux : jusqu'aux frontières de notre monde intérieur.

Pour comprendre comment Rome fait encore partie de notre vie et de notre âme, nous devons donc remonter aux origines. Tout part d'un grand voyage, comme toujours. D'une ville en flammes, sur la côte ouest de la Turquie actuelle. D'un héros en fuite, traversant la mer accompagné de son père et de son fils, à la recherche d'une nouvelle patrie sur l'autre rive. Mais aussi d'un poète, Virgile, qui a inventé cette histoire des siècles plus tard. Et qui, en l'écrivant, l'a rendue vraie.

1

Énée

Le mythe de la fondation

Pour certains, les Romains descendraient d'Ulysse. Plusieurs mythes reliaient les *nostoï*, les voyages qu'entreprirent les héros de l'*Iliade* pour rentrer chez eux, à la naissance de Rome. Avec, dans le rôle du fondateur, le roi d'Ithaque en personne.

Virgile n'était pas de cet avis ; il était loin d'être le seul.

L'*Énéide* n'est pas tendre avec les Achéens (les Grecs), et surtout pas avec Ulysse : les Romains refusaient d'avoir pour ancêtre celui qui, certes, aurait permis de remporter la guerre de Troie, mais en lâche, grâce à la ruse, par l'habileté plutôt que par la valeur. Virgile n'est pas non plus fasciné par Achille, pourtant considéré comme le plus grand guerrier de tous les temps. Il faut dire que le but du poète n'était pas d'honorer la guerre. Au contraire : après des années de conflits, le véritable triomphe que Virgile attribue à son empereur, Auguste, est précisément d'avoir rétabli la paix.

Le héros que les Romains ont choisi comme fondateur fut donc Énée : un héros vaincu. Un homme fuyant sa patrie en ruine, accablé par les douloureuses épreuves qu'il a traversées, conscient des horreurs de la guerre. Mais qui, malgré l'adversité, persévère, atteint son objectif et se bat pour offrir une nouvelle patrie à sa famille et à son peuple. Si Énée fut le héros attitré des Romains, c'est qu'ils voyaient en lui les qualités qui leur tenaient à cœur : la loyauté, la responsabilité, le sens du devoir.

Énée ne décide pas de son destin. Il ne fait jamais ce qui lui chante. Il voudrait continuer de se battre pour Troie mais doit fuir. Partir avec la femme qu'il aime mais doit l'abandonner. S'arrêter auprès de son nouvel amour mais doit la quitter elle aussi.

Le héros ne choisit pas. Car c'est lui que le destin a choisi pour créer Rome.

Énée n'est ni le plus astucieux ni le plus fort. C'est le plus pieux – tel est d'ailleurs son épithète. Et la *pietas* est une vertu majeure chez les Romains. Elle est synonyme de force morale. De dévouement aux dieux, aux ancêtres, à la patrie. De capacité à prendre conscience de son devoir et d'y faire face. De responsabilité – encore un mot latin : *res pondus* signifie « savoir porter le poids des choses ».

L'image la plus emblématique que nous avons d'Énée, et c'est tout sauf un hasard, n'est pas sa victoire dans la guerre qui l'oppose aux peuples d'Italie, mais le moment où il fuit Troie : il tient par la main son fils Iule (appelé aussi Ascagne) et porte sur son dos son père Anchise, rendu boiteux (ou aveugle) par la faute de sa vantardise typiquement masculine (il avait révélé que la mère d'Énée n'était autre que Vénus). Énée est le héros qui se préoccupe à la fois des anciens et des jeunes générations, qui assume la charge du passé et de l'avenir, qui se fait le gardien de la mémoire et de la confiance, qui regarde aussi bien derrière lui que devant.

Virgile, l'un des plus grands poètes que l'humanité ait jamais connus, écrit l'*Énéide* au terme d'une période particulièrement agitée de l'histoire de Rome. La cité avait certes connu des moments dramatiques – quand elle semblait à la merci des Gaulois ou d'Hannibal, par exemple. Mais à chaque fois l'ennemi venait de l'extérieur. La Rome de Virgile, elle, sort de vingt ans de guerres civiles qui ont mis face à face des compatriotes, et parfois même des frères. Une époque troublée qui a balayé ce que les Romains avaient de plus précieux : la République. Un nouveau gouvernement, une nouvelle ère s'apprête désormais à voir le jour. Mais à quoi ressemblera-t-elle ?

Le poète interprète cette nécessité de renaissance et écrit une épopée sur l'identité romaine, susceptible de soutenir le nouvel homme fort de l'Urbs mais aussi, et surtout, de ressusciter la fierté nationale et renforcer l'unité du peuple : être romain est à la fois une chance et une destinée. Voilà pourquoi il retrace les origines mythiques de la ville – et de la *gens Iulia*, dont descend Auguste – en narrant l'arrivée d'Énée dans le Latium. L'histoire de Rome se retrouve ainsi greffée à une autre histoire, la plus grande jamais contée : celle de la guerre de Troie.

Femme perdue, femme rejetée

Virgile construit la tradition romaine en la reliant à la culture grecque et entame son récit là où s'était arrêté Homère… si tant est que ce dernier soit le véritable auteur de l'*Iliade* et l'*Odyssée*, mais, au fond, quelle importance ? Près de sept cents ans se sont écoulés, soit la distance qui nous sépare de Dante, lequel vénérait Virgile au point de le prendre pour guide dans son voyage dans l'au-delà.

Homère a-t-il réellement existé ? Rien n'est moins sûr. Deux siècles avant Virgile, les philologues d'Alexandrie émettaient déjà l'hypothèse qu'il s'agissait d'un « nom de plume*[1] », d'un pseudonyme collectif. À différentes époques, plusieurs auteurs auraient ainsi bâti ces monuments indépassables que sont l'*Iliade* et l'*Odyssée*. Le nom du poète lui-même semble inventé. Homère signifie « celui qui ne voit pas ». Or bien souvent, dans le monde grec, les aèdes et les voyants étaient aveugles : les yeux de l'esprit leur permettaient de voir des choses auxquelles le commun des mortels n'avait pas accès.

Virgile, lui, est un personnage historique. Nous connaissons sa date de naissance, le 15 octobre 70 av. J.-C., et celle de sa mort, le 21 septembre 19 av. J.-C., soit quelques semaines avant ses cinquante et un ans. Son épitaphe n'est peut-être pas de lui, mais elle en dresse un excellent portrait : « Je suis né à Mantoue, je suis mort en Calabre [la région englobait alors Brindisi, où le poète s'est effectivement éteint] et je repose à Naples ; j'ai chanté des bergers, des campagnes, des chefs de

1. Tous les mots suivis d'un astérisque sont en français dans le texte. (NdT)

guerre. » Difficile de résumer une vie avec autant de simplicité et d'humilité.

Virgile était timide. Ce n'était pas un aristocrate. Ce n'était pas non plus un citoyen romain : il l'était devenu, César ayant étendu le droit de cité à sa région natale alors qu'il était déjà adolescent. Virgile fit des études d'avocat mais jeta l'éponge dès sa première plaidoirie, car s'exprimer en public n'était pas son fort. Il bégayait, ce qui lui valait les moqueries de son ami Horace. Imaginez sa gêne quand Auguste le priait de lire l'*Énéide* devant sa cour. Virgile devait être un homme adorable.

Les Romains entretenaient avec les Grecs peu ou prou le même rapport que les Allemands avec les Italiens, voire avec les Français, et inversement. Ils avaient beau aimer leur poésie et leur art, ils s'estimaient bien supérieurs sur le plan politique et militaire. En retour, les Grecs nourrissaient une admiration mêlée de haine envers ces soldats farouches doublés de planificateurs infaillibles. En littérature, les Romains commencèrent par imiter leurs voisins puis finirent par les émuler. Fini le copier-coller, place à l'envie de faire encore mieux.

Virgile reprend donc les personnages et les vers d'Homère. Joue avec lui. Le contredit, sans la moindre arrogance mais avec une familiarité presque affectueuse. Énée est un héros aux antipodes de ceux d'Homère : un être en souffrance, qui ne recherche pas la gloire mais le salut pour ses compagnons, un homme toujours à la merci de forces qui le dépassent.

On le constate dès le début du poème.

Depuis que Pâris a accordé la pomme d'or récompensant la plus belle des déesses à Vénus plutôt qu'à elle ou à Minerve,

Junon est l'ennemie jurée des Troyens. Elle déclenche une tempête qui menace de couler les navires d'Énée. Mais Neptune, le dieu de la mer, les sauve et les pousse vers Carthage. Là-bas, Énée raconte son histoire à la reine Didon, à partir de la chute de Troie – exactement comme Ulysse raconte son voyage lorsqu'il débarque sur l'île des Phéaciens et de Nausicaa. Le flash-back – l'analepse, corrigerait un prof de lettres – a déjà été inventé.

Énée évoque la ruse du cheval, sans cacher son mépris pour la manière déshonorante dont Ulysse et les Achéens sont finalement parvenus, au bout de dix longues années, à violer l'enceinte de la ville assiégée. Il révèle comment les Troyens sont trahis par l'idée ô combien réconfortante que la guerre est terminée. Comment ils se laissent berner par l'espion des Grecs, Sinon, qui les persuade que ce cheval est un cadeau propitiatoire pour Minerve. Parmi les Troyens, de rares voix s'élèvent pour empêcher de faire entrer l'immense statue en bois à l'intérieur des murailles. Il y a Cassandre, fille du roi Priam, douée de prophétie mais condamnée à ne jamais être crue. Un autre, le prêtre Laocoon, est déchiqueté avec ses enfants par deux serpents marins.

Dès lors, tout le monde s'accorde à dire que telle est la volonté des dieux.

Virgile nous a laissé un témoignage cru et saisissant des violences de la guerre. Énée se rappelle le traumatisme de se réveiller en sursaut alors que la cité est déjà en proie aux flammes, sa douleur face à la vue de ses compatriotes tués et humiliés : Cassandre, Andromaque, Priam et ses épouses. Des victimes innocentes cherchant vainement à échapper à leur sort et qu'on traite sans aucune pitié. Pendant ce temps, Hélène, la traîtresse, fait mine de danser avec des flambeaux : elle envoie en réalité des signaux lumineux aux guerriers grecs en embuscade.

Devant ce spectacle, le héros est impuissant. On ne le laisse même pas se battre et mourir pour sa patrie. Alors qu'il dort, le fantôme d'Hector lui apparaît en rêve, encore couvert de sang et de poussière, défiguré par son combat avec Achille et par les outrages infligés à son cadavre : le spectre du héros tombé lui intime de fuir, de sauver la lignée des Troyens, de conduire leurs divinités dans le Latium. Énée se voit ainsi confier le commandement des survivants. Impossible de faire marche arrière, même lorsque l'effroi le saisit en pleine fuite : son épouse Créuse n'est plus avec eux !

Refusant de l'abandonner, il tente de traverser les flammes pour regagner la cité et la sauver. Soudain, Créuse apparaît. Ou plutôt son fantôme, car elle est morte (sans qu'on sache de quoi, au juste). Elle lui révèle que son destin n'a jamais été de fuir Troie. Dans le Latium, une nouvelle épouse attend Énée. Un nouveau royaume aussi. Une terre promise ? Non. Une condamnation ? Presque. Mais, d'abord, il aura à surmonter une autre épreuve.

Didon est une héroïne tragique. D'emblée, nous savons que son destin est d'être abandonnée : Énée ne peut rester à Carthage. La reine est pourtant bouleversée par l'arrivée du héros, elle ne peut qu'en tomber amoureuse. Ce qui arrivera grâce à l'intervention de Vénus, inquiète de l'accueil que recevra son fils Énée.

La reine est une femme forte et prête à prendre tous les risques. D'origine phénicienne, elle régnait autrefois au côté de son époux bien-aimé, Sychée, hélas victime d'une manigance de Pygmalion, son beau-frère. Elle prend alors la fuite, pour échouer sur la côte africaine. Les chefs locaux se laissent convaincre de lui accorder un territoire pour qu'elle s'y installe. Une surface équivalant à la peau d'un bœuf lui suffira, dit-elle. Pas plus, vraiment ? Marché conclu ! Fine mouche, Didon découpe alors le cuir en fines lanières. En les attachant les unes aux autres, comme une ribambelle, elle délimite un vaste périmètre, assez grand pour fonder une ville.

Dès lors, cette reine d'exception gouverne seule, refusant les demandes en mariage des souverains voisins pour rester fidèle à la mémoire de Sychée. L'arrivée d'Énée l'incite pourtant à revenir sur sa promesse ; elle accueille ce beau visiteur comme son nouvel époux. Seulement, voilà : Énée n'a pas vocation à rester auprès d'elle. Jupiter envoie au Troyen son messager, Mercure, pour lui intimer l'ordre de s'en aller : son destin est ailleurs.

Énée est épris de Didon, lui aussi. Il préférerait ne pas avoir à la quitter. Il sait pourtant qu'il n'a pas le choix. Renoncer à sa mission ? Impossible. Il prépare donc son départ en secret. Mais la reine a un pressentiment, elle découvre la vérité et confronte son amant. Leur dernier entretien est dramatique, il évoque celui de Jason et Médée, dans la tragédie d'Euripide. Tour à tour, Didon accuse et supplie Énée, folle d'amour. Elle lui rappelle les promesses qu'il a faites, ce qu'elle a sacrifié pour lui, le sort cruel auquel il la condamne en l'abandonnant. Mais Énée apparaît froid. Détaché. Il explique que sa décision ne dépend pas de lui mais de la volonté divine.

La tragédie atteint son paroxysme quand, incapable de supporter la douleur, Didon se transperce avec une épée et se jette dans les flammes du bûcher qui dévore les cadeaux de son amant. Avant de rendre son dernier souffle, elle maudit la lignée des Troyens, en leur prédisant que Carthage sera leur pire ennemie. Les vaisseaux d'Énée ont déjà pris le large lorsqu'il voit les volutes de fumée s'élever, sans se douter de la fin atroce de la femme qu'il a aimée et des guerres terribles qui opposeront ses lointains descendants aux Carthaginois.

Le personnage de Didon n'est pas l'invention de Virgile. Celui-ci manipule la version la plus répandue du mythe, selon laquelle Didon se donne la mort pour échapper aux pressions des rois libyens et rester fidèle à Sychée. Ce qui intéresse le poète latin, c'est la prémonition de la rivalité entre Rome et Carthage, de l'affrontement avec Hannibal. Derrière Didon, on entrevoit néanmoins un autre personnage, une autre souveraine étrangère, contemporaine de Virgile : Cléopâtre, l'Égyptienne qui fit tourner la tête des plus grands chefs de guerre romains.

Mais à la différence de Marc Antoine, qui se laissera entraîner par la passion jusqu'à sa perte, Énée est tellement conscient de ses responsabilités qu'il sacrifie son amour et son bonheur à ses devoirs.

De même que Cléopâtre a suscité l'admiration des poètes latins (Horace aurait levé sa coupe à la mort de la souveraine),

Virgile éprouve du respect et de la compassion pour Didon. Plus loin dans son œuvre, il la met en scène aux Enfers, où elle refuse d'adresser la parole à Énée. Cette fois, c'est elle qui semble triompher : Didon et son mari sont à nouveau réunis ; Énée, lui, souffre, tente de s'excuser, se désole. Ce n'est plus l'homme glacial des adieux. Il lui parle « dans un doux mouvement d'amour », l'assure que tout est la faute des dieux, qu'il aurait largement préféré rester avec elle mais qu'on l'en a empêché. Mais Didon ne lui accorde pas un regard. Il pleure, elle se montre impassible. Puis elle tourne les talons et rejoint son mari Sychée, qui « répond à ses tendres soins et égale son amour ». Didon a été pardonnée. Elle a droit à son *happy end*.

Le destin de Rome dépasse largement celui d'Énée. Voilà pourquoi ce dernier nous inspire plus de compassion que d'admiration. Nous le voyons constamment chassé d'un lieu vers un autre, le déchirement d'avoir perdu sa terre natale demeure une plaie béante et chaque nouvelle étape de son voyage apporte son lot d'épreuves et de souffrances.

Lorsque Énée arrive en Crète, il songe à s'y établir et fonde la ville de Pergame, mais une épidémie de peste l'oblige à repartir. Il s'arrête ensuite dans les Strophades, pour se remettre d'une terrible tempête. Hélas, l'archipel est habité par les harpies, d'horribles monstres mi-femmes, mi-oiseaux qui harcèlent les Troyens en souillant leurs victuailles. Énée est privé d'un plaisir aussi simple que de s'asseoir pour manger : les harpies sont toujours à ses trousses. Il finit par trouver un lieu accueillant quand, en Épire, il rencontre Hélénos, le nouveau mari d'Andromaque, qui a fondé une nouvelle Troie. Hélas, même s'il n'a jamais été aussi près de retrouver sa patrie perdue, il ne peut pas rester, une fois de plus.

Anchise meurt. Un an plus tard, Énée fait halte en Sicile pour célébrer des jeux en l'honneur de son père. La perfide Junon envoie alors sa messagère, Iris, l'Arc-en-ciel. Sa mission : pousser les femmes à incendier les vaisseaux, finalement sauvés par une pluie providentielle. Mais presque toutes les femmes âgées resteront en Sicile. Les Troyens sont épuisés. Ils n'en peuvent plus de cette errance incessante. À chaque étape, le message est clair : cet endroit n'est pas pour vous, ne vous attardez pas ici, ne serait-ce que le temps de souffler.

Même dans un lieu sans danger, entouré d'amis et d'alliés, Énée ne pourra jamais trouver la paix tant qu'il n'aura pas atteint son but ultime, celui fixé par le destin : l'Italie, terre natale de Dardanus, dont les descendants avaient bâti Troie. Le berceau du peuple troyen, en somme. Pour Énée, le Latium est un territoire conquis de haute lutte, au prix de douloureux efforts. C'est aussi un retour aux sources, sur la terre de ses ancêtres.

Rome doit être fondée, il ne peut en être autrement. Telle est la prédiction des oracles. Les dieux en parlent entre eux : Junon se désole, elle sait qu'elle ne peut rien y faire. Même une divinité de sa trempe est impuissante face au destin. De son côté, Jupiter rassure Vénus, inquiète du sort de son fils ; les Romains sont promis à un avenir glorieux, lui dit-il. À un *imperium sine fine*, un empire infini.

Une foule de personnages répète à Énée de se rendre sur ces nouvelles terres d'Italie : les spectres de ses chers disparus, Hector, Créuse, Anchise, mais aussi les prophètes et les dieux.

Devant tant d'insistance, on est presque tenté de croire que Virgile aurait remanié cette histoire de prophétie si la mort ne l'en avait pas empêché. Comme s'il n'avait pas vraiment décidé qui devait jouer les messagers, quel devait être le moment charnière de son récit.

La prédiction la plus saisissante est celle livrée par les harpies : les Troyens sauront que leur voyage est terminé quand la faim les poussera à manger les galettes de blé sèches qui leur servent d'assiettes. Alors seulement, Énée saura que sa mission ne se résumait pas à un interminable calvaire.

Les références incessantes à la future gloire de Rome étaient sûrement une source de fierté pour les lecteurs de Virgile, la confirmation de leur grandeur. Tant de forces surhumaines avaient pris part à la naissance leur ville ! Mais, pour Énée, cet avenir hors normes est aussi un immense fardeau sur ses épaules. Deux passages clés de l'œuvre l'attestent : la descente aux Enfers et la remise du bouclier.

Le fardeau de l'homme romain

Même dans l'Hadès, où il est accompagné par la sibylle de Cumes, Énée montre qu'il n'est pas un héros comme les autres. Ce voyage proprement extraordinaire le rapproche de célèbres personnages tels qu'Hercule, Orphée, Thésée. À ceci près qu'eux étaient descendus aux Enfers pour y signer des exploits majuscules : Hercule pour capturer le chien à trois têtes Cerbère (c'était l'un de ses douze travaux), Orphée pour récupérer sa défunte épouse Eurydice, Thésée pour enlever

Proserpine. Charon, le nocher infernal, commence d'ailleurs par refuser de laisser passer Énée, arguant que les autres héros venus dans l'outre-tombe de leur vivant n'avaient fait que semer la pagaille. Mais la sibylle l'interrompt et le rassure (comme le fera Virgile dans la *Divine Comédie*) : Énée est différent, il ne créera pas de problèmes. Tout ce qu'il veut, c'est parler à son père. Ce n'est pas la gloire qui l'anime mais la piété. Il porte avec lui un rameau d'or qui deviendra, par la suite, le symbole des pouvoirs magiques – et donnera son titre à un célèbre essai de James Frazer, vaste analyse de la mythologie et de la religion.

Aux Enfers, Énée croise de nombreuses victimes de la guerre de Troie : si les Achéens l'évitent, ses compatriotes viennent à sa rencontre pour lui parler et connaître le sort des survivants. Puis, aux champs Élysées, c'est la rencontre avec son père, Anchise. Celui-ci montre à son fils la procession des âmes qui descendent se baigner dans les eaux du Léthé pour se purifier, oublier leur existence passée et entamer une nouvelle vie sur terre. Énée découvre ainsi les Romains du futur, souverains et soldats. Au premier rang desquels la *gens Iulia*, et notamment Auguste, qui mènera Rome vers son âge d'or.

Pas de doute : ce passage est le plus ouvertement propagandiste de l'*Énéide*. Virgile glorifie son empereur, qu'il présente en héritier d'Énée, et le console de la mort prématurée de son neveu bien-aimé, Marcellus, qu'Auguste avait choisi comme successeur. Au-delà de la manipulation politique, ce défilé de noms célèbres n'a pas pour seul objectif de rappeler leur passé illustre aux Romains ou de montrer à Énée les futures conséquences de ses exploits. Car Anchise décrit ce qu'on attend d'un citoyen romain : rigueur, constance, droiture morale. Les Romains, affirme-t-il, détiennent le droit de gouverner les peuples (*regere imperio populos*). Par comparaison, les Grecs excellent dans les arts et les sciences. Mais pour ce qui est de gouverner, de légiférer, d'administrer ? Là réside le grand talent de l'homme romain. Sa mission première. Son fardeau, aussi.

Anchise prophétise également la conquête de la Grèce. Viendra le jour où les descendants des Troyens soumettront ceux des Achéens. Alors Troie sera vengée.

Un rôle similaire est confié au bouclier d'Énée, forgé par Vulcain et offert par Vénus, tout comme Thétis avait fait don de ses armes à Achille avant son duel contre Hector. Sur la surface brillante sont illustrés les mythes de Rome, à mi-chemin entre l'histoire et la légende : Romulus et Remus allaités par la louve, le rapt des Sabines, les sept rois de Rome et leurs guerres pour conquérir le Latium. Et puis Porsenna essayant de ramener sur le trône le roi étrusque Tarquin le Superbe ; Horatius Coclès barrant la route à l'envahisseur en défendant, à lui seul, le pont qui permet d'accéder à la ville ; Clélie parvenant à échapper à Porsenna avec d'autres jeunes Romaines prises en otage. Le bouclier montre également les invasions gauloises et les oies du Capitole, dont les cris préviennent les citoyens endormis de l'arrivée de l'ennemi. Autant d'histoires bien connues que nous avons étudiées à l'école, pour bon nombre d'entre nous. Dans le chapitre suivant, nous tenterons de comprendre ce que ces héros et ces histoires représentaient pour les Romains.

Les retrouver dans un poème épique comme l'*Énéide* devait les rendre fiers, on l'imagine.

Énée, lui, reste perplexe face à ce catalogue d'images qui ne lui évoquent rien. Il se sent pourtant conforté, rassuré, confiant. Il peut aller au combat protégé par son propre avenir.

Sur le bouclier est également gravée une vision des Enfers. On y reconnaît notamment Caton l'Ancien, auteur de lois justes qui lui valent d'être accueilli aux champs Élysées. Un seul personnage est présenté négativement : Catilina. Ayant attenté à la stabilité de l'État, il est condamné au Tartare, où il reste accroché à une falaise, harcelé par les Furies. Mais c'est bien Auguste qui parachève le triomphe de Rome : le premier empereur est logiquement représenté au centre du bouclier, en vainqueur de la bataille d'Actium.

Virgile ne présente pas cet épisode comme l'ultime péripétie de la guerre civile. Ce qu'elle fut, pourtant. Il préfère y voir un conflit opposant les peuples d'Italie à des forces étrangères. Marc Antoine s'est mis à la tête d'une armée de barbares. Le bouclier montre ainsi les dieux romains en plein combat contre Anubis, la divinité égyptienne à tête de chacal, protecteur du monde des morts. Le récit se conclut par la victoire d'Auguste et le cortège de tous les peuples soumis à Rome : les gouverner est un honneur, mais aussi un devoir.

Le fait qu'Énée reçoive ce concentré d'histoire future est le signe qu'une guerre est désormais inévitable. Elle est même tout près d'éclater. Les Troyens n'ont pas d'autre choix que de se battre, une fois de plus. Les voilà replongés dans la tragédie qu'ils avaient tenté de fuir.

Achille sera vaincu

Comme dans l'*Iliade*, le *casus belli* est déclenché par une femme, Lavinia, fille du roi Latinus. Une prophétie a indiqué qu'elle devra s'unir à un étranger. Ainsi est-elle promise à Énée. De quoi provoquer la colère des autres commandants d'Italie, et notamment de Turnus, chef des Rutules.

La guerre du Latium est, elle aussi, la volonté de forces supérieures : Junon monte les peuplades locales contre les Troyens. Pour faire obstacle à la fondation de Rome ? Non. Elle s'est désormais résignée : rien ni personne ne pourra l'empêcher. Elle souhaite simplement infliger à ses ennemis de lourdes pertes et d'atroces souffrances. Devant un tel constat, le conflit apparaît plus absurde encore. Qu'apportera-t-il, hormis une douleur sans nom ? Pour Virgile, la guerre est le pire crime de l'humanité. « Je vois la guerre, l'horrible guerre ; je vois le Tibre regorger de sang », écrit-il avec amertume.

Le plus grand compliment que le poète fait à Auguste n'est d'ailleurs pas de l'avoir emporté mais d'avoir ramené la paix. Après tout, ses héros ne sont-ils pas les rescapés d'une cité en flammes ?

Cette fois, les Troyens ont la certitude que la victoire leur reviendra. Ainsi le veut le destin. On le leur a maintes fois répété. Mais, après avoir vécu tant d'horreurs, ils n'ont aucune envie de célébrer un triomphe militaire. Parce qu'ils savent que bon nombre d'entre eux trouveront la mort. Et, surtout, que dans une guerre il n'y a jamais de vrais vainqueurs. Causer de la souffrance ne leur inspire aucune joie. C'est à bout de forces qu'ils se retrouvent à nouveau assiégés, en l'occurrence par les troupes de Turnus.

Un épisode donne la preuve du désespoir et, tout à la fois, de la persévérance des Troyens (et donc des Romains) : celui d'Euryale et Nisus. Les deux héros se portent volontaires pour percer les lignes adverses et prévenir Énée, parti chercher des renforts auprès d'Évandre, roi d'un autre peuple d'Italie, les Arcadiens.

Nisus propose de traverser le camp ennemi à la faveur de la nuit. Euryale refuse de laisser son frère d'armes tenter une mission aussi périlleuse en solitaire. C'est précisément leur amitié, leur loyauté réciproque, leur sacrifice dans la fleur de l'âge qui les rendront immortels dans la mémoire des Romains. Car les jeunes guerriers ne survivront pas.

Si les deux amis sont l'illustration exemplaire du caractère romain, ils incarnent également la douleur infligée par la guerre, qui promet la gloire mais n'assure que la mort. Euryale et Nisus se sont attardés trop longuement dans le campement des Latins pour tuer leurs adversaires endormis – un geste fort peu glorieux – et faire main basse sur leurs biens. Le miroitement d'un casque dérobé par Euryale, justement, va les faire repérer par les cavaliers ennemis. Celui-ci est aussitôt découvert et massacré (« Ainsi coupée par le tranchant de la charrue, languit et meurt une fleur pourprée »). Révulsé à l'idée d'abandonner son compagnon, Nisus revient sur ses pas et marche à son tour vers la mort.

La partie la plus touchante de cette histoire n'est pourtant pas cette gloire immortelle offerte aux deux héros mais la description de la mère d'Euryale, l'une des rares femmes âgées à avoir suivi les Troyens jusque dans le Latium. L'annonce de la mort de ce fils qu'elle n'avait pas voulu quitter la fait fondre en larmes et la plonge dans un abîme de désespoir. Une mater dolorosa dans laquelle tant d'autres mères se reconnaîtront.

Lorsqu'elle se rend compte que la guerre va se solder par le triomphe d'Énée, Junon réclame une dernière faveur à Jupiter. S'il n'est pas possible d'anéantir sa lignée, que leur nom soit effacé, au moins ! Son divin mari accepte : les Troyens compteront parmi les ancêtres des Romains mais, en s'unissant aux Latins, ils se fondront parmi eux, non le contraire. Ce qui explique pourquoi les Troyens, notamment Énée, expriment souvent le regret d'avoir à les combattre et à verser leur sang. Car ils sont dignes d'admiration.

L'une de ces figures sort du lot : la jeune Camille, dont l'audace et la force en remontrent à bien des hommes sur le champ de bataille. Cette véritable Amazone s'est fait couper un sein pour tirer à l'arc plus facilement. Dès l'enfance, elle a été confiée à la déesse Diane par son père, qui fuyait sa cité, dont on l'avait chassé. Au bord d'une rivière, il avait attaché la petite à une lance et l'avait envoyée sur l'autre rive. Camille a donc vécu une enfance sauvage dans les bois, où elle a appris à chasser et à se battre. Alors, quand elle avance vers eux pour les décimer, c'est la terreur dans les rangs des Troyens !

Virgile décrit l'héroïsme de Camille, sa force et son habileté avec une ferveur qu'il ne réserve à aucun autre de ses personnages, pas même le héros de son récit. Au contraire : malgré sa valeur, Énée ne se distingue pas par ses talents de guerrier. Il n'est pas rare qu'il soit moqué par ses adversaires ; Turnus le trouve faible, le traite de Phrygien efféminé (*semiviri Phrygis*) et prie les dieux pour qu'ils le laissent « souiller dans la poussière ces cheveux tout luisants de parfums et qu'un fer chaud a roulés en boucles ondoyantes ».

Le seul à pouvoir arrêter la vierge guerrière Camille est l'Étrusque Arruns, qui, guidé par Apollon, la tue d'un coup de lance décoché par surprise. Distraite, la jeune femme s'était lancée aux trousses d'un guerrier dont elle voulait dérober l'armure rutilante. Diane la vengera : Arruns périra transpercé par une flèche. La mort de Camille est un nouvel exemple d'héroïsme fauché par l'ardeur guerrière, par l'envie de tirer richesses et honneurs de la guerre.

Pour les peuples du Latium ligués contre les Troyens, c'est la défaite qui s'annonce.

Turnus est lui aussi un ennemi digne d'admiration et de compassion : commandant fort, valeureux et fier, il porte ces qualités que les Romains se reconnaissent. Turnus est le principal antagoniste d'Énée – ou du moins le principal antagonisme *humain*, l'adversaire par excellence du héros troyen étant Junon, voire le destin lui-même.

Bien avant de débarquer sur le sol italien, on avait prophétisé à Énée qu'il rencontrerait un nouvel Achille, avec qui le roi des Rutules partage en effet de nombreux traits.

Turnus est le véritable héros guerrier de l'*Énéide*, la réincarnation d'Achille, dont il partage la combativité poussée jusqu'à l'excès, comme lorsqu'il fait irruption dans le campement des Troyens, seul, avant d'être obligé de fuir en se jetant dans le Tibre. Au départ, le Rutule apparaît pondéré, sage, même. Il semble avoir accepté l'arrivée d'Énée et le fait que celui-ci doive épouser Lavinia à sa place. Junon va cependant ordonner à un esprit malveillant, la Furie Alecto, de troubler l'esprit de Turnus pour qu'il voie les Troyens comme une menace pour son royaume. La scène inspire à Virgile l'un des vers les plus extraordinaires de toute l'*Énéide* : « *Flectere si nequeo Superos, Acheronta movebo* », dit Junon. « Si je ne peux fléchir les cieux, je remuerai l'Achéron » : c'est sur cette phrase que s'ouvre *L'Interprétation des rêves* de Freud. Mais ce n'est pas la seule citation marquante. Vous connaissez forcément le proverbe selon lequel « la chance sourit aux audacieux » : c'est également à Virgile que nous le devons ! « *Audentes fortuna juvat* », lance Turnus pour inciter ses troupes à déclencher la guerre qui causera sa perte.

Malgré tout, Énée a souvent pitié de Turnus. Il rechigne à le combattre. Les passages où il exprime remords et tristesse face aux souffrances qui seront causées à ses compagnons, à ses nouveaux alliés mais aussi à ses ennemis comptent parmi les plus denses et, sans aucun doute, les plus inspirés de l'œuvre. Son destin est néanmoins de l'affronter : on décide donc que l'issue de la guerre sera tranchée par un duel entre les deux hommes.

Le souvenir de celui entre Hector et Achille n'est évidemment pas loin…

Turnus est gagné par l'épuisement, il sent que les dieux l'ont abandonné, que le destin est contre lui. La mort l'attend, il le sait. Lorsqu'il tombe, transpercé au niveau de la cuisse par Énée, qui s'apprête à lui infliger le coup de grâce, le vaincu a déjà perdu tout espoir : il demande pitié, au moins pour sa dépouille, et invoque son père. Énée est si pieux, si compatissant qu'il hésite, il est à *ça* de se laisser émouvoir par les mots de son ennemi, qu'il voudrait épargner. C'est alors qu'il aperçoit, glissé dans la ceinture du vaincu, le carquois de Pallas, le jeune fils d'Évandre que Turnus a tué. Alors, emporté par la fureur, il frappe, mettant un terme à la vie de son adversaire et à la guerre.

Énée a beau avoir mené à bien sa mission, cette victoire n'en est pas une. Dans ces derniers instants, le final du poème, si rapide, si soudain, si bouleversant, montre Énée en train de changer de visage : il s'égare, il perd les sentiments d'humanité et de compassion qui l'ont animé depuis le début de l'œuvre. Le héros qui renie la guerre et la violence accomplit le sacrifice ultime, il tue sous le coup de la colère et non plus par nécessité. Il échange les rôles avec Turnus. C'est lui qui devient Achille. Le détail du carquois de Pallas rappelle – et c'est tout sauf un hasard – celui de l'armure de Patrocle : la voir portée par Hector avait déclenché la colère du héros grec. Énée perd son épithète de pieux, car il vient d'enfreindre les consignes paternelles. Aux Enfers, Anchise lui avait décrit les responsabilités de ceux qui commandent à leurs semblables. Épargner les vaincus était l'une de ses premières leçons.

Le dénouement de l'*Énéide* n'a rien d'heureux. Du moins, pas pour son personnage principal : l'œuvre se referme sur un geste de violence et non de paix, qui était pourtant son objectif. Et que dire du dernier vers, « *Vitaque cum gemitu fugit indignata sub umbras* » ? « Il gémit, et son âme en courroux s'enfuit chez les Mânes » : il n'évoque pas un triomphe mais la mort…

Au cours de leur longue histoire, les Romains se comportèrent plus souvent comme Énée lors de son duel final qu'avec son humanité et sa piété, c'est une évidence. Ils ont conquis, tué, pillé. Virgile les décrit tels qu'il voudrait qu'ils soient. Tels qu'eux-mêmes voulaient être ou pensaient être. Pas comme ils étaient réellement.

C'est justement là que réside la vraie grandeur de l'*Énéide*. Dans cette œuvre assimilée à une célébration du nationalisme, du nouveau régime impérial, on entrevoit pourtant un personnage quasi révolutionnaire : l'homme écrasé par le devoir, obligé de passer outre ses élans de compassion pour devenir ce que le peuple attend de lui.

Pour les Romains, l'*Énéide* relate une histoire glorieuse, qui les relie à Troie. Elle démontre leur valeur, elle justifie leur hégémonie. Elle fait aussi d'Énée l'archétype d'une figure nouvelle, l'empereur sévère mais juste. Sur le plan personnel, en revanche, l'*Énéide* est une tragédie. Le héros n'a pas un seul instant de répit, il est contraint de souffrir pour le bien d'une mission dont il ne goûtera jamais les fruits, d'errer en plongeant dans la douleur et le deuil des gens à qui il ne veut aucun mal – et même des gens qu'il aime, lors de l'épisode le plus déchirant de l'œuvre. C'est ce qu'on exige de sa part.

L'histoire de Didon nous montre, mieux que toutes les autres, l'ambivalence et les contradictions du personnage d'Énée. La critique moderne y voit en effet la marque d'un désaccord avec le régime d'Auguste. Énée se montre d'abord froid et esclave du devoir. Puis, au moment de revoir Didon aux Enfers, il se laisse gagner par l'émotion, fond en larmes, implore son pardon, ou du moins rien qu'un mot, rien qu'un regard. Hélas, elle reste impassible. Enfin, l'œuvre se referme sur un triomphe qui se transforme en défaite. Au bout du compte, Énée est lui aussi un héros tragique, trop humain, écartelé entre sa nature et ses responsabilités.

Avec lui s'achève l'âge des héros. Ceux qui naîtront après lui ne seront que des hommes.

Et c'est justement pour son immense humanité qu'Énée est un héros proche des lecteurs, toutes époques confondues. Chaque génération peut se reconnaître dans son parcours et sa souffrance.

Comme chaque grande histoire, l'*Énéide* parle de nous.

Sans surprise, l'œuvre de Virgile est la seule de la période classique qui, depuis sa rédaction, n'a jamais cessé d'être relue et commentée. Et dire que le poète ne voulait même pas la voir publiée ! À l'heure de sa mort, il avait formulé un dernier souhait : qu'on brûle son manuscrit, car il n'était pas en mesure d'y mettre le point final, de le rendre parfait. Mais comment une telle œuvre pourrait-elle cesser d'exister une fois créée ? Heureusement pour nous, sa volonté n'a pas été respectée.

L'*Énéide* est remplie de vers tronqués et à la métrique imprécise, de passages redondants ou contradictoires. Or c'est justement parce que cette œuvre est incomplète qu'elle est vivante, bigarrée, nerveuse. Elle laisse entrevoir le déchirement profond de Virgile. Désireux d'honorer Auguste et de raconter la gloire des Romains, le poète finit par relater le drame des hommes d'hier et d'aujourd'hui : ne pas pouvoir choisir leur destinée.

S'il avait eu le temps de peaufiner, de compléter l'*Énéide*, peut-être n'aurait-il pas poussé autant de générations à y revenir, au fil des siècles. À la lire encore et encore, toujours sous un autre angle.

L'*Énéide* est devenue un phénomène culturel, un classique, bien avant d'être publiée, lorsque les différents livres étaient lus à haute voix. On raconte qu'Octavie, la sœur d'Auguste, se serait évanouie, submergée par l'émotion, en entendant la dédicace à Marcellus, son fils, au livre VI. Et dès leur époque – on ignore quand, au juste –, les Romains ont commencé à réécrire l'*Énéide*, précisément à cause de ce final si abrupt, si déconcertant.

L'œuvre étant inachevée, ils y ont ajouté un treizième livre fictif, où Énée épouse Lavinia et s'installe dans le Latium pour y fonder sa première cité. Bref, c'est un *happy end* qu'on a tenté d'offrir au héros, en partant du principe qu'il s'agissait du véritable souhait de l'auteur.

Dès lors, la figure de Virgile, ce jeune homme timide que les poètes du cercle d'Auguste aimaient brocarder et qui aurait résumé sa vie en trois petites lignes, a changé de dimension. La postérité a vu en lui un puissant thaumaturge, un sorcier bienveillant, capable d'arrêter les éruptions du Vésuve et de soigner les animaux malades.

Selon la tradition, le texte avait des pouvoirs prophétiques. Pendant des siècles, on pratiqua les *Sortes Vergilianae*, les « destins virgiliens » : on croyait qu'il suffisait d'ouvrir l'*Énéide* et d'en lire quelques vers au hasard pour connaître son avenir.

Hadrien obtint ainsi l'assurance qu'il serait choisi comme successeur de Trajan : le sort lui réserva un passage où il est question de gloires futures. Charles Ier d'Angleterre, lui, tomba sur la malédiction lancée par Didon et eut le pressentiment de sa mort violente et prématurée : il finit en effet décapité sur ordre de Cromwell.

Ce n'est pas tout. Virgile a servi de trait d'union entre l'âge classique et la chrétienté. De tous les grands auteurs, c'est de lui que les disciples de Jésus se sentaient le plus proche. La doctrine chrétienne elle-même ne put se passer de Virgile. Au Moyen Âge, on le lisait dans les écoles pour enseigner la grammaire latine, la langue de la liturgie. On le citait également comme exemple en matière de rhétorique et de philosophie éthique. Voilà pourquoi Dante l'a voulu à ses côtés pour son voyage aux Enfers : parce qu'on le considérait comme le plus grand sage de tous les temps.

L'*Énéide* était alors considérée comme la somme de toute la connaissance humaine. Il semblait donc logique de retrouver dans ses vers l'éthique chrétienne, celle de la piété et de la compassion, avec la certitude qu'il en avait déjà eu l'intuition. Tout comme il avait deviné l'avènement du Christ en prophétisant, dans ses *Bucoliques*, la venue du *puer*, de l'enfant appelé à changer l'histoire.

Saint Augustin avoue qu'il n'a pas pu retenir ses larmes en lisant le livre consacré à Didon : la force dramatique de cet épisode était parvenue à le détourner de la mission qu'il s'était fixée, lui qui voulait se détacher des choses terrestres. Au fil des siècles, le livre a nourri des dizaines d'œuvres théâtrales et lyriques. Dans *Les Troyens* de Berlioz, une nuit d'amour entre les deux amants est interrompue par la voix de Mercure qui envahit la scène : « Italie ! » s'exclame-t-il à trois reprises. Quant au *lamento* chanté par Didon, considéré par beaucoup comme le chef-d'œuvre de Purcell, il referme l'opéra *Dido & Aeneas* sur une note mélancolique, intime et douloureuse, sans violence ni emphase : « *When I am laid in earth / May my wrongs create / No trouble in thy breast / Remember me, but ah ! / Forget my fate.* » Traduction : « Lorsque je serai portée en terre / Que mes torts ne créent pas de tourments en ton sein / Souviens-toi de moi ! Mais, ah ! oublie mon destin. »

Vous l'aurez compris : notre voyage à travers la Rome antique et ce qu'elle nous a laissé devait avoir l'*Énéide* pour point de départ. L'œuvre est une source d'inspiration intemporelle, elle parle à tout un chacun et peut nous révéler bien des choses sur nous-mêmes.

En débarquant aux Amériques, Christophe Colomb fut comparé à un nouvel Énée, venu de terres lointaines pour dominer les populations locales et fonder une civilisation nouvelle, plus grande encore. À d'autres époques, les Troyens ont été perçus comme le symbole de l'impérialisme. Et aujourd'hui, à l'ère des migrations, Énée est assimilé à un réfugié, chassé de sa patrie par la guerre et cherchant désespérément une terre d'accueil, mais systématiquement refoulé.

Les Troyens de ce monde devront toujours se battre pour se faire une place.

Dante fut un grand admirateur de Virgile, nous l'avons dit, mais c'est aussi vrai de Pétrarque, de L'Arioste, du Tasse. L'*Énéide* fut le modèle du roman et du poème chevaleresque, dès ses premiers vers, « *Arma virumque cano* » (« Je chante les armes et l'homme »). Au début du *Roland furieux* de L'Arioste, on peut ainsi lire : « Je chante les dames, les chevaliers, les armes, les amours, les courtoisies, les audacieuses entreprises ».

L'influence de Virgile fut également capitale dans le monde anglo-saxon.

Les pères fondateurs américains ont souvent cité l'*Énéide* dans leurs lettres. C'est le cas de Franklin, Jefferson, Hamilton : eux aussi ont dû construire l'unité nationale après une période de conflits extérieurs et intérieurs. Eux aussi ont dû créer une grande nation malgré l'adversité. Après la Première Guerre mondiale, on s'est attaché à présenter l'*Énéide* comme une épopée contre la guerre.

Pour Shakespeare, Virgile a été une clé d'entrée dans le monde antique. Didon et Énée sont le modèle de son *Antoine et Cléopâtre*, et le Troyen est le guide moral de chaque héros romain qu'il met en scène. Lorsque le dramaturge anglais compare son pays à « un petit corps avec un cœur rempli de valeur » (*like little body with a mighty heart*), il ne fait qu'emprunter la formule de Virgile au sujet des abeilles (*Ingentes animos angusto in pectore versant*, « Dans leur petit corps elles portent un grand courage »).

Près de trois cents ans plus tard, Tennyson s'est inspiré de Virgile pour composer un poème sur le mythe des origines de la monarchie britannique, *Les Idylles du roi* (*Idylls of the King*). Comme Virgile, il est partagé entre le souhait de célébrer l'Empire et le besoin d'admettre les morts innombrables dont il s'accompagne. Un autre poème, composé pour commémorer le neuf-centième anniversaire de sa mort, célèbre ce fils de Mantoue qu'il chérit depuis l'enfance et son œuvre, « la plus grandiose jamais sortie de la bouche d'un homme ».

Dans son *Paradis perdu*, Milton évoque l'*Énéide* pour la contredire : il conteste l'idée d'empire infini des Romains et leur droit de régner sur les peuples, pour s'attarder sur la domination de la religion chrétienne.

T. S. Eliot définit quant à lui l'*Énéide* comme *le* classique européen, le fil conducteur de la littérature occidentale : par sa variété de registres, de thèmes, de tons, elle touche différents genres et les influence donc tous. Voilà pourquoi la Vergilian Society est née des ruines d'un Londres dévasté par les bombardements de la Seconde Guerre mondiale : les gens de lettres entendaient s'inspirer de leur propre passé et de la plus belle expression de l'âme européenne pour reconstruire leur identité déchirée et bouleversée par le conflit.

Bref, même quand il n'est pas cité, Virgile est toujours là. Il est si étroitement lié à la culture occidentale qu'il est incontournable. Beaucoup l'ont étudié, il fait partie de ce bagage culturel transmis au fil des générations.

Ce n'est pas seulement l'importance historique d'une œuvre ou sa puissance littéraire qui fait d'elle un classique : c'est sa capacité à parler à de nouveaux lecteurs, à les émouvoir, à dépeindre leurs souffrances et leurs expériences. Ce sont donc la souffrance et les conflits d'Énée, sa double condition de réfugié et de conquérant, qui font de l'*Énéide* une œuvre universelle, capable de se prêter à d'incessantes réinterprétations, et donc éternelle.

Dès lors, notre histoire se devait de commencer par Virgile. Surtout depuis que le mémorial des attentats du 11 Septembre à New York cite un vers tiré de l'histoire d'Euryale et Nisus, « *No day shall erase you from the memory of time.* » C'est-à-dire : « Jamais le temps ne vous effacera de la mémoire des hommes. »

2

Mourir pour la patrie

Le mythe de la République

La liste des sept rois de Rome est plus difficile à apprendre que celle des sept nains de Blanche-Neige : Romulus, Numa Pompilius, Tullius Hostilius, Ancus Marcius, Tarquin l'Ancien, Servius Tullius et Tarquin le Superbe. Ces noms vous évoqueront peut-être vos anciens cours de latin. Mais sans doute pas davantage…

En réalité, la généalogie des rois de l'Urbs recèle plusieurs énigmes. À commencer par cette question cruciale : qui est le véritable fondateur de Rome ?

Énée ? Romulus ? Ou quelqu'un d'autre ?

L'invention de la vérité n'est pas l'apanage des poètes, comme Virgile. Parfois, ce sont les historiens qui créent la tradition. C'est le cas pour Tite-Live.

La légende racontée par l'*Énéide* devait être intégrée à un récit en apparence crédible. Pour les Romains, Énée était leur grand-père. Et Romulus, leur père. L'histoire du premier roi de Rome n'a pourtant rien de glorieux, loin de là. Elle commence par une prêtresse vierge qui tombe mystérieusement enceinte, se poursuit par un fratricide et se nourrit d'enlèvements, de viols, d'autres meurtres.

Il n'empêche : les Romains aimaient cette histoire.

La version la plus connue est celle donnée par Tite-Live, justement. Il l'écrit sept siècles plus tard en racontant des événements dont il ne sait pas grand-chose. Plus qu'une histoire, la fondation de Rome est un mythe. Le roi d'Albe la Longue (Albalonga, en VO), Numitor, est renversé par son frère Amulius. Le monarque déchu avait une fille, Rhéa Silvia. Pour l'empêcher de mettre au monde un rival potentiel, le nouveau souverain l'oblige à devenir prêtresse. Elle tombe enceinte quand même. Pour sa défense, elle affirme que le père de l'enfant est le dieu Mars en personne. Une simple excuse, bien évidemment. Mais des générations de Romains auront envie d'y croire.

Deux jumeaux voient le jour : Romulus et Remus. Le roi Amulius ordonne à un serviteur de confiance de les éliminer. Mais l'homme a pitié de ces jeunes êtres : au lieu de noyer les nouveau-nés dans le Tibre, il les abandonne au bord du fleuve. Arrive alors une louve, qui leur donne à boire son lait et les sauve. *Lupa* veut dire « prostituée » en latin. Et son lieu d'exercice est souvent... un « lupanar ». Animal féroce ou femme de mauvaise vie, qu'importe : Romulus et Remus survivent et deviennent des hommes durs et sans pitié. Sitôt débarrassés de l'usurpateur, ils réinstallent leur grand-père Numitor sur le trône d'Albe la Longue et fondent une nouvelle cité. Mais une dispute éclate aussitôt.

Cet épisode, le réalisateur Matteo Rovere l'a raconté dans un film intéressant, tourné en latin archaïque, *Romulus et*

Remus. Remus profane le périmètre sacré tracé par son frère, Romulus, qui le tue.

Si le fondateur de Rome est un fratricide, ses premiers habitants sont des criminels, des déserteurs, des débiteurs insolvables. Romulus ouvre sa cité aux persécutés, aux bannis, aux apatrides. Presque uniquement des hommes. Comment trouver des femmes, alors ? Romulus et les siens convient à une fête un peuple voisin, les Sabins, qui acceptent l'invitation. Sans se méfier.

La suite est bien connue, elle a inspiré les peintres et les sculpteurs : les Romains enlèvent les Sabines, qu'ils prennent pour épouses. Lorsque les Sabins essayent de les récupérer, les femmes s'interposent entre leurs pères (et leurs frères) et leurs maris, en les implorant d'unir leurs deux communautés. Le premier « mariage réparateur » vient d'être célébré.

Restent deux points à éclaircir.

Le premier concerne la chronologie. Selon la tradition, Rome aurait été fondée le 21 avril de la troisième année après la sixième Olympiade, soit, pour nous, l'année 753 av. J.-C. Problème : la chute de Troie et l'arrivée d'Énée dans le Latium sont intervenues près de cinq siècles plus tôt ! Un vide que les Romains de l'Antiquité comblaient en imaginant que le fils d'Énée, Iule, avait fondé Albe la Longue, où l'histoire avait commencé. C'est de Iule que descendrait la *gens Iulia*, la famille de Jules César.

La seconde question touche au prestige et à la moralité des maîtres du monde. On s'interroge : pourquoi, au moment de s'inventer un passé commun, un si grand peuple a-t-il représenté ses propres ancêtres sous les traits d'une bande d'assassins et de violeurs ? Il n'est pas rare qu'à l'origine d'une grande histoire il y ait un crime : c'est aussi le cas dans la Bible, où Caïn tue son frère Abel. Et, dans l'histoire de Rome, le crime, la guerre civile, la violence (physique, mais aussi sexuelle) reviendront de manière inquiétante.

Le mythe fondateur implique également l'idée d'un accueil, d'une intégration, on y voit un peuple né d'un mélange de sangs, de croyances, d'ethnies. Un monde où, certes, le pouvoir et la richesse se transmettent de père en fils, mais aussi où les esclaves libérés et les soldats d'origine obscure peuvent devenir des maîtres, voire des empereurs.

Rome garda à tout jamais le souvenir de Romulus, et notamment de sa hutte, conservée ou plutôt rebâtie sur le Palatin en guise de *memento*, pour rappeler aux dominateurs d'où ils venaient. Au Forum, on prenait grand soin de l'arbre – un figuier – sous lequel le petit Romulus avait été abandonné avec son frère jumeau. On pouvait aussi visiter la grotte où la louve les avait allaités. Cette même louve reproduite en bronze et exposée aux musées du Capitole qui est devenue le symbole de l'AS Roma, le club de cœur des descendants de Romulus.

Une fois le mythe de la naissance et de la vie de Romulus créé, il fallait aussi déterminer comment il est mort. Selon certains, il aurait été assassiné par les membres du Sénat, dont il était par ailleurs l'inventeur ; des siècles plus tard, César subit le même sort. Impossible toutefois d'offrir une fin aussi sanglante au père de la patrie. Tite-Live écrit donc que, lors d'un orage, Romulus fut opportunément enveloppé par un nuage et qu'il disparut, comme aspiré par le ciel. Une fin digne d'un dieu plus que d'un simple mortel.

Rome resta polythéiste pendant mille ans après Romulus. Si les habitants cultivés avaient tendance à croire à un dieu unique ou à ne pas croire du tout, la frontière entre l'humain et le divin était très perméable – il en irait tout autrement à l'ère chrétienne. Un simple mortel pouvait devenir un dieu. Comme Romulus, d'ailleurs. On lui érigea un temple. On lui adressa des prières. On lui dédia des sacrifices. De nombreux empereurs suivirent le même chemin.

L'alliance entre Rome et Albe la Longue est de courte durée. La guerre éclate entre les deux cités, trop proches pour cohabiter sans que l'une puisse prendre l'ascendant sur l'autre. Mais pourquoi devraient-elles combattre jusqu'à leur dernier souffle ? Après tout, elles ont un ancêtre commun, Romulus, désormais divinisé. On prend donc une décision : l'issue du conflit sera tranchée par un duel entre trois de leurs champions respectifs. D'un côté, les Horaces ; de l'autre, les Curiaces. L'épisode a inspiré des romans, des tragédies, des tableaux. Mais il est tellement plongé dans les ténèbres du mythe que nous nageons encore dans le brouillard. Lesquels étaient les champions de Rome ? Lesquels étaient les champions d'Albe la Longue ? Tite-Live semble croire que les Horaces étaient romains : nous sommes donc obligés de le croire, même s'il n'en est pas sûr.

Au début, le duel se profile bien pour Albe la Longue : deux Romains s'écroulent. Le survivant ne peut pas se battre à un contre trois. S'il veut sauver sa peau, il doit d'abord séparer ses ennemis. Le voilà qui prend la fuite. Parmi ses trois poursuivants, un seul s'en sort sans une égratignure. Les deux autres sont blessés, plus ou moins grièvement. Tous trois se lancent donc à ses trousses, chacun à sa vitesse.

Le dernier des Horaces s'en aperçoit. Il fait semblant de trébucher, tombe et laisse son seul adversaire encore indemne venir à sa hauteur. Soudain, il se relève, le prend par surprise, et le transperce de son glaive. Les deux autres, couverts de sang, mal en point et épuisés, arrivent séparément. Le Romain peut donc les affronter l'un après l'autre et les tuer.

Rome a vaincu la guerre, elle régnera sur Albe la Longue. De retour dans ses pénates, le dernier des Horaces s'attend à un accueil triomphal et, pense-t-il, mérité. Au lieu de quoi il est accablé de reproches par sa sœur Camille, promise à l'un des Curiaces. Indigné, il la tue et sera puni pour son geste.

En réalité, la guerre fut longue et sanglante. Elle se solda par la défaite du roi d'Albe la Longue, Mettius Fufetius, qui connut un sort terrible : attaché à deux chars lancés dans des directions opposées, il finit écartelé.

Sept rois, pas plus

Les Romains n'ont jamais beaucoup aimé les rois. Ils se sont toujours targués d'enchaîner les rois ennemis et de les faire défiler dans les rues de la ville. La monarchie romaine n'a pas duré longtemps et son histoire n'a rien de glorieux. Sur les sept rois qui se succédèrent, deux, voire trois périrent assassinés, un autre fut réduit en poussière par la foudre de Jupiter et le tout dernier mourut en exil.

Après Romulus, le Sénat tenta de consolider son pouvoir pour faire de Rome une oligarchie. Mais le peuple, lui, réclamait un roi et obtint finalement gain de cause. L'accord était le suivant : les sénateurs romains étaient censés proposer un roi sabin, et les Sabins, un roi romain. Il n'y aurait plus qu'à décider. Selon la tradition, les Romains proposèrent le Sabin Numa Pompilius, un homme pieux, né le 21 avril, jour de la fondation de la ville. Nul n'y trouva à redire.

Numa fonda l'organisation religieuse latine. Ce n'est d'ailleurs pas un hasard s'il créa la charge de *pontifex maximus*, qui perdura jusqu'au temps des empereurs... et des papes. Ce fut également lui qui créa le premier calendrier subdivisé en douze mois lunaires, donc plus courts que les nôtres. Tous les trois ans, il fallait ajouter un mois : un souci résolu par la réforme à l'initiative de Jules César. Si septembre était le septième mois, octobre, le huitième, et ainsi de suite, c'est que l'année commençait au mois de mars, dédié à Mars, le dieu de la guerre.

Numa Pompilius mourut à un âge vénérable et fut beaucoup pleuré. On l'enterra sur le Janicule avec les livres renfermant ses lois. Ils lui avaient été dictés, racontait-on, par la nymphe Égérie, possible incarnation du matriarcat en vigueur chez les Sabins. En réalité, il n'a sans doute jamais existé. Tout semble inventé chez cette figure légendaire, jusqu'à son nom : Numa vient du grec *nomos*, « la loi », et Pompilius, de *pompé*, la robe de cérémonie sacrée. Après le roi guerrier Romulus, il fallait un roi prêtre, juriste, philosophe, pour façonner l'autre pôle du *civis romanis*, son âme civile.

La tradition veut que Numa n'ait pas laissé d'enfant mâle. Sa fille Pompilia lui avait donné un petit-fils, Ancus Marcius, âgé de cinq ans seulement. Le père de l'enfant, le mari de Pompilia, était un sénateur sabin qui espérait hériter de la couronne, mais on lui préféra un autre homme, Tullius Hostilius. Accablé par la déception, il se laissa mourir de faim.

Tullius Hostilius était le descendant d'un compagnon d'armes de Romulus. Pour les historiens modernes, sa figure semble taillée sur le modèle du premier roi. Grand soldat, il étendit le territoire de Rome. Pris par les guerres, il en vint à négliger ses devoirs religieux. La ville fut frappée par une épidémie de peste dont le monarque fut également victime.

Alors seulement, il invoqua la clémence de Jupiter. Révulsé, celui-ci le foudroya. C'est ce que veut la légende, du moins. D'après Denys d'Halicarnasse, cette mort fulgurante (c'est le cas de le dire) couvrait en réalité un assassinat ourdi par le nouveau souverain : Ancus Marcius, le petit-fils de Numa Pompilius. Un autre roi sabin, donc.

Ancus Marcius fut le premier à construire un port sur le Tibre, à jeter un pont sur le fleuve, à relier Rome à la mer. Il fonda Ostie et traça la via Ostiensis. Après lui arrivèrent les étrangers. En l'occurrence, la dynastie des rois étrusques, les Tarquins, dont le règne fut aussi bref que violent. Puis vint la République, née du sang et d'un besoin de libération.

Lucius Tarquin était peut-être d'origine grecque mais avait épousé Tanaquilla, une Étrusque de Tarquinia. Arrivé à Rome à bord d'un char, il fut accueilli par un aigle qui lui arracha son couvre-chef et s'envola dans le ciel avant de le laisser retomber pile sur sa tête. Tanaquilla, qui, en tant qu'Étrusque, savait interpréter les signes divins, assura aux Romains que son mari ferait de grandes choses. Ancus Marcius en resta pantois. Il devint l'ami de Tarquin et le prit pour fils adoptif. D'où cette succession sans heurts.

Vraiment ? Selon toute vraisemblance, cette entrée légendaire fut inventée par les Romains pour cacher la conquête de la cité par les Étrusques.

C'est à Tarquin – dit l'Ancien pour le distinguer du dernier roi, Tarquin le Superbe – qu'on doit, paraît-il, le Cirque Maxime, le premier réseau d'assainissement (la fameuse *Cloaca Maxima*), et l'invention du faisceau de licteur, devenus un emblème très prisé, nous l'avons dit.

Tarquin fut tué par le fils aîné d'Ancus Marcius, qui espérait hériter de sa couronne. Mais la reine Tarquinia, qui attendait que son fils – lui aussi nommé Tarquin – soit en âge de régner, parvint à imposer sur le trône un homme aux origines obscures et aux qualités hors du commun : Servius Tullius. Comme l'indique son nom, le nouveau souverain était un esclave (*servus*) affranchi, peut-être un prisonnier de guerre. On ignorait le nom de son père. C'est à Servius Tullius qu'on doit la première enceinte fortifiée et l'organisation de l'armée, qui coïncide aussi avec le premier embryon de démocratie.

L'armée était divisée en cent quatre-vingt-treize centuries reposant sur le *cens*, c'est-à-dire la richesse individuelle. On comptait ainsi dix-huit centuries de cavaliers et quatre-vingt-cinq de soldats dotés d'armes en bronze. D'autres étaient composées de sapeurs et de sonneurs. Et puis il y avait les centuries des pauvres, qui se battaient à pied, armés de simples frondes, à la manière de David dans l'Ancien Testament. Les très pauvres, eux, étaient exemptés de service militaire.

L'assemblée des hommes en armes – les « comices centuriates » – devint la base de l'État romain, né avec la guerre et qui avait besoin de force et de consensus. Elle devait trancher entre la paix et la guerre, qu'il ne fallait pas seulement faire mais financer. Elle élisait les consuls et les autres magistrats, elle approuvait les lois, elle déclarait les hostilités. Le pouvoir de chaque individu et de chaque classe sociale était lié à l'argent – ce fut le cas jusqu'à l'époque moderne et l'avènement du suffrage universel. À ce titre, le recensement fut la première forme de déclaration de revenus.

Pour que naisse la République, il ne manquait plus qu'une révolution. La chute du roi. Et l'éviction des Étrusques.

L'honneur vengé de Lucrèce

La violence est l'accoucheuse de l'histoire – celle de Rome, du moins. Les épisodes fondamentaux qui la jalonnent portent toujours l'empreinte de la force, de l'agression, d'une mort tragique. D'un assassinat, d'un viol, d'un suicide – ou de tous ces crimes en même temps. Où s'arrête l'histoire, où commence la légende ? Est-on face au mythe ou à la vérité ? La frontière est généralement difficile à établir. Et, au fond, cela n'a pas grande importance. Les Romains en étaient convaincus, car ils aimaient s'imaginer un passé à la fois grandiose et terrible.

Servius Tullius fut assassiné par le fils de Tarquin l'Ancien, Lucius, que l'histoire a retenu sous le nom de Tarquin le Superbe. Un jour, en se rendant au Sénat, le roi trouva Tarquin assis à sa place : il le défia, finit jeté au bas de l'escalier et fut écrasé par un char conduit par sa propre fille, Tullia, qui avait épousé Tarquin. Un régicide doublé d'un parricide, en somme.

Le nouveau roi serait aussi le dernier.

Un soir, tandis que l'armée romaine assiège la cité rivale d'Ardée, les fils du souverain et d'autres nobles commencent à parler de ces dames : parmi leurs épouses, laquelle est la plus fidèle ? L'un des aristocrates, nommé Collatin, propose de rentrer à Rome à la faveur de la nuit, pour une visite surprise. Tandis que les belles-filles du roi banquettent joyeusement, la femme de Collatin, Lucrèce, file la laine avec ses servantes. Voyant son mari et ses hôtes arriver, elle se lève aussitôt et va leur préparer à dîner.

Mais l'un des fils du roi, Sextus Tarquin, tombe amoureux de Lucrèce. Est-il vraiment frappé par sa vertu ou souhaite-t-il simplement la déshonorer ? Difficile à dire. Seule certitude : quelque temps plus tard, Sextus se présente chez Lucrèce le soir venu. Elle l'accueille sans méfiance aucune, lui donne à manger, l'installe dans la chambre réservée aux invités. Cependant, durant la nuit, Sextus se rend auprès de Lucrèce, une épée à la main, et lui déclare sa flamme, en alternant flatteries et menaces. Mais elle ne cédera pas. Plutôt mourir. Sextus change alors de tactique : après elle, il tuera un serviteur et placera son corps à côté du sien. Tout le monde pensera que Lucrèce a trompé son mari ! Face à la perspective du déshonneur, elle rend les armes.

Sextus finit par s'en aller, comblé par cet instinct pervers qui pousse certains hommes à s'en prendre aux femmes qui les repousse, au mépris de leur liberté de choisir.

Mais la tragédie ne fait que commencer.

Lucrèce n'entend pas faire comme si de rien n'était. Elle envoie un messager à Ardée : elle implore son père et son mari de venir, tout de suite, accompagnés d'une personne de confiance. Collatin arrive, flanqué d'un autre soldat, Lucius Junius Brutus.

À leur arrivée, Lucrèce fond en larmes. « Tout va bien ? » lui demande son mari. Elle répond : « Non, car quel bien reste-t-il à une femme qui a perdu son honneur ? Collatin, ton lit porte encore les traces d'un étranger. Mais seul mon corps a été souillé. Mon cœur est toujours pur, et ma mort le prouvera. Mais jurez-moi que l'adultère ne sera pas impuni. » Le mari de Lucrèce, son père et Junius Brutus jurent mais tentent de calmer Lucrèce : ce qui est arrivé n'est pas sa faute, c'est celle de son agresseur, Sextus Tarquin.

Une idée moderne dans une histoire vieille de deux millénaires.

Pour notre sensibilité actuelle, les motivations de Lucrèce peuvent paraître injustifiées, voire absurdes. Mais, des siècles durant, toute femme violée était également perçue comme déshonorée. En Italie, nous avons dû attendre les années 1960 pour qu'une jeune Sicilienne, Franca Viola, refuse d'épouser l'homme qui avait abusé d'elle, en arguant : « Ce sont ceux qui commettent des choses pareilles qui perdent leur honneur, pas celles qui les subissent. » Aujourd'hui, cela nous semble évident. C'était bien différent il n'y a pas si longtemps. Alors dans la Rome antique…

Le mari de Lucrèce insiste : elle n'est coupable de rien, il n'y a pas de faute quand il n'y a pas l'intention d'en commettre une. Mais elle ne veut rien entendre. « À ces mots, elle s'enfonce dans le cœur un couteau qu'elle tenait sous sa robe, et, tombant sur le coup, elle expire. Son père et son mari poussent des cris », écrit Tite-Live.

Collatin tiendra sa promesse, il punira le violeur et vengera sa femme. C'est lui qui, avec Junius Brutus, prendra la tête de la révolte des Romains, lassés de toutes ces guerres, de l'épuisant chantier de la *Cloaca Maxima* auquel on les force à participer, et, plus largement, de la domination étrusque. Tarquin le Superbe, son fils violeur Sextus et son clan sont chassés de Rome. La République est née : les premiers consuls sont Collatin, le veuf de Lucrèce, et son ami Junius Brutus. Des siècles plus tard, son homonyme, l'assassin de César, prétendra être l'un de ses descendants.

La guerre éclate. Tarquin sollicite l'aide d'un autre roi étrusque : Porsenna, souverain de Clusium, une ville à cent cinquante kilomètres au nord. L'armée étrusque assiège Rome. Les défenseurs tentent de lui barrer la route en abattant le pont Sublicius, mais l'ennemi pousse. Horatius Coclès, descendant des héroïques Horaces, tient en respect les Étrusques, entouré de deux autres soldats, le temps que ses compagnons coupent le pont. Lorsqu'il ne reste plus qu'une seule planche, il leur ordonne de battre en retraite : il affrontera les envahisseurs seul. Au dernier moment, alors que tout s'écroule, Horatius Coclès se jette dans le Tibre, avec son casque et son armure. D'après l'historien Polybe, il se serait noyé. Tite-Live, lui, affirme qu'il rejoint la berge du fleuve à la nage, sain et sauf. En récompense, ses compatriotes lui offriront la plus précieuse des richesses : la terre. Ou plus exactement l'étendue qu'il parviendra à labourer en une seule journée.

Dans l'imaginaire collectif, Horatius Coclès incarne l'esprit de résistance quand tout semble perdu. Rien d'étonnant, donc, à ce qu'il soit cité dans le merveilleux biopic consacré à la figure de Winston Churchill *Les Heures sombres* : on y raconte la solitude, mais aussi la force d'âme du Premier ministre britannique alors que le monde semblait à genoux devant le nazisme. Dans un autre registre, une scène célèbre du *Seigneur des anneaux* semble rappeler l'exploit d'Horatius Coclès, dans la version qu'en a donnée Tite-Live : celle où le sorcier Gandalf détruit le pont de Khazad-dûm et se laisse entraîner dans l'abîme afin de protéger ses compagnons poursuivis par une créature démoniaque, le Balrog de Morgoth.

« Vous ne passerez pas ! » : le Romain aurait pu dire la même chose…

Dans ses *Lais de la Rome antique*, le poète anglais Thomas Babington Macaulay (1800-1859) préfère prêter ces mots au héros solitaire :

Ainsi parla le courageux Horatius,
capitaine de la porte :
« Pour chaque homme sur cette terre,
La mort finit tôt ou tard par arriver.
Alors comment un homme peut-il mieux mourir
Qu'en affrontant de terribles dangers
Pour les cendres de ses pères
Et les temples de ses rois ? »

L'idée que rien n'est plus glorieux et logique que de mourir pour sa patrie est au fondement de la République romaine. Les héros de la République ne sont pas de grands conquérants.

Ce sont des symboles de résistance. De détermination. De sacrifice. De loyauté, aussi.

Constatant son échec, Porsenna accepte de retirer ses troupes en échange d'un groupe d'otages choisis parmi les jeunes Romains, en guise de garantie. Parmi eux, Clélie, une jeune femme au tempérament rebelle, bien décidée à fuir pour sauver sa dignité et sa liberté.

Il existe deux versions de cette histoire. Dans la première, Clélie est livrée au roi étrusque avec neuf autres compagnes d'infortune mais elle les incite à s'évader : elles profiteront du moment où leurs geôliers emmènent boire leurs chevaux au bord du Tibre. Cachées au milieu des bêtes, elles se jettent dans le fleuve et n'ont plus qu'à nager de l'autre côté. Le plan fonctionne à merveille. Seule Clélie reste du côté étrusque, couvrant ainsi la fuite de ses amies. Les gardes de Porsenna la capturent mais le roi la libère, impressionné par tant de courage.

Chez Tite-Live, l'histoire se déroule autrement. Clélie parvient à fuir, traverse le Tibre sous une pluie de flèches et regagne Rome, mais Porsenna exige qu'elle lui soit rendue. Les Romains s'exécutent. Le roi étrusque lui fait néanmoins cadeau d'un cheval en guise d'estime et l'autorise à regagner sa patrie.

Cette seconde version est peut-être la plus révélatrice. Elle ne raconte pas seulement l'exploit d'une véritable héroïne mais la culture d'un État fidèle à la parole donnée sans s'arrêter à l'intérêt individuel. Fort logiquement, les Romains dresseront une statue équestre à Clélie au début de la via Sacra, point culminant du Forum. Pour le célèbre philosophe Sénèque, Clélie aurait mérité d'être considérée à l'égal des hommes. Une remarque d'un machisme insupportable aujourd'hui mais qui passait pour le plus élogieux des compliments en cette époque lointaine.

Le pauvre Porsenna n'est pourtant pas au bout de ses mésaventures.

Un noble romain, Caius Mucius Cordus, se porte volontaire pour pénétrer dans le camp ennemi et tuer le roi. Le Sénat approuve. Mucius se mêle aux soldats qui attendent de recevoir leur solde et poignarde celui qu'il croit être Porsenna, sans s'apercevoir qu'il est en train de tuer son scribe. Maîtrisé et conduit devant le souverain, il lui dit : « C'était toi que j'avais l'intention de tuer. Ma main a failli, je vais donc la punir. » Joignant le geste à la parole, il plonge sa main droite dans un brasero et laisse les flammes la dévorer, dans un bruit de chair brûlée à vous donner des frissons. Impressionné, Porsenna ordonne qu'on libère ce jeune homme courageux. Ce geste désespéré vaudra plus tard à Mucius son surnom de « Scaevola » (« le Manchot »). Pour l'heure, le jeune homme profite de l'avantage psychologique qu'il vient de s'offrir. Les yeux plantés dans ceux du roi, il murmure : « Pour te remercier de ta clémence, je vais te révéler quelque chose : trois cents jeunes nobles romains ont solennellement juré de te tuer. Le sort a voulu que je sois le premier. J'ai échoué mais, tôt ou tard, un autre y parviendra. »

L'aveu ébranle Porsenna : à quoi bon prendre des risques avec cette bande de fous ? Il renonce définitivement à sa guerre contre Rome. Et laisse les Tarquins seuls face à leur destin.

Lâché, Tarquin le Superbe jette ses troupes dans un dernier baroud d'honneur. La bataille est incertaine mais, au moment crucial, les Romains voient (ou croient voir) Castor et Pollux, les Dioscures, fils de Zeus, faire irruption à cheval et se lancer dans la mêlée. De leur côté, cela va sans dire. Exactement comme, quinze siècles plus tard, les Castillans verront saint Jacques prendre part à la bataille de Clavijo et semer la mort parmi les soldats musulmans. Les vainqueurs le remercieront en remplissant les églises d'Espagne de statues et de portraits de Santiago Matamoros (« Jacques le Tueur de Maures »).

La Rome actuelle honore encore Castor et Pollux. Des statues à leur effigie et datant de l'âge classique ornent la fontaine du Quirinal, ancienne résidence du pape et du roi d'Italie. Elle a désormais pour locataire le président de la République italienne.

L'histoire de Mucius Scaevola vous paraît terrible ? Dites-vous que d'autres héros romains connaîtront un sort bien plus cruel que le sien. Dans la construction d'un mythe, l'esprit de sacrifice et la valeur de la parole donnée ont encore plus de poids quand tout finit mal.

Les héros de la République

Écrin de l'art et de la fierté britanniques, la Tate Britain expose de nombreux tableaux de William Turner, figure phare de la peinture du XIXe siècle. L'un d'eux surprend. On croirait presque un tableau abstrait, peint près d'un siècle avant Kandinsky. Sur la toile, tout est lumière. Une lumière crue, aveuglante. Le titre du tableau évoque un Romain de l'Antiquité : *Regulus.* Sauf que le spectateur ne voit pas le personnage. Il voit *avec les yeux* du personnage, agressés par cette lumière.

Attilius Regulus a eu les paupières cousues, pour qu'il ne puisse plus jamais fermer les yeux. Là-dessus, on l'attacha face au soleil, qui l'éblouit jusqu'à l'aveugler. Pour finir, il fut enfermé dans un tonneau hérissé de clous qu'on fit dévaler au bas d'une colline. Difficile d'imaginer une mort plus effrayante. On dirait une synthèse des pires angoisses de l'être humain : la claustrophobie, la douleur physique et morale, la conscience de notre fin inéluctable et l'impossibilité de la faire venir plus vite.

Attilius Regulus est une autre de ces figures appartenant davantage à la légende qu'à l'histoire. Ce qui la rend encore plus saisissante. Seul élément certain : Regulus fut consul à l'époque de la première guerre punique, un conflit qui, pendant vingt-trois ans, opposa Rome et Carthage pour le contrôle de la Sicile (les Romains remportèrent la victoire au large de l'archipel des Égades, en 241 av. J.-C.) et l'hégémonie en Méditerranée.

Voici l'histoire.

Regulus mène les combats en Afrique et défait les Carthaginois – également appelés Puniques en latin. Pour l'emporter vraiment, il aurait besoin de renforts. Mais le temps passe et l'Italie ne lui envoie personne. Résultat, il est battu et fait prisonnier. Ses geôliers lui demandent de se rendre à Rome pour plaider la cause de la paix puis de revenir à Carthage pour exposer le résultat de sa mission.

Regulus regagne sa patrie mais conseille aux sénateurs de poursuivre la guerre : les Carthaginois sont terrorisés, ce n'est pas le moment d'entamer des négociations mais d'attaquer. Le bon sens lui conseillerait de rester, ses proches le conjurent de ne pas partir. Peine perdue ; Regulus retourne à Carthage, quitte à se faire tuer, pour ne pas manquer à la promesse faite à l'ennemi. Un ennemi qui n'hésite pas une seconde à lui donner la mort, de la plus cruelle des manières.

Rien ne prouve que les choses se soient vraiment passées de cette façon, même si saint Augustin, originaire d'Hippone (aujourd'hui Annaba, en Algérie), croit au récit perpétué par la tradition. Une chose est sûre : c'est ainsi que les Romains imaginaient leurs héros. Courageux, déterminés, dévoués à l'intérêt général. Prêts à mourir pour leur patrie, certes, mais aussi par respect de l'adversaire, c'est-à-dire par respect d'eux-mêmes.

L'histoire de la Rome républicaine est remplie de figures symbolisant la prééminence de l'intérêt général sur l'intérêt privé. Des hommes incorruptibles.

C'est le cas de Lucius Quinctius Cincinnatus (« le Frisé ») : à chaque victoire, il sortait de scène pour qu'on le rappelle ensuite. Un jour, les sénateurs vinrent lui proposer la dictature, synonyme de pouvoir absolu – on ne recourait à cette extrémité qu'en cas d'urgence. Ils le trouvèrent en train de labourer lui-même son champ. Cincinnatus essuya son corps en sueur, enfila sa toge, accepta cette charge, défit le peuple ennemi des Èques, distribua le butin de guerre à ses soldats. Et, seize jours plus tard, il renonça à la dictature pour retourner s'occuper de son champ.

La postérité lui valut de nombreux admirateurs : Dante le cite deux fois dans le *Paradis* ; Pétrarque l'inclut dans son catalogue d'hommes illustres ; la ville américaine de Cincinnati (Ohio) s'appelle ainsi en son honneur. Cette dernière a d'ailleurs une devise latine : « *Iuncta iuvant* », « L'union fait la force ».

Autre incorruptible : Caius Fabricius Luscinus, qui refusa par deux fois l'or que lui offraient les ennemis de Rome. D'abord les Samnites, une tribu rebelle originaire du Samnium (entre Campanie et Molise, dans le sud de la péninsule). Puis Pyrrhus, roi d'Épire (l'Albanie actuelle) dont le nom désigne une victoire si chèrement acquise qu'elle a des allures de défaite. Sorti vainqueur de chaque bataille qu'il avait dû mener, Fabricius n'avait aucune fortune personnelle à sa mort : la République dut prendre en charge ses funérailles. Un exemple de vertu célébré par Virgile, Horace, Rousseau, Robespierre. Et Dante, qui, dans le *Purgatoire*, évoque le « bon Fabrice », qui préféra conjuguer l'honneur avec la pauvreté « plutôt que la richesse avec le vice ».

Les Samnites tentèrent également de corrompre le chef de guerre Manius Curius Dentatus (qui avait, paraît-il, toutes ses dents dès sa naissance, d'où son surnom). Après sa victoire sur Pyrrhus à la bataille de Maleventum (« Événement malheureux »), rebaptisé Beneventum (« Événement heureux », aujourd'hui Bénévent), Dentatus avait refusé le triomphe qu'on lui offrait et s'était retiré à la campagne. Pour s'attirer ses bonnes grâces, les Samnites, ennemis héréditaires de Rome, allèrent le voir les bras chargés d'or et d'objets précieux. Il leur opposa une fin de non-recevoir. C'est du moins ce que rapporte Cicéron, qui, deux siècles plus tard, se flattait d'habiter non loin de l'endroit où vivait cet incorruptible. Dante (encore lui) le cite dans son traité philosophique *Le Banquet* : il figure parmi les anciens Romains inspirés par Dieu dans l'amour qu'il vouait à leur patrie. Aux Samnites, il aurait répondu que ses concitoyens « ne voulaient pas posséder l'or mais les détenteurs de l'or ».

Façon de dire que la vertu d'un seul pouvait devenir la vertu de tout un peuple.

Et puis, comme dans chaque histoire, il fallait bien un méchant. Le traître. Lui aussi incapable de résister à l'appel de la patrie, pourtant. Cnaeus Marcius avait vaincu les Volsques, à qui il avait arraché la cité de Corioles. D'où son surnom de Coriolan. Il se mit cependant la plèbe à dos, d'abord en distribuant le butin à ses soldats (au lieu de le verser au Trésor), puis en s'opposant à la diminution du prix du blé. Un tribun de la plèbe proposa de le faire jeter de la roche Tarpéienne : c'est du haut de cette paroi rocheuse qu'on exécutait les ennemis de l'État et – d'après la vulgate – les enfants nés difformes. Au lieu de quoi on décida de l'envoyer en exil, sans limite de durée.

Devenu un adversaire de Rome, Coriolan s'allia avec les Volsques et l'emporta plusieurs fois sur ses compatriotes. Arrivé aux portes de Rome, il reçut la visite de cinq ambassadeurs, qui le supplièrent de renoncer, sans succès. Pourtant, lorsqu'il vit se présenter à son campement sa mère Véturie et sa femme Volumnie, leurs deux enfants dans les bras, le traître fut cueilli par l'émotion. Et il se précipita « éperdu et comme hors de lui-même » vers elles pour les embrasser. Mais sa mère le cloua sur place : « Arrête ! Avant de recevoir tes embrassements, que je sache si je viens auprès d'un ennemi ou d'un fils ; et si dans ton camp je suis ta captive ou ta mère », s'exclama-t-elle, indignée.

Coriolan éclata en sanglots, dispersa son armée et renonça à mener cette guerre contre Rome. À en croire Cicéron, il se suicida. Tite-Live, lui, estime qu'il fut tué par les Volsques. Cette dernière version inspira la tragédie de Shakespeare

Coriolanus, où l'on entend résonner cette phrase définitive : « L'homme assez résolu pour se donner la mort de sa main ne la craint pas d'un autre. » À l'évidence, la figure maternelle était déjà très importante aux yeux des héros romains. Comme leur patrie, ou, devrais-je dire, leur *matrie* : la terre des mères.

À l'entrée de la galerie Borghèse – pas celle qu'empruntent aujourd'hui les visiteurs, mais celle par laquelle furent accueillis les invités des princes et des cardinaux que compta cette illustre famille –, on aperçoit une grande statue : un cheval et un cavalier plongeant dans le vide.

Une œuvre fascinante, qui cache une véritable histoire dans l'histoire.

À la moitié du XVIe siècle, à l'apogée de la Renaissance, c'est-à-dire en pleine redécouverte de l'âge classique, les fouilles menées à la villa Hadriana de Tivoli permirent de mettre au jour ce cheval. L'animal semble tomber dans un ravin : les quatre fers en l'air, la gueule grande ouverte, les yeux exorbités par la terreur, la crinière agitée et les oreilles rabattues par le vent.

La Rome du *Cinquecento* était riche mais faible. Le pape était le souverain d'un vaste territoire, une autorité religieuse *et* politique mais tributaire des armées des autres. En cas de mauvais calcul, tout pouvait dégénérer. Le pape Clément VII, membre de la puissante famille Médicis, l'a d'ailleurs appris à ses dépens : en 1527, la Ville éternelle fut envahie et mise à sac par une horde de lansquenets, des mercenaires allemands. Cette statue évoquait une histoire glorieuse, appartenant à une époque révolue. Une histoire de sacrifice mais aussi de rachat et de salut. Il décida donc de la compléter.

Au début du siècle suivant, Pietro Bernini, le père de Gian Lorenzo passé à la postérité sous le nom du Bernin, sculpta un cavalier : un jeune homme imberbe mais à la mine décidée et au regard fébrile. Pas celui d'une victime mais d'une personne qui a choisi son sort.

La statue provoque un effet saisissant. Rien de surprenant à ce qu'elle ait toujours été exposée en hauteur et bien en évidence. Sur la façade du palais, dans un premier temps. Puis, à partir de 1776, dans le salon, à l'entrée. L'œuvre était censée commémorer, dit-on, la générosité de Scipion Borghèse : en 1606, celui-ci parcourut Rome à dos de mulet pour apporter son soutien aux habitants frappés par la crue du Tibre. Mais elle devait plus vraisemblablement rappeler aux visiteurs la vertu romaine, dont ces aristocrates de l'Urbs étaient les héritiers. Et, d'ailleurs, que peut-on voir juste en face ? Une fresque représentant Marcus Furius Camillus, le chef de guerre qui mit en déroute les envahisseurs gaulois au sommet du Capitole.

La statue du cheval et du cavalier basculant dans le vide célèbre pour sa part un épisode survenu au Forum. Nous sommes en 362 avant notre ère. En plein cœur de Rome s'ouvre un gouffre béant. Les haruspices y voient un signe funeste et prédisent qu'il va s'étendre jusqu'à engloutir la ville. Seule solution : les Romains doivent y jeter ce qu'ils possèdent de plus précieux.

Un autre peuple aurait donné de l'or, de l'argent, des bijoux. Pas les Romains. Un jeune soldat, Marcus Curtius, se dit que son bien le plus précieux n'est autre que son courage. Il sacrifie donc sa vertu et sa vie en se jetant dans l'abîme avec son armure et son cheval. Le danger est écarté et un petit lac se crée à l'emplacement du gouffre. De nombreux monuments équestres ont été dressés en l'honneur du héros. Vingt-trois siècles plus tard, Antonio De Curtis, *alias* Totò, ce célèbre acteur comique au physique reconnaissable entre mille, affirmera d'un ton mi-blagueur, mi-sérieux être son descendant.

De toute évidence, il s'agit d'une légende. Tite-Live est à l'histoire ce que Virgile est à la poésie : le chantre des mythes romains. À une différence près : ses histoires sont inventées, pas fausses. D'après les historiens modernes, Coriolan est un personnage fictif. Pour justifier leurs défaites contre les Volsques, les Romains auraient eu besoin d'imaginer la figure de ce général passé à l'ennemi, le seul à pouvoir les battre. Le *civis*, le citoyen vertueux, désintéressé, incorruptible, insensible à la renommée et à la richesse n'a peut-être jamais existé.

Et pourtant… Ces habitants d'une petite ville semblable à tant d'autres avaient forcément quelque chose qui n'appartenait qu'à eux. Sans quoi, comment seraient-ils devenus les maîtres du monde connu en se passant d'un roi, d'une dynastie, d'une lignée dominante ?

L'histoire de la République est jalonnée de défaites et de désastres.

La résistance opiniâtre des Étrusques et des peuples d'Italie – Sabins et Picènes, Èques et Volsques. Les Samnites qui, après une victoire sur les légionnaires, renoncèrent à les exterminer (l'inverse n'aurait pas été vrai) pour les obliger à passer sous les fourches Caudines – peut-être une simple métaphore pour dissimuler des violences sexuelles. L'humiliation stimula leur soif de revanche.

Les fières cités grecques, soumises les unes après les autres, de Tarente à Syracuse, malgré les miroirs inventés par Archimède pour brûler les vaisseaux romains. (Des siècles plus tard, le génial inventeur donnera son nom au hibou dans *Merlin l'enchanteur* de Disney.)

Mais la liste des ennemis de Rome est encore longue.

Les pirates qui infestaient les mers et qui firent même prisonnier le jeune Jules César (avant de le regretter amèrement, nous le verrons).

Les Gaulois qui mirent en fuite l'armée, profanèrent le Capitole, s'amusèrent à tirer la barbe des vieux notables romains, exigèrent une rançon payée en or et truquèrent la pesée avant de jeter une lourde épée sur la balance. « Malheur aux vaincus ! » se serait exclamé Brennus, chef des Sénons, peu de temps avant que Furius Camillus ne les mette en déroute. « Les Romains ont appris de leurs pères à racheter leur patrie avec du fer, non avec de l'or ! » lança-t-il.

Les peuples d'Italie du Nord, initialement considérés comme des barbares, des Celtes à coloniser plutôt que des alliés à fédérer.

Et puis, évidemment, les Carthaginois, avec cet Hannibal qui mena son armée victorieuse jusqu'aux portes de Rome avant de faire demi-tour, pour une raison mystérieuse. L'ennemi implacable. L'homme noir que, pendant des siècles, les mères romaines ont évoqué pour faire peur aux enfants qui n'étaient pas sages : « Si tu continues tes bêtises, Hannibal va venir te chercher ! »

Intéressons-nous à lui.

Après la victoire des îles Égades, la seconde guerre punique confronte Rome à une véritable menace existentielle.

Hannibal franchit les Alpes avec ses éléphants et écrase toutes les armées romaines qui tentent de lui faire obstacle – dans le Tessin, sur la Trebbia, au lac Trasimène. Mais c'est un véritable carnage qui a lieu dans la plaine de Cannes, dans les Pouilles. Nous sommes le 2 août 216 av. J.-C. Les Carthaginois attirent les légionnaires au centre de leur formation, ils les encerclent. C'est le début d'un bain de sang qui dure la journée entière.

On compte les morts au nombre de bagues en or arrachées aux sénateurs et aux cavaliers tombés. Les vainqueurs en rassemblent trois muids entiers (Dante lui-même le rappelle dans l'*Enfer*). Le muid (*modius* en latin) était un cylindre en bois servant à mesurer le blé, il pouvait contenir jusqu'à neuf litres. Hannibal aurait envoyé cinquante kilos d'or à Carthage (je vous laisse imaginer la quantité qu'il a gardée pour lui). Les combats auraient fait entre vingt-cinq et cinquante mille victimes, selon différentes estimations. À Rome, l'effroi est tel qu'on célèbre un rituel macabre, étranger aux usages de la ville : quatre esclaves, deux Grecs et deux Gaulois, sont enterrés vivants afin d'apaiser les divinités hostiles.

Malgré tout, Hannibal n'attaque pas.

Depuis des siècles, on s'interroge : qu'est-ce qui a bien pu pousser ce stratège de génie à ne pas profiter de sa victoire ? Chacun y va de sa réponse. Le charme des délices de Capoue. La crainte d'un siège sans fin. L'attente des renforts qui ne sont jamais arrivés. La mort de son frère Hasdrubal, tué, décapité et jeté par les Romains dans le camp ennemi. La tactique avisée du consul Quintus Fabius Maximus, surnommé *Cunctator*, « le temporisateur », qui évita l'affrontement à découvert pour user l'ennemi, contraint à mener une longue guerre d'usure sur le sol italien.

En son honneur, les réformistes britanniques de la fin du XIXe siècle fonderont la Fabian Society. Tout un symbole : comme *Cunctator*, les socialistes étaient invités à attendre les circonstances propices et, dans l'intervalle, préparer la classe ouvrière à gérer les moyens de production : « Attendez le bon moment, comme le fit Fabius en gardant patience tandis qu'il affrontait Hannibal… » La Fabian Society compta parmi ses membres plusieurs grands noms de la culture britannique : George Bernard Shaw, Virginia Woolf et son mari, la féministe Emmeline Pankhurst, et, pendant quelque temps, Bertrand Russell et John Maynard Keynes.

Finalement, Scipion (dont le surnom « l'Africain » n'est pas usurpé) mène la guerre chez Hannibal et la remporte. Autre élément digne d'être signalé : le sacrifice consenti par les riches Romains, qui acceptent de payer des taxes extraordinaires – un véritable impôt sur la fortune – afin de financer la flotte transportant les troupes jusque sous les murs de Carthage. Une décision qui va bouleverser le scénario de cette longue guerre.

Une fois Hannibal vaincu, Carthage détruite et Corinthe saccagée (c'était la plus grande ville de toute la Grèce), Rome voit s'ouvrir l'immense théâtre ensoleillé de la Méditerranée. De l'Orient arrivent de nouveaux cultes religieux, de nouveaux modes de vie.

La conquête de la Grèce coïncide avec la découverte de la philosophie et de la littérature : des historiens grecs majeurs, comme Polybe, partent pour Rome. Des dramaturges latins comme Plaute et Térence réadaptent le théâtre grec à la sensibilité romaine. « La Grèce soumise soumit son farouche vainqueur, et porta les arts dans le rustique Latium », dit un célèbre vers d'Horace. De fait, Caton le Censeur a beau jeu de prophétiser que les Grecs efféminés entraîneront la perte des virils Romains, avec leurs exercices de gymnastique effectués en plein air et dans le plus simple appareil, le corps épilé et couvert d'huile, avec leur culte des philosophes, à commencer par Socrate, « mendiant bavard » et corrupteur de la jeunesse.

Le territoire de la République est désormais trop vaste : il ne peut plus être gouverné par une assemblée de citoyens. La ville devient gigantesque. Et de ses entrailles sans fond naissent de terribles souffrances et des ambitions démesurées.

C'est le début des guerres civiles. C'est aussi la naissance des deux partis qui se livreront une lutte acharnée pendant plus d'un siècle : les *populares* de Caius Marius et les *optimates*, les patriciens, de Lucius Cornelius Sylla.

Sylla est le premier vrai dictateur de l'histoire, un dirigeant sans pitié qui condamne ses ennemis à la mort en inscrivant leurs noms sur des listes de proscription. Se referme ainsi l'âge mythique de la fondation et de l'expansion ; s'ouvre désormais celui, terrible, des révoltes, des conjurations, des guerres civiles.

3

Révolutionnaires, putschistes et compagnie

Le rêve de Spartacus et le cauchemar de Catilina

L'un des visages les plus terribles du monde romain est l'esclavage. Les *servi*, comme on les appelle, ne sont pas des êtres humains mais des choses. De simples biens dont leur maître, le *dominus*, dispose à sa guise. Il les achète et les revend. Il peut aussi les violenter et les tuer. Et même leur ordonner qu'ils lui donnent la mort.

« Montre à ton esclave de la bienveillance », écrit Sénèque. Le philosophe incite son lecteur à garder à l'esprit que tout *servus* est né de la même graine, qu'il profite du même ciel, qu'il respire, vit et meurt comme son maître. « Sois avec ton inférieur comme tu voudrais que ton supérieur fût avec toi », ajoute-t-il. À l'époque, de telles paroles devaient paraître progressistes, d'une générosité et d'une noblesse rares. Seulement, l'âme sensible du philosophe ne remet pas une seule seconde en question le principe même de l'esclavage. Dans la mentalité de l'époque, les hommes ne naissent pas libres et égaux, la société est divisée entre supérieurs et inférieurs.

L'esclavage n'a pas commencé avec Rome et n'a pas fini avec elle. Il a marqué l'histoire de l'humanité dans son ensemble. L'idée d'une égalité entre les hommes n'apparut que le 4 juillet 1776, avec la Déclaration d'indépendance des États-Unis d'Amérique : « Tous les hommes sont créés égaux, ils sont doués par le Créateur de certains droits inaliénables. Parmi ces droits se trouvent la vie, la liberté et la recherche du bonheur. » Mais, pour que l'esclavage soit aboli dans le pays, il fallut un siècle supplémentaire et une guerre civile sanglante.

« Les hommes naissent libres et égaux en droits », proclamèrent les révolutionnaires français le 26 août 1789. Là encore, le chemin fut long : dès 1802, Napoléon Bonaparte rétablit l'esclavage en Guadeloupe et en Guyane. De leur côté, les Italiens ont dû attendre la Constitution de 1948 pour que soit reconnue l'égalité de tous les citoyens, sans distinction de race, de sexe, de langue, de religion ou d'opinions politiques. Mais ce n'est qu'en 1975 qu'a été abolie l'« autorité maritale » et l'obligation faite à la femme de suivre son mari dans toutes ses décisions.

Les peuples occidentaux trouvent désormais évident que l'ensemble des êtres humains dispose des mêmes droits et des mêmes devoirs. Il y a certes des riches et des pauvres. Mais personne ne vaut plus ou moins que l'un de ses semblables en raison de sa couleur de peau, de son lieu d'origine, du nom qu'il porte, du dieu dans lequel il croit. L'idée est pourtant toute récente. Et n'est pas encore reconnue dans de nombreux pays.

Bref, si l'histoire de l'humanité équivalait aux vingt-quatre heures d'une journée, le temps de l'égalité des droits entre les êtres humains ne représenterait qu'une poignée de minutes.

À Rome, la condition d'infériorité de l'esclave est établie dès le début de la République. Pour un même crime, un homme libre s'en sort avec quelques coups de bâton ; l'esclave, lui, est mis à mort. Frapper un esclave entraîne une amende deux fois moins forte que frapper un homme libre. Le témoignage d'un esclave n'a de valeur que s'il est arraché sous la torture.

L'esclave peut revendiquer le droit d'asile en s'agrippant à la statue d'une divinité ou, plus tard, celle d'un empereur. Une exception notable : à l'époque de Néron, lorsqu'un haut magistrat, Lucius Pedanius Secundus, fut assassiné, peut-être par un esclave, ses quatre cents esclaves furent tous exécutés. Le peuple protesta, réclamant que seul le coupable soit puni. L'empereur fit déployer l'armée pour protéger les bourreaux chargés d'exécuter la sentence.

Un destin d'esclave était souvent promis aux bébés malformés de naissance, ceux qu'on abandonnait car ils n'étaient pas désirés ou qui survivaient au rituel cruel de la roche Tarpéienne. (Le taux de mortalité infantile était tout aussi effrayant au sein des familles patriciennes : la moitié des enfants ne survivait pas à l'enfance. La principale cause de décès dans l'ensemble du monde antique et, plus largement, à l'échelle de l'histoire avant la découverte des antibiotiques était les infections : une simple blessure pouvait se révéler fatale.)

L'esclave pouvait être libéré, bien entendu. L'histoire de Rome s'est aussi écrite à travers les affranchis, souvent des Grecs ou des étrangers fort cultivés. Mais, pour la poignée de noms sauvés par l'histoire, des millions ont disparu dans le néant sans laisser de traces. Sauf un : un nom appelé à traverser les siècles, pareil à l'écho d'un espoir ou d'une menace.

« Je suis Spartacus »

Spartacus était un esclave : voilà la seule certitude que nous ayons sur son compte. Était-il un soldat de Mithridate, roi du Pont, vaincu par les Romains ? Selon toute vraisemblance, il s'agissait plutôt d'un légionnaire, réduit en esclavage pour désertion. Car, à l'évidence, il connaissait bien les tactiques des légions : il s'en est servi pour les vaincre, à de nombreuses reprises.

Une partie de ses hauts faits sont nimbés d'une aura de légende. Plusieurs historiens de l'Antiquité ont parlé de lui, chacun ajoutant une précision, une anecdote, un détail étonnant ou effroyable. Car Spartacus a inspiré une peur panique aux Romains.

La liberté fait souvent peur, il faut dire.

Spartacus était né à la bordure orientale de l'Europe, en Thrace, un territoire à cheval entre la Grèce, la Bulgarie et la Turquie actuelles. Il fut détenu à Capoue, une cité de Campanie qui abritait une grande arène : il y combattit en qualité de gladiateur. C'était l'un de ces hommes entraînés et entretenus pour mourir, sans autre horizon que de tuer. Sa femme avait elle aussi été vendue comme esclave avec lui. Une injustice qui éveilla aussitôt au fond de son âme un esprit de révolte.

Spartacus se rebelle contre ce destin tout tracé. Il est entouré d'autres malheureux qui, eux non plus, n'ont rien à perdre. Les mutins tuent les soldats romains qui tentent de les arrêter, s'emparent de leurs armes, en forgent d'autres avec le fer de leurs propres chaînes qu'ils ont brisées, fabriquent des boucliers en tressant de l'osier recouvert de peaux de brebis et se retranchent sur les pentes du Vésuve. Nous sommes en 73 av. J.-C.

D'entrée de jeu, les Romains commettent une grave erreur : ils sous-estiment l'adversaire. Spartacus et les siens ne sont que des esclaves, ils ne possèdent rien et ne valent guère mieux. Les affronter ne serait ni rentable ni glorieux, alors à quoi bon ? La première armée partie les défier est ainsi composée de trois mille soldats mal organisés et démotivés.

Les esclaves échappent à un siège : les vignes sauvages qui poussent sur le Vésuve leur servent de cordes grâce auxquelles ils descendent le long d'une paroi rocheuse, à la faveur de la nuit. Ils attaquent ensuite les légionnaires par surprise. C'est un massacre.

La rumeur se répand : une armée d'hommes libres a vaincu les armées de la puissance qui domine déjà la Méditerranée. D'autres esclaves se rebellent et rejoignent Spartacus. Des hommes issus de différents peuples d'Italie, libres mais lassés d'être exploités par les propriétaires romains, demandent à s'unir à lui. Il accueille tout le monde, femmes et enfants y compris. Il y avait eu d'autres révoltes, dans le passé. Mais un mouvement aux allures de projet politique ? C'était du jamais-vu.

Aujourd'hui encore, le mystère demeure : quelles étaient les intentions de Spartacus ? Fuir ? Dans ce cas, pourquoi ne pas le faire en cachette, avec l'aide des pirates et d'autres ennemis des Romains ? Pourquoi rassembler tous ces gens ? Pourquoi défier Rome de manière aussi affichée, aussi retentissante ?

Certains ont émis l'idée que Spartacus voulait changer le monde, mettre à bas le pouvoir des consuls et des patriciens, prendre leur place, refonder la société. Mais l'objectif aurait été trop ambitieux, même pour un esprit révolutionnaire comme le sien.

Selon toute vraisemblance, Spartacus se retrouve au centre d'une histoire qui le dépasse. Il n'ose pas dire non à ceux qui lui confient leur existence et leurs espoirs. Résultat : son peuple grandit de jour en jour. Son armée également.

À neuf reprises, les légions romaines attaquent Spartacus. Et à neuf reprises elles en sortent vaincues. Les deux consuls, Gellius Publicola et Lentulus Clodianus, sont forcés de battre en retraite. Les rebelles croisent par hasard une horde de chevaux et s'offrent ainsi un régiment de cavalerie. L'armée des esclaves traverse la péninsule, d'abord vers le sud, puis vers le nord, en Gaule cisalpine.

Toute l'Italie est entrée en rébellion. Les Gaulois et les Germains se sont ralliés à Spartacus mais, à son grand dam, ils dévastent et mettent à sac les domaines ruraux. Les propriétaires terriens (les grands bourgeois, dirions-nous de nos jours) sont terrorisés. Et réclament le rétablissement de la loi et de l'ordre. Malheureusement pour eux, chaque fois qu'une armée romaine se dresse sur sa route, Spartacus la bat à plate couture. Il prend également sa revanche sur son passé. Non sans cruauté : un jour, il force trois cents prisonniers à s'entretuer, comme les gladiateurs – c'est du moins ce que raconte l'historien Appien.

La victoire la plus retentissante est celle de Mutina, aujourd'hui Modène : Spartacus l'emporte sur un contingent de dix mille hommes. Là-dessus, au lieu de se diriger vers le nord, et la liberté, il revient sur ses pas, direction : Rome. Rome qui ne peut accepter plus longtemps qu'on défie son pouvoir de la sorte.

Contre Spartacus, on lance un grand chef de guerre : Marcus Licinius Crassus, l'homme le plus riche de l'Urbs, qui arme huit légions à ses frais. Son lieutenant, Mummius, est écrasé dans le Picenum, entre la chaîne des Apennins et l'Adriatique. Ulcéré par cette humiliation, il ordonne une décimation pour punir ses troupes. Quatre mille soldats pris au hasard sont exécutés de la main de leurs frères d'armes par *vereberatio*, c'est-à-dire à coups de bâton. Le reste des troupes comprend qu'elles devront vaincre ou mourir. Et, sans surprise, elles vaincront.

Crassus doit dès lors se résoudre à demander des renforts à l'autre homme fort de Rome : Cnaeus Pompée, ce rival qu'il déteste et qu'on ne surnomme pas encore « Pompée le Grand ». Pour l'heure, celui-ci mène une campagne militaire en Espagne.

En peu de temps, Spartacus se retrouve acculé. Il tente de fuir en Sicile, en vain. Il songe ensuite à trouver refuge en Orient et part pour les Pouilles, peut-être pour embarquer vers la Thrace, avec l'aide des pirates. Mais le voilà abandonné de toutes parts.

On ignore l'endroit précis où s'est disputée la bataille finale opposant les légions aux esclaves rebelles. Peut-être sur le territoire de la Calabre actuelle ; peut-être aux sources du fleuve Sélé, en Campanie. Au début du combat, Spartacus aurait, raconte-t-on, sacrifié son cheval, en proclamant : « Si je l'emporte, je prendrai les montures de nos ennemis. Et, si je perds, je n'aurai plus besoin de chevaux. » C'est à pied qu'il se serait jeté dans la mêlée, à la recherche de Crassus. Touché à l'aine, il tomba à genoux mais continua de faire tournoyer son épée, jusqu'à son dernier souffle.

Nous sommes en 71 av. J.-C.

Son corps, perdu parmi ceux des soixante-dix mille victimes, ne fut jamais retrouvé, ce qui alimenta sa légende. À en croire certains, le chef de la révolte tomba sur le champ de bataille, défiguré par les coups et donc méconnaissable à tout jamais. Pour d'autres, il fut crucifié avec six mille de ses compagnons le long de la via Appia, entre Capoue et Rome. Une autre version, la plus réconfortante, affirme que Spartacus serait parvenu à fuir.

Le final du film que Stanley Kubrick a consacré à cette figure légendaire imagine Crassus offrant la vie sauve aux vaincus, à une condition : que Spartacus révèle son identité. Alors qu'il va pour se lever, l'un de ses compagnons le devance et s'exclame : « Je suis Spartacus ! » Mais aussitôt un autre se lève : « Non, le vrai Spartacus, c'est moi ! » Ils sont des dizaines à affirmer qu'ils sont Spartacus. Le vrai se tait, saisi par l'émotion, et affronte le martyre qui lui est promis au milieu de la foule anonyme de ses frères d'armes.

Une scène mémorable, née de l'imagination du scénariste, Dalton Trumbo, l'un de ces artistes de Hollywood persécutés au temps du maccarthysme pour leurs opinions ou leurs amitiés communistes. *Spartacus* n'aurait même jamais dû être tourné. Mais la scène avait tellement plu à l'acteur principal – le grand Kirk Douglas, le père de Michael – que celui-ci exigea et obtint que le film se fasse quand même, quitte à le financer de sa poche. Quant au paria Dalton Trumbo, son nom put apparaître au générique.

Lorsque le prince Harry alla servir en Afghanistan, les talibans menacèrent de le retrouver et de l'éliminer. En Angleterre, quelqu'un se souvint de ce grand moment de cinéma et on vit fleurir des T-shirts portant l'inscription « Je suis Harry ». (Mais pas sûr qu'il y ait de quoi en tirer un film…) Plus récemment, le slogan « Je suis Charlie » fut brandi partout dans le monde après l'attentat terroriste visant la rédaction de *Charlie Hebdo* en janvier 2015. L'expression d'un soutien aux victimes mais aussi, plus symboliquement, à des valeurs telles que la liberté d'expression. On peut y voir l'écho de la scène mythique du film *Spartacus*.

Les choses se sont-elles vraiment passées comme l'ont imaginé Trumbo, Kubrick et Douglas ? Impossible à dire, on s'en doute. Quand Pompée arriva avec ses soldats, la bataille était déjà pliée et les survivants furent massacrés. Il put obtenir un triomphe censé également célébrer ses victoires en Espagne. Crassus dut se contenter de « l'ovation », une célébration de moindre importance, mais parvint à recevoir la couronne de laurier – et non de myrte, comme le prévoyait le rituel. Pour montrer qu'il ne le cédait pas en grandeur à Pompée, il fit crucifier six mille esclaves rebelles, comme preuve de sa cruauté, certes, mais aussi de la sévérité implacable avec laquelle Rome maintenait l'ordre établi. Une brutalité qui caractérise généralement les régimes autoritaires.

Crassus connut un triste sort, lui aussi. Les Parthes, le peuple héritier de l'Empire perse, ces terribles guerriers qui, des siècles durant, ont tenu en échec les Romains sur leurs frontières orientales, vengèrent inconsciemment Spartacus en massacrant les légions et leur chef à Carrhes (désormais Harran, en Turquie). On raconte que Crassus fut décapité et que, pour tourner en dérision sa cupidité, Orodès, le roi des Parthes, fit verser de l'or fondu dans sa bouche, en disant : « Tu avais soif d'or ; maintenant, tu en bois. » L'anecdote frappa Dante. « Crassus, dis-le / Puisque tu le sais : quel goût a l'or ? » crient ainsi les âmes du *Purgatoire*.

Nous avons désormais la réponse. Au début des années 1980, le chef Gualtiero Marchesi a été le premier à relever son risotto d'une feuille d'or. Et de nos jours le boucher turc Nusret Gökçe, devenu une star du web sous le nom de Salt Bae, fait payer jusqu'à mille huit cents dollars ses steaks plaqués or. L'ingrédient phare de ses restaurants reste cependant l'addition.

De cette histoire, il reste avant tout le nom de Spartacus. Au cours des siècles, il résonna comme un cri de rébellion, un désir farouche de justice, un espoir de changement. En son nom, certains commirent parfois des erreurs, voire des crimes.

Spartacus était le nom d'un journal « communiste-anarchiste » dans l'Italie du début des années 1920. Ceux qui le vendaient dans les rues étaient régulièrement agressés par les fascistes, qui déchiraient les exemplaires ou les brûlaient.

Spartaco Perini, communiste, fut le chef d'un des premiers groupes de résistants. Dans ses rangs, on trouvait des princes, des pharmaciens, des ouvriers, des bouchers, des chômeurs, des cordonniers, des enseignants. Et puis des carabiniers, dont un jeune sous-officier : Carlo Alberto Dalla Chiesa, qui accéda au grade de général et fut tué par la mafia. Les hommes de Spartaco Perini, actifs dans la région des Marches, aidèrent les prisonniers anglais en fuite à franchir les lignes ennemies et leur firent traverser l'Adriatique en hors-bord pour les confier à leurs frères d'armes. Quand, après l'armistice de septembre 1943, les rafles allemandes commencèrent dans le nord de l'Italie, Perini et Dalla Chiesa réussirent à fuir et s'embarquèrent à leur tour pour le sud, où ils se mirent aux ordres du roi Victor-Emmanuel III pour combattre les nazis.

L'une des brigades Garibaldi, en première ligne dans la résistance en Toscane, portait le nom de Spartaco Lavagnini, un syndicaliste assassiné par les fascistes en 1921.

Spartacus est également le nom de guerre choisi par Carlo Salinari, l'un de ces partisans qui, en mars 1944, menèrent une attaque contre les troupes allemandes basées à Rome : il devint un grand spécialiste de la littérature.

Les plus célèbres admirateurs de l'esclave romain sont cependant les spartakistes allemands, qui, sous la houlette de Karl Liebknecht et Rosa Luxemburg, tentèrent de faire la révolution dans Berlin ébranlée par la défaite de 1918. Attaqués à la fois par les sociaux-démocrates et la droite des Freikorps, les spartakistes connurent un sort terrible, à l'image de leurs chefs de file : Karl fut torturé et tué, Rosa, découpée en morceaux et jetée dans la Spree. En son honneur, Bertolt Brecht composa ces vers peut-être naïfs, mais romantiques ? Certainement.

Rosa-la-Rouge aussi a disparu
Où repose son corps est inconnu.
D'avoir dit aux pauvres la vérité
Fait que les riches l'ont exécutée[1].

Le nom de Spartacus connut un retour en grâce dans l'Union soviétique. En 1923, l'URSS refusa l'invitation à participer aux Jeux olympiques prévus l'année suivante à Paris et créa

1. Poème traduit par Eugène Guillevic, extrait de l'anthologie « Manuel pour habitants des villes », Bertolt Brecht, éditions de L'Arche, 2007.

les Spartakiades, à destination du prolétariat international. Les premiers Jeux dédiés à l'esclave romain furent disputés à Moscou en 1928 : l'inauguration eut lieu le jour de la clôture des jeux d'Amsterdam, avec deux fois plus de participants (sept mille contre trois mille).

En 1952, l'URSS prit à nouveau part aux Olympiades. Mais les Spartakiades continuèrent des années durant, attirant des millions de sportifs : les champions y côtoyaient des amateurs. Des équivalents nationaux furent organisés en Tchécoslovaquie et en Albanie. Et n'oublions pas le Spartak Moscou, qui est à la fois une équipe de football, de hockey, de basket et même de football américain.

À mort les Gracques !

L'idée de justice sociale et de lutte des classes a beau être un concept moderne, n'allons pas croire que la vie sociale et politique de la Rome antique était un long fleuve tranquille. Elle connaissait des formes de conflit.

Il n'était pas rare que la plèbe organise des sécessions, ancêtres des grèves modernes : on quittait alors la ville pour se retirer sur l'Aventin (d'où l'expression). Ce fut le cas en 494 av. J.-C. Pour résoudre la crise, le consul Menenius Agrippa aurait inventé son célèbre apologue comparant la société romaine à un corps où les plébéiens sont les bras et les patriciens, le ventre : si les bras ne travaillent pas, le ventre ne reçoit pas de quoi se nourrir. Problème : à la longue, les bras faiblissent. Bref, à chacun sa place.

À côté de ces conservateurs, il existait pourtant des réformistes, des progressistes, des « libéraux », souvent membres des classes les plus favorisées mais prêts à se battre pour les pauvres.

La première grande réforme de l'ère républicaine eut lieu quatre cent quatre-vingt-quatorze ans avant la naissance de Jésus-Christ, l'année même de la sécession et de l'apologue des bras et du ventre que j'évoquais à l'instant. Elle fit naître la figure du tribun de la plèbe, un défenseur du public doté d'un droit de veto sur les lois controversées. En 367 avant notre ère, on décida que l'un des deux consuls pouvait être issu de la plèbe – et, vingt-cinq ans plus tard, que les deux pouvaient l'être. Deux hommes du peuple étaient en mesure de diriger l'État, indépendamment de leur richesse. Dans quelle démocratie occidentale actuelle voit-on une chose pareille ?

À chaque génération son pas en avant. Les décisions de l'assemblée du peuple – les comices tributes – prirent valeur de loi et devinrent aussi obligatoires pour les patriciens. On abrogea l'interdiction des mariages entre patriciens et plébéiens. On abolit l'esclavage pour dettes : aucun citoyen romain ne pouvait perdre sa liberté, pour quelque raison que ce soit.

Certes, les votes étaient à acheter et à vendre – mais cela a-t-il changé, au fond ? Pour faire de la politique, il fallait de grandes fortunes. La vraie différence par rapport à notre époque, c'est que nos pays vivent avec une dette publique dont l'ampleur égale l'épargne privée : le couvent est pauvre mais les moines sont riches, comme on dit en Italie. Alors que, dans la Rome antique, le Trésor public débordait tellement qu'en 167 av. J.-C. la ville fut exonérée de presque tous les impôts et devint un paradis fiscal, digne de Monaco ou des îles Caïman actuellement.

Le système politique avait son équilibre propre. Les consuls représentaient l'élément monarchique, et le Sénat, l'aristocratie. Mais c'était le peuple réuni en assemblée qui élisait les magistrats, qui jugeait les crimes, qui décidait de la paix et de la guerre. Aucun politicien, aussi riche, aussi puissant fût-il, ne pouvait agir seul. Chacun d'eux était responsable devant le peuple, d'une manière ou d'une autre. Pour finir, en 139 av. J.-C., on introduisit le vote à bulletin secret pour mieux garantir la liberté des électeurs.

Néanmoins, dès que leurs privilèges étaient attaqués, que les rapports de force étaient remis en question et qu'ils se sentaient en danger, ces notables devenaient prêts à tout, quitte à tuer dans l'œuf ces nobles aspirations qui passaient à leurs yeux pour des menaces intolérables. Leur réaction pouvait être sanglante et impitoyable.

Ainsi, quand Tiberius Gracchus, tribun de la plèbe, fait approuver une réforme agraire visant à limiter les grandes propriétés et redistribuer les terres aux paysans pauvres, il devient une cible pour les *optimates*. L'homme n'est pourtant pas le premier venu : ce fils de plébéien a pour mère Cornelia, la fille de Scipion l'Africain, le vainqueur d'Hannibal. Mais cela n'a aucune importance aux yeux de ceux qui craignent pour leurs privilèges.

Emporté par son désir de défendre sa loi et sa vie, Tiberius fond en sanglots en pleine assemblée, provoquant l'émotion des *populares*. Par centaines, ils proposent de passer la nuit devant sa demeure, pour le protéger. Peine perdue : le lendemain matin, Tiberius est tué à coups de bâton avec trois cents de ses partisans et son corps est jeté dans le Tibre. Cela n'a pas empêché sa figure de traverser les siècles, tel un symbole d'audace et de modernité.

C'est à Tiberius Gracchus que nous devons l'idée qu'un magistrat puisse être révoqué s'il ne sert pas les intérêts du peuple ou si, simplement, il n'a plus sa confiance – un tribun de la plèbe qui s'opposait à sa réforme agraire l'a d'ailleurs appris à ses dépens. Plus de vingt et un siècles plus tard, en 2003, le gouverneur de Californie, Gray Davis, subira le même sort : il sera destitué par un référendum populaire et remplacé par un ancien acteur né en Autriche, Arnold Schwarzenegger, alias Terminator ou Conan le Barbare.

L'œuvre de Tiberius est poursuivie par son frère, Caius Gracchus. Le Sénat le nomme questeur en Sardaigne : il sera moins dangereux loin de Rome. Mais il revient, se fait élire deux fois tribun de la plèbe et tente d'imposer une réforme encore plus courageuse, avec d'authentiques expropriations. Il enchaîne en faisant approuver une autre loi qui permet à chacun, même aux habitants des provinces, de se porter partie civile et d'être indemnisé en cas d'abus de pouvoir des fonctionnaires romains : l'embryon de l'action de groupe. Et, quand les riches font construire une estrade en bois au Forum pour accaparer les meilleures places en vue d'un combat de gladiateurs, Caius la fait démonter dans la nuit : tout le monde doit pouvoir assister au spectacle gratuitement.

C'est un visionnaire : il voudrait accorder le droit de cité à tous les habitants d'Italie. Mais, cette fois, la plèbe de Rome ne le suit pas.

Abandonné par les siens, Caius Gracchus se fait tuer par l'un de ses esclaves. Les *optimates* ayant promis de payer sa tête contre son pesant d'or, quelqu'un la coupe et la remplit de plomb fondu. Par milliers, ses soutiens sont assassinés en prison. L'un d'eux est condamné à une punition atroce : on l'enferme dans un sac rempli de scorpions.

Le nom des Gracchus est voué à la *damnatio memoriae*, c'est-à-dire à l'oubli : il ne pourra plus être gravé ni prononcé. Et leur mère, Cornelia, ne pourra même plus revêtir les habits du deuil pour pleurer la mort de ses fils, dont elle disait, avec un beau sens de la formule, qu'ils étaient ses seuls bijoux.

Mais les choses ne se sont pas arrêtées là. Le nom des Gracques s'est imposé comme un symbole de justice sociale. Gracchus est le surnom que se donnait François-Noël Babeuf, le leader jacobin qui combattit les dérives de Robespierre puis, après le tournant modéré de Thermidor, anima la Conjuration des Égaux contre le Directoire. Condamné à mort avec son compagnon de lutte Augustin Darthé, il tenta de se suicider à la manière des Romains de l'Antiquité, en se frappant à coups de stylet. Il échoua et c'est couvert de sang qu'il fut conduit à la guillotine.

Les Gracques eurent aussi un grand admirateur en Italie : le poète romantique Ugo Foscolo. À l'aube du *Risorgimento*, ce mouvement politique qui permit d'unifier le pays, il embrasa l'âme des Milanais en prononçant ces mots : « Que se dresse l'antique vertu, l'antique valeur. Que renaissent les antiques héros de la République. Que reviennent les beaux jours de Rome, Athènes et Sparte. Que s'éteignent tous les tyrans et que soit libéré le monde. Vive la République de l'Univers ! »

En réalité, la mort des Gracques ne marqua pas seulement la fin d'un espoir de justice. Ce fut aussi le début de la fin pour la vieille République, fondée sur le paysan-soldat, sur les propriétaires terriens prêts à prendre les armes pour défendre la patrie, celle-ci ne faisant qu'une avec la cité. Désormais, les sénateurs possédaient des terres de la taille d'une province et les faisaient cultiver par leurs esclaves. Au bout du compte, on accorda la citoyenneté romaine à tous les habitants de la péninsule. C'était inévitable, ne serait-ce que pour freiner la révolte : les non-Romains rêvaient de fonder un État appelé Italie, dont la capitale aurait été une ville nommée Italica. Le taureau aurait été son animal totémique et les pièces auraient montré un taureau encornant une louve, symbole de Rome. Une fois les peuples italiques accueillis au sein de la République, le projet d'unité nationale finit aux oubliettes pendant deux mille ans. En contrepartie, tous ceux qui souhaitaient exprimer leur voix devaient se rendre à Rome : il n'y avait pas de bureaux de vote ailleurs.

Il y avait cependant des routes. Un tribun allié de César, Curion, proposa de faire financer leur entretien par les riches : plus leur moyen de locomotion était luxueux, plus leur contribution serait élevée. Un peu comme les assurances auto d'aujourd'hui.

S'il avait fallu verser le sang des réformistes pour les arrêter, si les esclaves rebelles avaient remporté de grandes victoires, ce n'était pas sans raison. Rome traversait une crise politique et militaire, certes, mais surtout morale. C'était le temps des guerres civiles. À cette époque émaillée de complots et de violence apparut, pareille à un météore, une figure énigmatique sur laquelle on a écrit des choses grandioses et terribles. Sans doute est-ce la raison de la fascination qu'elle suscite...

Le portrait de Lucius Sergius Catilina que nous a laissé Salluste est peut-être le plus beau qu'on ait jamais écrit. Il est à la littérature ce que la Joconde est à la peinture. Un véritable modèle à suivre. Permettez-moi d'en citer les premières lignes :

Catilina, né d'une grande famille, avait une âme forte et un corps vigoureux, mais une mauvaise nature et l'habitude du mal. Dès son adolescence, il trouva plaisir aux guerres civiles, aux massacres, aux pillages, aux désordres politiques et y prit part pendant sa jeunesse. Sa résistance physique lui permettait de supporter la faim, le froid, les veilles, à un point qu'on peut difficilement imaginer ; esprit à la fois audacieux et perfide, mobile, capable de tout feindre et de tout dissimuler, avide du bien d'autrui, prodigue du sien, ardent dans ses passions, assez éloquent, peu raisonnable. Insatiable, il visait toujours l'impossible, trop loin et trop haut.

En résumé : un homme tout sauf digne de recevoir les rênes d'un État, mais méritant largement qu'on lui consacre un livre, ou du moins quelques pages.

Et si Catilina avait eu raison ?

Hélas, ce que nous savons sur son compte vient de Salluste ou de Cicéron, deux de ses ennemis les plus acharnés. Jugez plutôt : Salluste écrit que Catilina a tué sa première femme, Gratidia, nièce de Caius Marius, ainsi que son propre enfant, afin de se remarier avec Aurelia Orestilla. Il aurait même agressé ou, à tout le moins, séduit une prêtresse ayant fait vœu de virginité. Et, pour sceller le pacte par lequel ils avaient juré de renverser la République, ses acolytes et lui auraient prêté serment sur le corps d'un enfant sacrifié en buvant du vin mélangé à du sang humain, avant de se repaître de ses chairs. Rien que ça… Il faut dire qu'au cours de l'histoire on a souvent porté cette accusation contre des groupes sociaux qu'on soupçonnait des pires turpitudes, des juifs (avec les « Pâques sanglantes ») aux communistes.

D'après l'*Énéide*, la *gens Sergia*, à laquelle appartient Catilina, descend de Sergeste, un compagnon d'Énée. Notre homme serait donc l'héritier d'une dynastie qui a contribué à fonder Rome. Mais Virgile n'est pas tendre avec Sergeste, rappelez-vous : il le condamne à être éternellement torturé dans l'Hadès, c'est-à-dire aux Enfers. L'arrière-grand-père de Catilina avait été un héros de la guerre contre les Carthaginois : il avait perdu une main au combat et l'avait remplacée par une griffe métallique digne du capitaine Crochet.

Pour sa part, Catilina a combattu en Orient avec Sylla et, au cours de la guerre civile, il s'est distingué par sa cruauté : selon ses ennemis, il aurait torturé et tué son beau-frère,

Marcus Marius Gratidianus, frère de sa première épouse, la malheureuse Gratidia. Il lui aurait ensuite coupé la tête avant de la jeter aux pieds de Sylla, en plein Forum.

Pourtant, lorsqu'il brigue le poste de consul, il ne se tourne pas vers les aristocrates, ses semblables, mais cherche les faveurs du peuple. Il promet d'effacer les dettes, de redistribuer les terres, d'abolir les privilèges héréditaires. Toujours à en croire ses adversaires, il assure qu'il évincera tous les anciens leaders politiques. En réalité, il rêve d'une renaissance, d'une refondation. Il se dit prêt, semble-t-il, à mettre le feu à la ville entière. Encore une accusation régulièrement portée contre les personnalités sulfureuses afin de les dénigrer – Néron est bien placé pour le savoir. Il conclut en tout cas ses discours par une formule choc : « Le peuple romain est un corps robuste mais qui n'a pas de tête. Eh bien, cette tête, ce sera moi ! »

Catilina est cependant battu aux élections. Les Romains lui préfèrent un autre candidat, qui ne manque pas d'éloquence : Cicéron. Nous sommes en 64 av. J.-C.

Entre les deux hommes, il n'y a pas seulement de la rivalité. C'est une véritable inimitié qui les oppose. Cicéron se rapproche de Fulvia, la maîtresse d'un membre du cercle de Catilina. Peu de temps après, deux hommes sollicitent une entrevue avec Cicéron, sous couvert de lui présenter leurs respects. En réalité, ils sont là pour le tuer ! Averti juste à temps par Fulvia, le consul a eu le temps de filer. Dans la foulée, il met la main sur de nombreux courriers compromettants : Catilina a rassemblé des troupes au nord de Rome, il est prêt à attaquer la ville pour s'emparer, par la force, de ce pouvoir qu'il ne parvient pas à conquérir par les urnes. Un véritable coup d'État se prépare.

Le 8 novembre 63 av. J.-C., Cicéron prend la parole au Sénat, face à son ennemi. Son discours s'ouvre sur ces mots, qui seront cités des milliers de fois : « Jusqu'à quand abuseras-tu de notre patience, Catilina ? » Il enchaîne en noyant son rival sous une avalanche d'injures et d'accusations, y compris d'inceste. Les sénateurs sont du côté de Cicéron, qui conclut : « Ennemi de Rome, le consul t'ordonne d'en sortir. Tu me demandes si c'est pour aller en exil ? Je ne te le commande pas ; mais, si tu veux m'en croire, je te le conseille. » Dans la nuit, Catilina fuit Rome, avec trois cents de ses soutiens les plus acharnés.

Cicéron comprend que le match est plié. Il fait arrêter les derniers conjurés. Un jeune chef de la formation des *populares*, Caius Julius Caesar, tente de leur sauver la vie, en usant d'un raisonnement quelque peu fallacieux : la mort est une punition inefficace puisqu'elle marque la fin des souffrances humaines ; la prison serait une peine plus adéquate. Mais Cicéron fait étrangler les conjurés dans leurs cellules, sans procès. Une violation du droit qui lui coûtera cher : cinq ans plus tard, il sera condamné à l'exil pour cette décision. Pour l'heure, il triomphe. D'un seul mot, il informe la foule de l'exécution de la sentence : « *Vixerunt* » (« Ils ont vécu »). Nul besoin d'en dire plus.

Tandis que le Sénat poursuit ses débats, César reçoit un message. Son grand ennemi, Caton, le désigne comme complice de Catilina : « Regardez, il reçoit des consignes des conjurés ! » Avec un sourire, César montre le message à son accusateur : il est signé de la sœur de Caton, Servilia. Folle amoureuse, elle s'offre à César dans des termes on ne peut plus explicites. Le fait est qu'elle ne passe pas exactement pour un modèle de vertu... Caton accuse le coup et exige qu'il retire ses propos. À l'extérieur de la Curie, un groupe de jeunes *optimates* aimerait tailler l'insolent en pièces, mais Cicéron prend sa défense.

Dix-huit années particulières mouvementées les séparent des ides de mars.

On fait passer un avis : tout conjuré qui démasquera un complice bénéficiera d'une impunité, s'il est un homme libre, et recevra deux cent mille sesterces. S'il est un esclave, il aura droit à la liberté et à cent mille sesterces. Mais personne ne parle. Les survivants restent fidèles au chef.

Catilina rejoint quant à lui ses troupes et marche vers la Gaule. En cours de route, il essaye d'enrôler les pauvres, dont les terres ont été confisquées par les vétérans de Sylla, et les voleurs qui pullulent dans la région, selon Salluste. « Tous les débauchés, les adultères, les noceurs, [...] tous ceux que tourmentaient le vice, la misère ou le remords, voilà quels étaient les intimes et les familiers de Catilina », ajoute l'historien. On s'unit à lui, comme à Spartacus jadis, quand on n'a rien à perdre. Catilina est également entouré de quelques sénateurs sur la paille, qui ne seraient pas défavorables à ce qu'on efface leurs dettes.

À Pistoia, en Toscane, les insurgés reçoivent un coup d'arrêt : une armée romaine les poursuit par le sud, une autre leur barre la route vers le nord. Ils n'ont pas d'autre choix que d'accepter un combat perdu d'avance. Cicéron est resté à Rome. Les troupes fidèles à la République sont commandées par l'autre consul, Caius Antonius Hybrida, qui se fait porter pâle, en invoquant une crise de goutte. Est-il impliqué dans la conjuration et préfère-t-il éviter de combattre ses vieux amis ? Possible.

Catilina parle à ses troupes. Le discours qu'il tient est mémorable. Il va droit au but, d'emblée : « Je suis bien certain, soldats, qu'avec des mots on ne donne pas du courage, et qu'une armée ne passe pas de la lâcheté à l'action et de la peur à la bravoure pour avoir entendu une harangue de son général. » Puis il poursuit, solennel : « Si nous sommes obligés de combattre, ce n'est pas dans les mêmes conditions : nous luttons de toutes nos forces pour la patrie, la liberté et notre vie ; eux se battent pour maintenir à une oligarchie sa puissance. » Deux visions du monde qui s'affrontent, en somme. Catilina n'a plus qu'à conclure, par des mots glaçants : « Si la fortune ne répond pas à votre courage, veillez à ne pas mourir sans vengeance, et, plutôt que de vous laisser prendre et massacrer comme du bétail, battez-vous en hommes, et ne laissez à vos ennemis qu'une victoire sanglante et endeuillée par les larmes. »

C'est en héros que combattirent les soldats de Catilina. Lorsqu'on le retrouva, il respirait encore, à côté de l'aigle d'argent qui avait été l'enseigne de Marius lors de la bataille des Champs Raudiens (*Raudii Campi*) contre les Cimbres, en 101 av. J.-C. On découpa son corps en morceaux et on le jeta au fleuve, à l'exception de sa tête, rapportée à Rome par Hybrida, que plus personne ne pouvait mouiller dans la conjuration, désormais. Mais, même mort, le rebelle conservait la fierté indomptable qui le distinguait de son vivant, d'après Salluste.

Des années plus tard, Cicéron admit qu'à côté de Catilina, on trouvait aussi des gens de valeur. Des jeunes, notamment. Et qu'au fond l'homme n'avait pas que des défauts : « Ce qu'il y avait en lui de merveilleux, c'était ce talent de se faire des amis, de se les conserver par ses soins attentifs, partageant avec eux tout ce qu'il avait, les aidant de son argent, de son crédit, de ses peines. »

Plus simplement, l'ennemi des *optimates* avait des idées progressistes, comme les Gracques. Une partie de la plèbe avait cru en Catilina car, comme l'écrit Salluste, « dans une cité, ceux qui n'ont rien jalousent les bons citoyens, exaltent les méchants, détestent la tradition, souhaitent des nouveautés ; par dégoût de leur situation, ils désirent tout bouleverser ; ils vivent sans soucis dans le trouble et la révolution, parce que l'indigent n'a pas de grands risques à courir ».

Salluste sait de quoi il parle : lui non plus ne dédaignait pas l'argent ou le pouvoir. Il n'était pas qu'un écrivain, mais un homme politique. Ami de César, il fut gouverneur en Afrique, qu'il dut fuir, visé par des accusations de vol et d'extorsion. Et rien n'empêche de croire que, quand il dressait ce portrait d'un grand intrigant aux ambitions démesurées, avide de pouvoir et capable de simuler ou de dissimuler n'importe quoi, ce n'est pas à Catilina que pensait Salluste. Mais à lui-même.

La postérité sera bien moins sévère avec le jeune rebelle. Dans sa tragédie éponyme, Alexandre Dumas décrit Catilina comme une victime de son épouse : par jalousie, celle-ci tue le fils qu'il a eu avec la vestale. Un autre écrivain français, Crébillon, imagine pour sa part que Catilina se venge de Cicéron en séduisant sa fille Tullia. (L'orateur peut, quant à lui, compter sur Voltaire pour le défendre dans sa pièce *Rome sauvée*.)

Henrik Ibsen dépeint Catilina en révolutionnaire. Des admirateurs romantiques lui inventent même un fils nommé Ubertus, dont descendrait Farinata degli Uberti, l'un des personnages les plus fascinants de Dante, d'un orgueil tel qu'il semble toiser l'Enfer : « J'avais déjà mis mon regard dans le sien ; il redressait la poitrine et le front comme s'il avait l'enfer en grand mépris. »

Des années plus tard, dans un lycée de l'Arkansas, le Hot Springs High School, les élèves d'un cours de latin rejouent le procès intenté contre Catilina. L'adolescent chargé de le défendre prend sa mission tellement à cœur qu'il finira par faire des études de droit et se passionnera pour la politique. Il s'appelle William, mais on l'appelle déjà Bill – Bill Clinton.

La conjuration de Catilina est un épisode riche d'enseignements. À l'évidence, elle est le signe que les institutions républicaines sont fragiles. Rome ne peut plus être dirigée par une classe sociale privilégiée ou par l'assemblée des citoyens. Les temps sont mûrs pour qu'elle se trouve un maître. Il suffit de s'en emparer.

Si ce maître est un tyran sans qualités, il risque de la faire courir à sa perte. Mais, s'il est un génie, il pourra en faire la plus grande puissance de l'histoire.

4

César

Le mythe de la victoire

S'il n'avait été qu'un écrivain, un chef de guerre ou un homme politique de premier plan, Caius Julius Caesar serait quand même passé à la postérité. Du fait qu'il a été les trois à la fois, nous pouvons dire qu'il a été l'un des plus grands hommes que la Terre ait jamais portés, tous lieux confondus, toutes époques confondues.

Un être au caractère à la fois jovial et avisé, à l'âme remplie d'audace et d'ambition, doté d'un esprit prodigieux. Capable d'écrire le chapitre d'un livre tout en dictant une lettre destinée à changer la politique intérieure de Rome. À la veille d'une bataille décisive, par-dessus le marché !

À la différence de Napoléon, qui fut sans doute son plus fervent admirateur, il était également grand et beau – ce qui ne gâte jamais rien, dans la vie. Mais, comme lui, il perdait ses cheveux et en souffrait. À l'époque, impossible d'aller en Turquie pour se faire poser des implants. On pouvait à la rigueur cacher sa calvitie avec des couronnes de laurier. Peut-être est-ce aussi pour ça qu'il en a tant récolté…

Signalons qu'il s'est montré impitoyable, certes, mais toujours en gardant la tête froide. Il a commis des actes d'une cruauté effroyable, des massacres inouïs : les historiens modernes lui attribuent la responsabilité de près d'un million de morts, à une époque où on tuait les hommes un par un. Mais sa vivacité d'esprit et sa sensibilité pouvaient également lui inspirer des gestes nobles et généreux, voire des réactions inattendues : quand, pour s'attirer ses bonnes grâces, les Égyptiens lui ont montré la tête tranchée de son grand ennemi, Pompée, César a fondu en larmes. Il venait pourtant de se rendre sur place dans le but… de le tuer.

Mais sa principale, sa véritable contradiction est ailleurs.

Pendant toute sa vie, César a oscillé entre positionnement populaire et ambition autocratique – impériale, même. Entre politiques sociales en faveur des pauvres et abolition des libertés républicaines. Il était un ami du peuple mais, par-dessus tout, un ami de sa propre personne. Il a été tué pour avoir tué la République où il avait grandi. Il a posé les fondements de l'Empire et n'est jamais devenu empereur.

Paradoxalement, c'est l'aristocratie, et non le peuple, qui a tenté de défendre la République. En vain. Après Caius Julius Caesar, Rome et le monde entier furent transformés à tout jamais. Et nous lui devons une part de ce que nous sommes, tous.

Oncle Mars et grand-mère Vénus

Et dire qu'au début il n'était qu'un *outsider*. Sa famille, la *gens Iulia*, était certes importante, mais cela faisait longtemps qu'elle avait perdu de sa superbe. Son père, nommé lui aussi Caius Julius Caesar, était l'un des préteurs liés à Marius. Il mourut subitement, à Pise, alors qu'il enfilait ses sandales. Son fils n'avait que quinze ans.

César, lui, est né à Rome, le 12 juillet de l'an 100 av. J.-C., au cœur d'un été particulièrement chaud, dans le quartier populaire de Suburre. En langue carthaginoise, son surnom veut dire « éléphant » : l'un de ses ancêtres en avait tué un sur le champ de bataille, au temps des guerres puniques. Un autre était venu au monde par *sectio caesarea*, la césarienne – mais l'expression n'a, semble-t-il, rien à voir avec notre héros.

Sa tante paternelle, Julia, avait épousé Marius, le grand chef de guerre qui avait vaincu tous les ennemis de Rome : en Afrique, Jugurtha, le roi de Numidie ; en Provence et à Vercelli, les hordes barbares des Cimbres et des Teutons. Marius était cependant un homme en disgrâce, César avait treize ans à sa mort. À la tête de Rome, on trouvait son rival historique, Sylla, chef du parti des *optimates*. Mais César se sentait lié aux *populares*, le parti de Marius, homme aux humbles origines.

Dès son plus jeune âge, il fit montre de qualités exceptionnelles, à commencer par une mémoire prodigieuse. Il apprit à la perfection le grec, qui devint sa seconde langue. Le fait d'appartenir à la noblesse mais d'être né dans le ventre de Rome fut d'emblée un avantage : César savait si bien écouter qu'il finit par recueillir les expressions populaires qu'il entendait dans la rue et les transcrire en vers. Il ne se promenait presque jamais en litière, comme le faisaient les personnes de son rang. Il préférait marcher et discuter avec les gens, toujours disponible avec tout le monde.

Les historiens de l'Antiquité sont évidemment partagés sur son compte mais s'accordent sur un point : César était un homme qui fascinait, par son self-control, par son goût de l'ironie dont il était parfois la cible, et par son apparence. Maigre, fort, robuste, capable d'aller à cheval sans tenir les rênes de sa monture, par la seule force de ses jambes. Pourtant, il avait quelque chose de féminin : il aimait porter des toges soyeuses, presque dénouées, à moitié ouvertes ; il s'épilait régulièrement les jambes et la poitrine ; il se grattait la nuque avec un seul doigt, pour ne pas se décoiffer, en levant gracieusement le petit doigt. Cela lui valut quelques moqueries, de la part de ses ennemis et de ses propres soldats, lors de ces fêtes entre hommes organisées après ses innombrables victoires.

Tout cela contribua à son aura, qu'il est bien difficile d'expliquer avec de simples mots : elle irradiait de sa personne et le désignait comme un homme charismatique, prédestiné, choisi par le destin. Revers de la médaille : il était miné par un mal mystérieux et considéré comme sacré, l'épilepsie, qui s'empara de lui à plusieurs reprises, dans des moments d'émotion intense – au moment de livrer bataille, par exemple.

Malgré ces nombreuses qualités, son ascension est lente.

Sa mère, Aurelia, lui trouve une fiancée, Cossutia, issue d'une riche famille plébéienne. Il s'agirait d'un mariage d'intérêt, mais César veut un mariage politique. Il épouse donc Cornelia, fille de Cinna, lequel a remplacé Marius à la tête des *populares*.

Nous sommes à l'époque des listes de proscription : Sylla y inscrit les noms des ennemis de l'État, c'est-à-dire de *ses* ennemis. N'importe qui peut les tuer et confisquer leurs biens. L'homme fort des *optimates* en vient même à faire déterrer les cendres de Marius et les disperser dans l'Aniene, un affluent du Tibre. César reçoit l'ordre de divorcer de Cornelia, celle-ci étant la fille de son adversaire. Un autre jeune ambitieux se retrouve dans le même cas : Pompée. Celui-ci obéit et répudie son épouse pour épouser la belle-fille de Sylla, enceinte d'un autre.

Mais César aime Cornelia, qui lui a donné une fille, Julia : il refuse. Sylla ajoute donc de sa main un nom supplémentaire à la liste des proscrits, promettant une récompense à quiconque le capturera, mort ou vif.

César prend la fuite déguisé en paysan et se cache dans la forêt des monts Sabins. Il y contracte la malaria. Dans ses nuits peuplées de cauchemars, il rêve de Sylla qui le fixe avec des yeux de braise. Ses poursuivants sont sur ses talons et parviennent à le capturer. Mais César garde son sang-froid et convainc leur chef, Cornelius Fagita, de lui laisser la vie sauve. En échange, il lui versera la récompense promise.

Il a tout juste dix-neuf ans et ce calme absolu dans les moments décisifs ne l'abandonnera plus jusqu'à la fin de ses jours.

Pendant ce temps, à Rome, sa mère œuvre pour le protéger. Aurelia a un cousin à qui elle est très liée, Caius Aurelius Cotta, un partisan de Sylla. Grand orateur, il insiste longuement auprès de Sylla pour obtenir le pardon du jeune homme. Le maître de Rome finit par accepter, de bien mauvaise grâce, avec des mots aux accents de prophétie : « Eh bien, vous l'emportez, soyez satisfaits. Mais sachez que celui dont la vie vous est si chère écrasera un jour le parti de la noblesse, que nous avons défendu ensemble. Car il y a dans César plus d'un Marius. »

César revient et brigue une charge militaire, afin de montrer sa valeur. Sylla, lui, ne veut rien savoir et continue de mettre en garde les hommes de son parti contre ce freluquet qui porte la toge comme une fille.

La première aventure guerrière à laquelle il prend part va d'ailleurs inciter ses adversaires à jaser.

César suit en Asie les troupes de Marcus Minucius Termus et participe à la prise de Mytilène, capitale de Lesbos, l'île grecque qui avait appartenu à la poétesse Sappho. Le commandant le prend à la bonne et lui confie une mission : se rendre en Bithynie pour réclamer les navires promis par le roi Nicomède IV, allié des Romains. Ce dernier s'entend aussitôt avec ce jeune homme au charme hypnotique. César reçoit la flotte et la conduit à Mytilène. Mais, aussitôt, il repart pour la Bithynie en prétextant un prêt à encaisser. Si la mission a été aussi rondement menée, dit-on, c'est parce qu'il s'est offert au monarque. D'où son surnom de « reine de Bithynie ».

Ses soldats s'en souviendront quand, pour le tourner en dérision durant son triomphe sur les Gaulois, ils chanteront : « César a soumis les Gaules, Nicomède a soumis César. » Mais aussi : « Ouvrez en grand les portes au roi dégarni et à la reine de Bithynie ! »

Même chose pour Cicéron. Dans une lettre, l'avocat écrit qu'en Bithynie César « a perdu la fleur de sa jeunesse ». Il va même oser rappeler cette vieille histoire, en plein Sénat ! Alors que César défend la cause de Nisa, fille de Nicomède, et évoque tout ce que le monarque a offert à Rome, Cicéron l'interrompt :

« Passons, je t'en prie, sur tout cela. On sait trop ce que tu en as reçu et ce que tu lui as donné. »

Et n'oublions pas Dante. Pour désigner les âmes des sodomites du *Purgatoire*, le poète écrit qu'elles se sont rendues coupables du péché « qui fit que César entendait qu'on lui donnait le nom de "Reine". » Notons que Dante n'accordait aucun crédit à cette accusation. Sans quoi il aurait placé César parmi les sodomites, justement, et pas dans les limbes, parmi les hauts esprits. En revanche, l'un de ses adversaires, Curion, y croyait dur comme fer. Pour railler sa vie érotique libre et débridée, il le qualifia de « mari de toutes les femmes et femme de tous les maris ».

De retour à Rome, César ne se sent pas en sécurité. D'une part, il a Sylla pour ennemi. De l'autre, il est tenaillé par une impatience, un désir d'aventure, une envie dévorante de devenir un fin connaisseur du monde et de l'âme humaine. La preuve : César a passé presque toute sa vie loin de Rome. Rares sont ceux qui ont connu le monde et les hommes comme lui.

Il part donc pour Rhodes, où enseignent de grands maîtres et où Cicéron lui-même s'est formé. Mais, en cours de route, le voilà capturé par des pirates qui réclament vingt talents en échange de sa libération. Nullement troublé, César vit cet enlèvement comme une étape de sa formation. En signe de défi, il éclate de rire : « Vous ne savez pas qui je suis. Vingt talents ? Je vaux mieux que ça. Je vous en promets cinquante. » Des émissaires sont chargés de rassembler l'argent. Entre-temps, le prisonnier est devenu capitaine du navire : il ordonne le silence quand il veut dormir, oblige les corsaires à l'écouter déclamer ses vers et, devant leur mine perplexe, il les accuse d'être des barbares au crâne épais. L'argent finit par arriver et il est libéré. De retour sur la côte, à Milet, il convainc les autorités de lui fournir des bateaux et des soldats. Avec eux, il écrase les pirates qui l'ont séquestré et qui croyaient être devenus ses amis. Les survivants sont d'abord égorgés, puis pendus.

À Rome l'attend une charge très secondaire : questeur (c'est-à-dire administrateur du Trésor public) en Espagne. Il parcourut la péninsule Ibérique en long et en large. Arrivé à Gadès (Cadix), là où se termine le monde connu, il souhaite visiter le temple d'Hercule. À en croire la tradition, c'est là que le héros à la force surhumaine aurait érigé ses colonnes, afin qu'aucun homme ne puisse aller plus loin. C'est aussi là qu'il serait enterré. Un lieu sacré et fatidique, donc, qui a déjà vu passer Hannibal et Scipion. On y a également dressé une grande statue d'Alexandre le Grand. Sur place, César craque. Il pleure. Et à ses compagnons de voyage, médusés, il explique : « Ne trouvez-vous pas désolant qu'à mon âge Alexandre régnât déjà sur des peuples innombrables alors que moi je n'ai encore rien fait de glorieux ? »

César avait alors trente-deux ans. Plus de deux siècles le séparaient de la mort d'Alexandre, c'est plus que le temps qui nous sépare de la mort de Napoléon.

Avoir pour point de repère le roi macédonien qui avait conquis presque l'ensemble des terres connues pouvait paraître fou aux yeux d'un Romain de l'époque : Rome n'était ni un royaume ni un empire, mais une république. Les principaux magistrats, les consuls, n'étaient que deux et n'occupaient leur charge qu'une année seulement : ce système ne pouvait pas fonctionner pour un territoire aussi vaste. Le pouvoir se concentrait donc ailleurs. À ce moment-là, il était solidement entre les mains des *optimates*, et notamment celles du richissime Crassus et de Pompée, dit « le Grand », comme Alexandre.

Cela ne dispensait pas César d'afficher une ambition démesurée. Il en donna la preuve un jour, en Gaule, alors qu'il traversait un village déchiré par la lutte acharnée que se livraient différents clans. À ses lieutenants qui raillaient l'énergie de ces chefs à se disputer le contrôle d'une poignée de cahutes, César rétorqua, glaçant : « Sachez que j'aimerais mieux être le premier parmi ces barbares que le second dans Rome. »

À Gadès, troublé par la visite du temple d'Hercule et la statue d'Alexandre, César fait un rêve étrange où il s'unit de manière incestueuse avec sa mère, Aurelia. On imagine les conclusions que Freud en aurait tirées. Les haruspices du temple d'Hercule, eux, sont trop contents de flatter ce Romain si ambitieux et lui expliquent que sa mère incarnait en réalité la terre : César en deviendra bientôt le maître absolu.

L'occasion de faire sa véritable entrée dans la vie publique l'attend à son retour d'Espagne. Sa tante paternelle, Julia, la veuve de Marius, vient de mourir. César profite de l'hommage funèbre pour exalter sa propre personne, sa famille et son projet politique. Il rappelle que la défunte descendait d'Ancus Marcius, le plus sage des rois de Rome. Quant à lui, il appartient à la *gens Iulia*, famille de descendants d'Iule, fils d'Énée, lui-même fils de Vénus. Dans les veines de César court donc le sang des rois et des dieux. Un peu comme Alexandre, qui se proclamait fils de Zeus. À compter de ce jour, il portera toujours au doigt une bague à l'effigie de Vénus armée, une statuette de la Victoire dans sa main droite.

Mais l'enterrement n'en est pas à son dernier coup de théâtre. Soudain, César fait découvrir une statue, cachée sous des toiles : Marius y est représenté vêtu d'une tunique ourlée de la pourpre des triomphes. La sculpture est arrimée à un support permettant de la tourner dans toutes les directions. Le chef des *populares* est alors mort depuis plus de vingt ans et son nom est voué à la *damnatio memoriae*. Montrer son image, c'est défier ouvertement les *optimates* qui dominent Rome. Des cris de protestation s'élèvent aussitôt de la foule, mais ils sont couverts par les applaudissements. Et on voit les vétérans des guerres de Marius embrasser les habits de leur commandant en pleurant.

Un scandale inattendu menace pourtant le nom fameux et les grands espoirs du descendant de Vénus. Après le décès de sa femme Cornelia à l'âge de trente ans, il s'est remarié avec Pompeia : une femme belle, riche et apparentée à Pompée, un détail qui n'est pas pour lui plaire. Mais, au bout de cinq ans, une sombre affaire va briser ce mariage, mettant en péril l'image et la carrière de César.

La femme de César

Pompeia a un amant, le plus bel homme de Rome, plus beau encore que son mari : Publius Clodius, surnommé, à juste titre, « *Pulcher* », « le Beau ». Il est un allié politique de César, mais cela ne l'empêche pas d'aimer sa femme. En cette année 62 av. J.-C., les mystères de la Bonne Déesse, censés se tenir chez un magistrat de la République, doivent se dérouler dans la *domus* (la maison) de César. La Bonne Déesse représentait le symbole des vertus féminines, seules les femmes étaient autorisées à la célébrer : les hommes étaient bannis de la cérémonie. Adolescentes et matrones profitaient de ces rituels pour se lâcher, dans une ambiance proche de nos enterrements de vie de jeune fille : on écoutait de la musique, on dansait, on chantait, on buvait dans des vases contenant officiellement du lait mais, en réalité, remplis de vin, comme aux États-Unis au temps de la prohibition.

Pour Clodius, l'occasion est trop belle : il se déguise en femme pour rendre visite à Pompeia. Mais une esclave le démasque et avertit la maîtresse de maison, l'impitoyable Aurelia, mère de César et belle-mère de l'adultère.

Le scandale est énorme. Clodius est accusé de sacrilège, pas pour s'être introduit dans la maison de son ami mais pour avoir profané une cérémonie religieuse. En tant que patricien et magistrat, il a pour juges des sénateurs : ils interrogent également le mari cocu qui, entre-temps, a répudié sa femme.

César déclare qu'il ignore tout de ce qu'on reproche à l'accusé et qu'il n'estime pas Pompeia coupable. « Dans ce cas, pourquoi l'as-tu répudiée ? » lui demande-t-on. « Parce que les membres de ma famille ne doivent même pas être soupçonnés », réplique-t-il. Une réponse qui, à force d'être citée et déformée, deviendra au fil du temps : « Parce que la femme de César doit être au-dessus de tout soupçon. » (La plupart des phrases historiques n'ont d'ailleurs jamais été vraiment prononcées, ou du moins pas sous la forme que nous connaissons.)

Le beau Clodius est acquitté, et César, élu édile curule, une sorte de ministre des Travaux publics, chargé de l'entretien de la ville. Il donne un grand spectacle de gladiateurs et en profite pour rappeler son appartenance politique en exposant au Capitole les statues et les trophées de Marius ornés d'inscriptions rappelant ses triomphes. Les aristocrates protestent, mais le peuple apprécie. Et lorsqu'il s'agit d'élire le nouveau *pontifex maximus*, la première des autorités religieuses, César l'emporte, à la surprise générale. Il faut dire que les partisans de Sylla se sont divisés entre deux candidats.

Les festivités sont grandioses… et payées à crédit : César n'est pas encore riche à millions et sollicite sans arrêt des prêts pour garder son train de vie. Le banquet est mémorable : volailles bouillies, poulets rôtis, ortolans, cailles, canards, lapins, asperges, chevreau, sanglier, oursins et poissons dont nous ignorons aujourd'hui le nom. (Le fait est que nous ne savons pas grand-chose de la gastronomie romaine. Mais nous pouvons dire avec certitude ce qu'ils ne mangeaient pas : les tomates, les pommes de terre, le maïs, le chocolat, les haricots, les poivrons, les courges, le dindon et tous les autres aliments venus des Amériques quinze siècles plus tard.)

César redescend sur terre avec le retour de Pompée à Rome.

En 62 av. J.-C., l'homme fort de la République, le véritable héritier de Sylla, revient d'Orient en vainqueur. Il a vaincu et poussé au suicide Mithridate VI, roi du Pont ; il a conquis la Syrie, la Phénicie, la Cilicie. Il est entré à Jérusalem. Pris de panique, Licinius Crassus a fui l'Italie pour la Macédoine. César a des soucis à se faire, lui aussi : parmi ses maîtresses, il y a Murcia, l'épouse de Pompée, qu'il s'est empressé de répudier par courrier, comme Daniel Day-Lewis, qui a quitté la somptueuse Isabelle Adjani par fax (aujourd'hui, un simple message WhatsApp suffit).

Pompée affiche pourtant sa clémence. Il renonce aux listes de proscription. Tend la main à ses ennemis. Et se contente d'un triomphe jamais vu depuis l'époque des victoires sur Hannibal.

César est nommé gouverneur de l'Espagne mais a une foule de créanciers sur les talons. Crassus (qui a pu rentrer à Rome) lui sauve la mise en assurant qu'il payera personnellement un cinquième de ses dettes... alors même que l'intéressé entretient une liaison avec sa femme, Tertulla, plus toute jeune mais d'une beauté légendaire. Sur place, il ne ménage pas sa peine pour se couvrir de gloire. Il l'emporte sur les Lusitaniens, ancêtres des Portugais, qui cherchent refuge sur l'île de Peniche (aujourd'hui une presqu'île). Mais César se lance à leurs trousses et les écrase à nouveau. Puis, toujours avec l'appui de sa flotte, il met le cap au nord et dompte les Galiciens rebelles.

C'est la première fois que les Romains sillonnent les eaux de l'océan.

Pompée devine les qualités du jeune chef et accepte un pacte à trois, avec Crassus : c'est le premier triumvirat. Les institutions républicaines ne survivent qu'en apparence. César, par exemple, se fait élire consul, mais c'est un pouvoir personnel qu'il exerce. Entre l'immense richesse de Crassus et la force militaire de Pompée, qui contrôle les légions, Rome est à un tournant de son histoire : la République telle qu'on la connaissait jusque-là n'existe plus.

Pour se distinguer des autres, César tente de se présenter en défenseur du peuple. Il mène au Sénat une réforme agraire ambitieuse, visant à redistribuer les terres aux petits paysans : c'est la *lex Iulia agraria*. Les *optimates* sont loin d'être enthousiastes et font ce qu'on appelle aujourd'hui de l'obstruction parlementaire : ils monopolisent le temps de parole, des heures et des heures. Le plus acharné d'entre eux est Caton, qui discourt presque une journée entière, sans interruption. César finit par en avoir par-dessus la tête et le fait arrêter. Indignés, les sénateurs se lèvent et s'en vont. L'un d'eux, Marcus Petreius, un irréductible adversaire de César, l'apostrophe par ces mots : « Je préfère partager une cellule avec Caton que cette salle avec toi. » Caton est libéré mais, à sa sortie, une plèbe furieuse le roue de coups. D'autres sénateurs trouvent refuge dans le temple de Jupiter Stator.

La réforme agraire est votée.

Pour sceller le triumvirat, Pompée épouse la seule fille de César, Julia, que lui a donnée Cornelia. La jeune fille n'a que dix-sept ans, soit trente de moins que son mari : qu'à cela ne tienne ! César, qui, après avoir répudié Pompeia, est resté célibataire, se marie pour la quatrième et dernière fois. Le choix se porte sur Calpurnia, fille d'un de ses alliés politiques.

Malgré tout, l'évidence s'impose : le triumvirat ne peut pas durer. Il ne s'agit que d'une entente provisoire, nouée par trois hommes qui se craignent et qui ont préféré s'accorder plutôt qu'avoir à s'affronter. Pompée étant *de facto* le maître de l'Orient, où il a obtenu ses plus grandes victoires, César lorgne du côté de l'Occident. Les Romains contrôlent les rives de la Méditerranée, les routes qui, d'Italie, mènent en Espagne en traversant la Gaule narbonnaise, qu'on désigne désormais par un mot d'origine latine, Provence (c'est-à-dire « province »). La terre de l'huile d'olive et de la lavande, baignée par les eaux chaudes de la Méditerranée et un climat doux. Reste à conquérir un immense territoire, parfois venteux et pluvieux, habité par des peuples barbares, parfaitement étrangers et hostiles aux Romains.

César devine que son espace politique est là, dans ce coin d'Europe qui échappe encore au contrôle de l'Urbs. C'est ici que se jouera l'avenir de la République et son parcours personnel, qui lui tient encore plus à cœur.

De la Bretagne au Rhin

« *Gallia est omnis divisa in partes tres*, Toute la Gaule est divisée en trois parties » : c'est par cette phrase lapidaire que commence l'un des livres les plus célèbres de tous les temps, les *Commentarii de bello Gallico*, le journal de guerre de Jules César. Au sud de la Garonne vivaient les Aquitains ; au nord de la Marne et de la Seine, les Belges ; et, entre les deux, ceux que les Grecs appelaient les Celtes.

Là où aujourd'hui se dressent des villes et des États, c'était une véritable *terra incognita* qui s'étendait face aux Romains. Une contrée parcourue par des fleuves d'une ampleur inconnue, habitée par des peuples qui suscitaient l'effroi chez les soldats.

César, lui, était surtout curieux d'en savoir plus.

Après avoir maté les Helvètes, qui habitaient ce que nous appelons actuellement la Suisse, les légions tombent sur un peuple germanique, les Suèves. À leur tête, le roi Arioviste, guerrier redouté. Si personne ne les a encore jamais rencontrés, les récits des marchands et des voyageurs évoquent des hommes d'une taille démesurée et d'une cruauté insatiable. Même les centurions et les vétérans tremblent de peur.

Le seul à avoir hâte de se battre, c'est César. Il rappelle à ses troupes les grandes victoires de Marius contre les Cimbres et les Teutons.

Puis les mène au combat.

En réalité, Arioviste préfère la diplomatie à l'agressivité. Il demande à rencontrer César, à condition qu'ils soient tous les deux désarmés. Mais, lorsque les Suèves lui jettent des cailloux, César n'accepte pas la provocation une seconde de plus : il interrompt les négociations et donne l'ordre d'attaquer. Grâce à leur discipline sans faille, les légions l'emportent facilement sur la horde barbare, qui finit massacrée. César repousse les Suèves de l'autre côté du Rhin.

Le fleuve sera la frontière du monde romain pour les quatre siècles à venir.

À au moins deux reprises, il le traverse pour chasser les Germains qui occupent ses rives. L'armée qu'il mène est d'ailleurs la première à franchir cette limite, mais il revient aussitôt sur ses pas. Bien plus tard, Napoléon – qui prendra toujours César pour modèle – écrira que César avait sauvé les Gaulois : en repoussant les Germains et en traçant une frontière entre le monde allemand et la future France, il avait posé les fondements de la civilisation gallo-romaine. À ceci près que des fleuves de sang ont dû couler avant que ces terres soient pacifiées.

D'emblée, les Romains sont mis en grande difficulté par les Belges. Seul le courage physique de César parvient à stopper la retraite : descendu de cheval, il attrape le bouclier d'un soldat en fuite et incite son armée à attaquer – jusqu'à la victoire.

Une scène inédite et destinée à se répéter à d'autres moments clés de sa vie extraordinaire.

Dans son livre, César prend le temps de décrire les Gaulois, leurs mœurs, leurs cheveux longs, les rites mystérieux des druides au cœur de la forêt. Il s'étonne que les jeunes se détournent de la sexualité, persuadés que, s'ils restent vierges jusqu'à vingt ans au moins, ils deviendront plus grands. Le conquérant nous restitue aussi l'effarement des Gaulois devant les Romains, ces hommes si petits mais terriblement organisés. Et pour cause : les légions de l'Urbs ne se battent pas seulement pour eux-mêmes ou pour leur tribu, mais pour une idée supérieure, pour une communauté dont ils représentent le bras armé, pour un État qui les récompensera.

Face aux tours de siège, aux catapultes, à la technologie des envahisseurs, les Gaulois éprouvaient le même effroi que les Romains pouvaient ressentir face aux immenses plaines qui s'ouvraient devant eux. Les Gaulois combattaient sur leurs terres mais étaient irrémédiablement divisés. Et devant eux ils avaient un homme, César, convaincu de sa supériorité, comme le furent les conquistadors qui provoquèrent la chute des Empires aztèque et inca.

Les conquistadors étaient très différents. Cortés était un homme de culture ; Pizarro, un soldat impitoyable. César était les deux à la fois. Et, comme les futurs conquérants de l'Amérique du Sud, il fit parfois preuve d'une insatiable cruauté. Tiraillé entre ses origines italiennes et son amour pour sa nouvelle patrie, la France, Napoléon a ainsi fait remarquer, non sans amertume, que César avait terriblement abusé de sa victoire.

Même s'ils suscitent la fierté du peuple, ces exploits sont vus par le Sénat comme autant de défaites. César mène une sorte de guerre privée. Tant qu'il gagne, Rome gagne aussi. S'il vient à être battu, il sera abandonné à son sort. Caton propose de le livrer comme criminel de guerre aux Gaulois et aux Germains : la pire menace qui pèse sur la République, c'est lui, pas eux !

Mais, à Rome, César a des yeux et des oreilles. Il demande et reçoit des informations. Tout en continuant d'annexer de nouvelles terres à la République.

Les Gaulois lui ayant parlé d'une île face à leurs côtes, au nord, il veut également porter la guerre là-bas. Il est fasciné par ces hommes qui vivent « aux confins du monde » : il envahit donc la terre que les Romains appelaient Bretagne et que nous appelons aujourd'hui encore la Grande-Bretagne.

À l'époque, il s'agit d'une île inexplorée, dont on ne sait rien. On dit que les nuits y durent trois mois et que la terre est prisonnière de neiges éternelles, comme la planète sur laquelle se pose le vaisseau spatial du film *Interstellar*. Dans son livre, César prétend qu'il souhaitait explorer l'inconnu. En réalité, sa décision d'attaquer les Bretons est motivée par un besoin de sécuriser les arrières de la guerre en Gaule et donner un aperçu du caractère implacable des Romains aux populations indigènes, comme avec les Germains.

César traverse la Manche avec l'esprit qui le guidait au moment de franchir le Rhin – non pas dans l'intention d'y rester mais afin de découvrir un autre monde, d'autres peuples. L'idée d'être le premier Romain à poser le pied sur cette île ne devait certainement pas être pour lui déplaire.

Afin de surprendre aussi bien les Bretons que le Sénat, il traverse la Gaule en six jours, sans cesser de dicter des lettres, même à cheval, et ne dort que quelques heures sur un char en mouvement. Il écrit même un livre, *De analogia*, sur des questions de linguistique, et le dédie à un homme qu'il estime beaucoup malgré son hostilité : Cicéron.

Il passe la Manche avec quatre-vingts navires pour les hommes et dix-huit pour les chevaux. Mais ces derniers font fausse route. Une fois débarqués (au niveau des falaises de Douvres, bien entendu), les soldats prennent le dessus sur les Bretons… mais ne peuvent pas se lancer à leurs trousses, faute de montures !

César est déconcerté par ces nouveaux ennemis : épilés, ils ont le visage, les bras et même la poitrine peints en bleu ; ils partagent leurs épouses et se nourrissent souvent de lait. Il se promet de retourner là-bas sans tarder.

Dix mois plus tard, c'est une flotte romaine d'une tout autre ampleur qui débarque en Bretagne : plus de huit cents navires !

Cette fois, les ennemis sont mis en fuite jusque de l'autre côté de la Tamise, dans une zone que les Romains appellent Londinium (Londres est donc un nom d'origine latine). César retourne ensuite en Gaule, chargé de blé, de butin, d'otages et d'esclaves. Les Bretons ont cessé d'être une menace. Et il est désormais devenu l'homme le plus riche de Rome. Et du monde, par conséquent.

Si César traitait en alliées les tribus gauloises qui se rendaient et se montraient prêtes à collaborer, il se révélait impitoyable – et presque cruel – avec celles qui refusaient de se soumettre. Aux Cadurques vaincus, il fit couper les mains. Lorsque les Éburons commandés par Ambiorix attirèrent ses cohortes dans un piège, il jura de se laisser pousser les cheveux et la barbe jusqu'à ce qu'il soit vengé. Pendant des mois, la tribu fut traquée et littéralement massacrée. Les chefs qui avaient survécu mirent fin à leurs jours en s'empoisonnant.

À la longue, la dureté de l'occupation romaine finit par exaspérer les Gaulois, bien décidés à tenter le tout pour le tout, quitte à le payer de leur vie.

À l'hiver 52 av. J.-C., le pays entier est au bord de la révolte. Pour César, la bataille décisive démarre.

En février, les premiers à se révolter sont les Carnutes, une tribu occupant la région où naîtra la ville d'Orléans : les marchands et les fonctionnaires romains sont massacrés. C'est l'étincelle qui déclenche l'incendie. César est loin, de l'autre côté des Alpes, et les Gaulois estiment qu'il ne pourra pas intervenir. Ils n'ont pas encore appris à le connaître : il rassemble ses troupes et, après avoir déblayé la neige et franchi les gorges de la Provence, il les place en ordre de bataille.

Les Gaulois ont besoin d'un chef : ils s'en trouvent un en la personne du roi des Arvernes, Vercingétorix. Fils d'un grand druide tué par les tribus rivales pour avoir tenté de devenir roi de tous les Gaulois, Vercingétorix a tout juste trente ans.

L'historien latin Florus le décrit comme « un chef terrifiant par sa taille, par ses armes et par son courage » (*corpore, armis spiritusque terribilis*). Il a commandé un escadron de cavalerie au service des Romains : il connaît donc la tactique des légions. Mais, aux yeux de César, cela fait de lui un traître.

La guerre sera longue et terrible.

César fait tomber la ville d'Avaricum (aujourd'hui Bourges) en massacrant quarante mille personnes, y compris des femmes et des enfants. Lorsqu'il assiège Gergovie, la capitale des Arvernes, les mères montent sur les murs en implorant la pitié pour leurs enfants et n'hésitent pas à s'offrir aux soldats. Mais, cette fois, Vercingétorix intervient pour défendre sa ville et les Romains encaissent une défaite sévère. César perd quarante-six centurions et sept cents soldats. Lui-même échappe à la mort de justesse. Selon Plutarque, les Gaulois s'emparent de son épée, qu'ils accrochent dans un temple comme trophée. Des années plus tard, César la retrouvera. Mais, à ses hommes qui l'inviteront à la récupérer, il dira qu'il vaut mieux la laisser là. Entre-temps, elle sera devenue sacrée.

Encouragé par la victoire de Gergovie, Vercingétorix se retranche dans une ville fortifiée, Alésia. Si Gergovie faisait office de citadelle, Alésia est la ville sacrée pour tous les Gaulois : elle abrite en effet les temples les plus anciens. Depuis bien longtemps, on se demande pourquoi le chef des rebelles, qui avait le contrôle du terrain, s'est enfermé volontairement dans cette souricière. Comptait-il répéter la tactique défensive qui avait fonctionné à Gergovie ? Voulait-il réaffirmer son rôle de premier plan en occupant un lieu symbolique pour l'ensemble des tribus ? Le débat reste ouvert.

Face aux fortifications d'Alésia, César a l'idée de construire tout autour… une autre forteresse, faite de tours et de palissades ! C'est le début d'une guerre d'usure, d'un double siège qui, sur le long terme, ne peut que récompenser les belligérants les plus puissants et les mieux organisés.

Vercingétorix attend des renforts. À leur arrivée, il sort de la cité pour livrer bataille. César se retrouve pris entre deux feux. L'affrontement dure quatre jours et se conclut par une grande victoire romaine. On combat jusqu'à minuit, au clair de lune. César, reconnaissable à sa tunique couleur pourpre, semble partout. On distingue à côté de lui un jeune lieutenant, trapu et robuste, dont le courage n'a d'égal que la cruauté : Marc Antoine. (Petite curiosité linguistique : en italien d'aujourd'hui, un « *marcantonio* » désigne encore un homme bien charpenté.)

Le bain de sang est effroyable. Vercingétorix se rend. Il sort de son camp à cheval, fait un tour autour de César assis sur son fauteuil, descend de sa monture, toise un instant le vainqueur. Puis se défait de ses armes et s'assied à ses pieds, dans l'attente de son sort.

Mais César n'est pas pressé de prendre sa décision. Des années durant, il conduira Vercingétorix enchaîné de village en village, en guise d'avertissement adressé aux Gaulois qui refusent encore de courber l'échine. Après quoi, le vaincu sera traîné de force à Rome pour assister au triomphe de son vainqueur. Et étranglé dans la foulée.

La victoire est célébrée par une proclamation adressée aux Romains : « En Gaule, nous ne possédions qu'un sentier. Désormais, l'Italie n'a plus rien à craindre de l'autre côté des

Alpes jusqu'à l'océan. » C'est peut-être la première fois que le mot « *Italia* » apparaît dans un texte politique d'ampleur.

Mais, sur place, l'annonce ne fait pas que des heureux.

Alea jacta est : *ça passe ou ça casse*

La grande victoire en Gaule n'était évidemment pas une bonne nouvelle, que ce soit pour le Sénat ou pour Pompée. Après la disparition tragique de Crassus et de son fils, tous deux morts au combat contre les Parthes en 53 av. J.-C., le triumvirat n'existait déjà plus.

Ne restaient que César et Pompée. Et Rome était trop petite pour eux deux.

Pompée avait soumis l'Orient, plaçant sous domination romaine un territoire qui allait de la mer Noire à la Judée. De son côté, César avait conquis la Gaule et avait été le premier à pousser jusqu'en Germanie et en Bretagne. Théoriquement, chacun avait sa sphère d'influence. Mais qui l'emporterait dans la capitale ?

C'est Pompée qui rompt le pacte. Lorsque sa femme Julia, fille de César, meurt en couches, à vingt-neuf ans, César en personne lui offre pour épouse Octavie, fille d'une de ses nièces, et se dit prêt à un nouveau divorce afin d'épouser la fille de Pompée. Mais celui-ci refuse : il préfère se remarier avec la veuve du fils de Crassus, membre de la grande famille des Scipions, les sauveurs de Rome. Le signal politique ne saurait être plus clair : en ressoudant ses liens avec les aristocrates, les patriciens, les *optimates*, Pompée coupe définitivement les ponts avec les *populares* de César. Qui, désormais, peut se considérer comme son ennemi.

La majorité des sénateurs sont avec Pompée mais redoutent sa faiblesse militaire. « Soyez sans crainte : le moment venu, je n'aurai qu'à taper du pied par terre et deux légions surgiront », les rassure-t-il, convaincu que son ascendant politique lui procurera les troupes nécessaires. César est plus fort mais sait que, s'il obéit au Sénat, qu'il rend les armes et qu'il démantèle ses légions, il finira comme les Gracques.

Le camp de César est à Ravenne, à la frontière entre la Gaule cisalpine et l'Italie. La loi lui interdit de la franchir armé. Faute de quoi il deviendra l'ennemi de Rome, un insurgé responsable du déclenchement d'une guerre civile.

Un soir, il décide de se montrer en public et assiste à un combat de gladiateurs. Il offre ensuite un dîner à des magistrats et des commandants militaires. Durant le repas, il se lève de sa banquette (*triclinium*) et invite les convives à poursuivre : « Je reviens tout de suite », lance-t-il. En réalité, il part vers le sud, avec l'avant-garde de son armée.

À l'aube, il arrive sur la rive d'un cours d'eau qu'on appelle le Rubicon (*Rubico*) à cause de sa couleur rougeâtre. De l'autre côté, l'Italie.

Le moment est si solennel que chaque écrivain l'a reconstitué à sa façon. Lucain imagine par exemple que César a vu apparaître le fantôme de la Patrie. Mais c'est un ami, Caius Scribonius Curio, qui l'aurait convaincu en lui disant : « Tu ne peux partager le monde, tu peux le posséder seul. »

Dans les faits, cette décision a été prise en solitaire. César sent qu'il est imbattable militairement parlant. Pompée, qui n'a pourtant que six ans de plus que lui, est à ses yeux un vieillard vivant sur la gloire de ses triomphes en Orient. Et quels triomphes : Pompée n'a pas eu à se mesurer à des barbares taillés comme des géants, lui ! Certes, il a avec lui les grandes familles et le Sénat. Mais que valent des notables sur le champ de bataille ? Les vétérans adorent César. Et le peuple aussi.

Franchir le Rubicon signifie cependant déclarer la guerre civile et aller au-devant de l'inconnu, comme dans n'importe quel conflit. Voilà pourquoi César s'en remet non pas à la raison mais à la chance. Et prononce cette phrase célèbre, « *alea jacta est* », qu'on traduit communément par la formule : « Les dés sont jetés », qui ne veut pas dire grand-chose. César ne relève pas un défi : il exprime le fait qu'il prend un risque, qu'il laisse le hasard décider, qu'il se fie au destin. Ça passe ou ça casse. « À la grâce de Dieu », en somme. « De la déesse », même. Vénus, en l'occurrence, déesse de la fortune.

Et comme César croyait dur comme fer être l'un de ses descendants…

Le lendemain matin, il entre à Ariminium (Rimini), la première ville du territoire d'Italie proprement dite. Nous sommes le 12 janvier 49 av. J.-C.

Le long de la via Flaminia, qui mène à la capitale, c'est la panique. On s'imagine que César est à la tête d'une armée de barbares prête à massacrer les Romains. Il n'en est rien. Les soldats de Pompée s'unissent même aux césariens, qui entrent dans les villes d'Italie centrale.

À Rome, les aristocrates sont aux abois. En pleine séance du Sénat, le préteur Favonius se permet de railler Pompée : « Bien, il est temps que tu frappes du pied par terre, dirait-on. »

Pompée fuit à Brundisium (Brindisi), avec l'espoir d'embarquer pour l'Épire.

La seule ville à résister est Corfinium, dans les Abruzzes, où s'est retranché Lucius Domitius, grand ennemi de César. Abandonné par ses soldats, il ordonne à son esclave de le tuer en lui servant du poison. Quand on l'avertit aussitôt après que le conquérant l'a pardonné, le malheureux s'en veut d'avoir agi dans la précipitation. Par chance, on ne lui a administré qu'un somnifère ! César lui donne une claque paternelle sur l'épaule et tout est oublié. Il se réconcilie même avec Cicéron, à qui il adresse une lettre magnifique : « Viens me voir avec tes conseils, ton nom, ta gloire. »

Le nouveau maître de Rome tient à montrer qu'il veut restaurer la République, pas l'abattre. Mais il ne se prive pas de piocher dans l'argent du Trésor. Les pompéiens ont fui avec les clés ; il fait donc défoncer les portes. Et, à un adversaire qui tente de résister, il fait comprendre sans ambiguïté qu'il le tuera sans remords : « Tu sais qu'il m'est moins facile de le dire que de le faire. » Une phrase qui résume parfaitement César : son goût de la concision, son absence de scrupules. Pour lui, il vaut mieux avoir l'air indulgent que l'être vraiment, on le sent. Il frappe des pièces ornées de son effigie et de son titre militaire, *imperator* (« commandant »).

Là-dessus, il quitte à nouveau la ville pour se lancer aux trousses de Pompée.

Une véritable constante de son existence : chaque fois que César est rentré à Rome en triomphateur, il a toujours trouvé une raison de s'en éloigner. Comme si une vie tranquille n'était pas pour lui.

Ou comme s'il présageait que cette ville lui réservait un sort terrible.

Avant de partir, il ordonne des sacrifices aux dieux. Un taureau parvient à s'échapper du temple de la Fortune, se jette dans un marécage en bordure du Tibre et traverse le fleuve à la nage. Le verdict des haruspices est formel : si César reste, il sera assassiné ; s'il prend le large, la gloire et la victoire lui sont promises.

La guerre civile s'avère plus incertaine et pénible que prévu. Au début, les deux armées hésitent à lâcher leurs coups : elles s'affrontent à coups d'insultes et de menaces, ce qui ne les empêche pas de fraterniser. Au fond, ils restent des Romains, même si les deux camps comptent dans leurs rangs des hommes venus de tous horizons : César est entouré de Belges, d'Hispaniques, de Germains, de Gaulois, ainsi que de gladiateurs qu'il a sauvés de la mort.

Des tentatives de conciliation ont lieu. Toutes vouées à l'échec, forcément.

César et Pompée ne sont pas seulement deux rivaux. Ils représentent deux visions de Rome et du monde. Pompée est un homme du passé. Lié au parti aristocratique, celui de Sylla et de Cicéron. Certes, l'un s'était distingué en maniant le glaive, et l'autre, la plume. Mais ce n'était plus suffisant pour affronter les nouveaux enjeux : la pression de la plèbe et des habitants des provinces ; l'inclusion de nouveaux peuples ; la complexité de gouverner un territoire gigantesque en appliquant des règles ancestrales dictées par une poignée de puissants.

De son côté, César a un temps d'avance. Il a accordé la citoyenneté romaine aux habitants de la Gaule cisalpine : tous ceux qui habitent au sud des Alpes sont désormais romains. Et, au fond, lui-même croit-il à la possibilité de se réconcilier avec Pompée ? Sans doute pas.

Pas question de laisser un instant de répit à l'adversaire : il traverse l'Adriatique et rejoint Dyrrachium, en Épire (aujourd'hui Durrës, en Albanie), avec quelques troupes. Le gros de son armée, guidée par Marc Antoine, stationne à Brundisium. De peur que son lieutenant attende la fin de la guerre civile pour se ranger du côté du vainqueur, César décide d'aller personnellement récupérer ses troupes. Une fois de plus, il agit à l'improviste, sans rien dire à personne : il prend le bateau de nuit, déguisé en esclave. Mais ce soir-là la mer est agitée, et les vents, contraires. Le pilote donne l'ordre de retourner à terre quand César se lève et révèle son identité : « Mon ami, continue ta route, tu conduis César et sa fortune. »

Une scène grandiose mais inutile : le timonier fait marche arrière quand même. César n'a plus qu'à écrire à Marc Antoine une lettre sans ambiguïté. Le message est clair : plus question de tergiverser.

À Dyrrachium, César subit une lourde défaite : il perd mille hommes en une seule journée et doit se replier vers le sud, en Thessalie. Mais lors de la rencontre décisive, à Pharsale, son génie militaire s'impose. Même s'il a deux fois moins de troupes à pied que Pompée (vingt-deux mille contre quarante-cinq mille), il va prendre son adversaire dans la nasse en multipliant manœuvres et stratagèmes. Il ordonne par exemple à ses hommes de viser à la tête les cavaliers, tous de jeunes aristocrates qui n'étaient pas prêts à perdre leurs beaux yeux.

Pompée est complètement dépassé. Vaincu, il s'enferme dans sa tente, abasourdi. On doit presque le traîner de force, lui arracher sa cape de général, le faire monter sur le premier cheval disponible et le cacher à bord d'un navire rempli de blé.

César a ordonné aux siens de freiner leurs ardeurs... jusqu'à un certain point : « Soldats, je vous conjure d'épargner tout ce qui fuira devant vous ; dans un fuyard, ne voyez plus qu'un citoyen. Mais, tant qu'on vous résistera, que rien ne vous retienne, pas même la vue d'un père dans les rangs ennemis ; sous les armes, il n'est plus de force respectable. Frappez sans voir quel est le sang où votre main va se plonger. » Sur le champ de bataille, quinze mille pompéiens perdent la vie, dont six mille citoyens romains. Il y a vingt-quatre mille prisonniers : César ordonne de les épargner et décide que chacun de ses soldats peut choisir un ennemi-ami à libérer. Pour couper court à toute envie de vengeance, il fait également brûler les archives secrètes de Pompée, sans lire les courriers des notables qui juraient fidélité au vaincu et maudissaient le vainqueur.

Parmi les aristocrates qui composent la suite de Pompée figure un jeune homme auquel César est particulièrement attaché. Il s'appelle Marcus Junius Brutus et il est le fils d'une de ses maîtresses : Servilia, la sœur de Caton. Souvenez-vous : en pleine conjuration de Catilina, elle avait fait parvenir un message dont César s'était servi pour ridiculiser son frère. Le véritable père de Brutus serait d'ailleurs le vainqueur de Pharsale, murmure-t-on.

D'un caractère sensible et peu sûr de lui, le jeune homme n'a pas pris part au combat, préférant rester enfermé dans sa tente. Il écrit une missive à César, qui le fait venir pour lui pardonner. On les voit longuement converser. Quand le vainqueur demande où se trouve le vaincu, Brutus n'hésite pas une seconde. En cas de défaite, Pompée avait prévu de se réfugier en Égypte, dit-il.

Ce ne sera pas sa dernière trahison.

En croisière sur le Nil avec Cléopâtre

Au lieu de partir sans tarder pour l'Égypte, César souhaite s'accorder une parenthèse insolite, et s'adonner au tourisme religieux. En plus d'être un grand général, un écrivain, un homme politique, César est aussi un grand voyageur. Il a parcouru le monde connu en long et en large mais, jusqu'à présent, il connaît davantage l'Occident que l'Orient, le centre névralgique de la civilisation antique depuis toujours.

Ainsi, avant de rejoindre Alexandrie, il visite les ruines de Troie. Sur place, il fait quelque chose d'inhabituel pour lui : il prie. Répand de l'encens. S'en remet aux dieux, et notamment à une déesse, Vénus, qu'il assimile à sa lointaine aïeule en tant que mère d'Énée et grand-mère de Iule. Emporté par son exaltation mystique, il promet de faire reconstruire Troie.

Là-dessus, il repart finir le bras de fer qui l'oppose à Pompée.

La campagne d'Égypte n'est pas particulièrement glorieuse. Plus qu'un affrontement militaire, c'est un duel politico-diplomatique qui se joue avec la caste des prêtres qui gouverne le pays. Car ce sont eux qui mettent sur le trône les rois et les reines dès leur plus jeune âge, puis qui les marient entre eux. À cette période, le roi est un enfant, Ptolémée, treizième de son nom, qui, sur la base du testament de son père, partage le trône avec sa sœur aînée, une jeune femme dont la beauté n'a d'égale que l'intelligence : Cléopâtre. À l'évidence, ces deux-là se sont brouillés. Ptolémée et ses conseillers ont chassé Cléopâtre, qui marchait sur Alexandrie avec son armée.

Histoire de compliquer ce conflit familial, voilà que Pompée arrive en Égypte avec César à ses trousses.

Le général romain demande refuge à Ptolémée mais la cour égyptienne – grecque, plus exactement – préfère jouer la prudence. Prendre fait et cause pour un vaincu ? Hors de question. Craignant cet invité gênant, le jeune monarque envoie une chaloupe le chercher. Pompée salue son épouse, qui l'implore de se méfier, monte à bord et est accueilli par un coup d'épée dans le dos. Sa tête est offerte à César en gage d'alliance contre la rebelle Cléopâtre. C'est là que se joue un curieux épisode, qui révèle la profondeur de son âme, mais aussi son caractère contradictoire.

Un courtisan de Ptolémée vient à la rencontre de César à bord d'un bateau. Il lui apporte en cadeau un plateau recouvert d'un voile. Dessous, la tête de Pompée et la bague portant son sceau, un lion armé d'une épée. Lucain prête au courtisan cette déclaration pompeuse : « C'est à ce prix, César, que Ptolémée vient d'acheter votre faveur [...]. Si c'est un crime, vous avouerez que le mérite en est plus grand, puisqu'on vous en a épargné le reproche. » Seulement, César fond en larmes. Simple émotion passagère ? Non : il continue de gémir, rappelle que Pompée était son compatriote, qu'ils avaient été parents, alliés, et que son assassinat l'a privé du « seul avantage de la guerre civile, celui de sauver les vaincus ».

Il oublie de préciser une chose : si les Égyptiens n'avaient pas été les premiers à couper cette tête, il s'en serait chargé.

À Alexandrie, César reste englué dans la guerre civile. Il se range du côté de Cléopâtre, qui dispose d'arguments convaincants. Le jeune Ptolémée tombe au combat, à quatorze ans : on le reconnaît à la cuirasse en or dont il s'était revêtu. Le petit roi se prenait pour Alexandre le Grand...

Grâce aux armes romaines, Cléopâtre reprend le pouvoir. Qu'importe si le testament de son père lui impose d'épouser un autre de ses frères cadets, âgé d'à peine dix ans et appelé Ptolémée XIV. César se récompense en s'accordant un autre voyage qui concilie sa folle envie d'explorer le monde et la pulsion érotique qui l'anime.

Un bateau recouvert d'or, avec une chambre à bord, remonte ainsi le grand fleuve, d'Alexandrie jusqu'aux confins de l'Éthiopie. Au programme : crocodiles, hippopotames, palmiers, temples et peuples à la peau de plus en plus noire. Cléopâtre semble vraiment amoureuse et ne se départ jamais de sa bonne humeur – un trait de caractère que César apprécie.

C'est la première croisière sur le Nil de l'histoire.

Au bout de soixante jours, César regagne Alexandrie. Voilà neuf mois qu'il se trouve en Égypte. Entre-temps, Pharnace, roi du Pont, s'est rebellé contre Rome. Situé sur les rives méridionales de la mer Noire, le territoire qu'il dirige est le point de contact naturel entre la Méditerranée et l'Asie centrale. D'où son importance stratégique : Rome ne peut pas en être privé, l'enjeu est trop grand. César part, brise Pharnace en quatre heures, pille ses cités, envoie à Rome de l'or, des bijoux, des colonnes et d'autres trésors à exposer sur le Capitole, avec un écriteau : « *Veni vidi vici.* »

Trois mots, six syllabes, douze lettres qui disent tout.

Les Romains adorent. « Je suis venu, j'ai vu, j'ai vaincu » devient un slogan, une phrase culte, un cri de fierté répété un nombre incalculable de fois, jusqu'à notre époque. La formule résume à la perfection l'intelligence de César, sa vivacité, son esprit de synthèse mais aussi ses talents de propagandiste. Sa capacité à faire sa propre publicité, dirions-nous aujourd'hui. Les réseaux sociaux nous obligent tous à aller droit au but. Mais j'ai beau chercher, je ne connais aucun post, aucun tweet plus efficace que « *Veni, vidi, vici* ».

Pompée est mort, mais la guerre civile n'est pas terminée. Il est désormais évident que César est en train d'imposer un régime personnel. Et toute l'oligarchie qui dirige Rome depuis des décennies est contre. Des armées pro-Pompée stationnent encore en Afrique, en Espagne, en Orient, souvent alliées avec des souverains locaux rebelles. Il faut les écraser les unes après les autres.

Mais, avant cela, César doit affronter une mutinerie dès son retour dans la capitale.

Nombre de ses légionnaires en ont assez des combats. Ils réclament leur part du butin et des terres à cultiver. On envoie pour parlementer un homme à l'éloquence naturelle, Salluste. Un défi de taille pour le futur grand historien ! Il se présente les mains vides, croyant amadouer les soldats avec de belles promesses. Mais les soudards le poursuivent jusqu'à l'enceinte de Rome : c'est avec César qu'ils veulent parler, et personne d'autre !

Le commandant accepte de bon gré, mais à une condition : que les armes restent en dehors de la cité. Lui-même se présente sur le Champ de Mars désarmé. Les légions montrent l'empreinte laissée par leurs blessures, se plaignent de tout ce qu'elles ont enduré, exigent qu'on leur remette les récompenses promises et qu'on leur donne leur congé, maintenant. César garde son sang-froid, comme toujours. Et répond : « Vous aurez vos récompenses quand j'aurai célébré mon triomphe avec d'autres soldats que vous. Vous demandez votre congé ? Eh bien, soit, vous êtes congédiés, ô *quirites.* » César s'adresse à eux comme à des *quirites*, c'est-à-dire des citoyens, et plus des *milites*, des soldats. Ce que les intéressés prennent très mal : « Nous sommes des *milites*. Emmène-nous avec toi en Espagne, en Orient, n'importe où ! »

Ce qui s'appelle renverser la situation : désormais, ce sont eux qui ont besoin de César.

La première étape de cette dernière croisade est l'Afrique, où règne l'irréductible Caton. Les choses commencent très mal : César débarque sur les côtes tunisiennes mais, en descendant de bateau, il trébuche et s'écroule de tout son long. Les soldats restent médusés, croyant à un mauvais présage. Mais il s'empresse de s'exclamer : « Afrique, tu es à moi ! » (*Teneo te, Africa.*) Pour un peu, il se serait mis à genoux pour embrasser le sol – selon l'habitude d'un autre grand voyageur et conquérant des peuples, deux millénaires après lui : Jean-Paul II. Les légionnaires y croient – ou font mine d'y croire – et explosent dans des cris de triomphe.

Il faut dire que César s'amuse à jouer avec le destin. Une prophétie affirme ainsi que les Scipions seront imbattables sur le sol africain. Or il se trouve que les troupes ennemies ont à leur tête un Scipion : Metellus, beau-père de Pompée. Sans se démonter, César demande : « Nous aussi, non ? » Il y a bien un Scipion parmi les césariens, mais ce n'est pas une lumière, tant s'en faut. César le met symboliquement à la tête des troupes et remporte une grande victoire à Thapsus.

Aux côtés des partisans de Pompée, on trouve Juba, roi de Numidie, avec ses éléphants. Mais un sonneur de trompe de César, devinant un instant d'hésitation chez les puissants mammifères, donne le signal de la charge – subitement, sans attendre les ordres. Effrayés, les éléphants font volte-face et balayent les troupes de Juba. C'est un triomphe. Plutarque écrit – non sans exagération – que cinquante mille rebelles ont trouvé la mort. César, lui, n'aurait perdu que… cinquante hommes ! Seule certitude : au sein de son armée comme dans celle de Napoléon, un simple soldat pouvait avoir un bâton de maréchal dans son paquetage.

L'historien grec affirme que César n'aurait pas participé à la bataille de Thapsus à cause d'une crise d'épilepsie, qui l'avait frappé par deux fois en Espagne et qui se manifestera à la veille de sa mort. Mais, si un homme capable de moissonner les succès était effectivement miné par la maladie, n'est-ce pas une nouvelle preuve de son envergure historique ?

Juba choisit de se suicider d'une bien curieuse façon : il donne un banquet funèbre (de son vivant !), s'enivre et lance un duel à mort à l'un de ses alliés, le commandant romain Marcus Petreius, lui aussi décidé à passer de vie à trépas. Petreius l'emporte sur Juba puis, ne trouvant pas le courage de se faire hara-kiri, il ordonne à un esclave de lui porter le coup fatal.

C'est une fin plus noble qui attend Caton, retranché dans la capitale de l'Afrique romaine, Utique (dans le nord de la Tunisie actuelle). Il invite tous ceux qui l'entourent à résister jusqu'au bout. Seulement, les marchands présents sur place n'ont aucunement l'intention de s'immoler pour défendre un rêve, même s'il a pour nom la République : ils brûlent surtout d'envie de se jeter aux pieds de César et de reprendre leurs affaires.

Caton se retire dans ses appartements. Prend un long bain chaud. Puis invite ses amis à dîner, sans les avertir de son projet fatal. Une dernière promenade dans le jardin et il s'enferme dans sa chambre pour lire le *Phédon* de Platon, où, avant de boire la ciguë, Socrate réfléchit à l'immortalité de l'âme. (Précisons qu'il ne s'agit pas de son œuvre la plus passionnante : lors d'une lecture publique donnée par Platon, les Athéniens s'ennuyaient tellement qu'ils préférèrent s'en aller avant la fin. Ne resta qu'un seul auditeur, un étranger arrivé de Macédoine. Il s'appelait Aristote.) Grâce à ce livre, Caton se sent conforté dans son choix : mieux vaut mourir en homme libre que vivre en esclave.

Il empoigne donc son épée et la retourne contre lui, en plein dans le ventre. Accourent son fils et son médecin Cléante, qui recoud la plaie. Mais Caton la rouvre et s'arrache les viscères, pour mourir dans d'atroces souffrances.

À Rome, l'émoi est si grand que cet acte inspire quelques-unes des phrases les plus marquantes de la littérature latine. Sénèque a une formule magnifique : « Lui qui méprisait la tyrannie, il ne rendit pas sa grande âme mais la chassa. » « La cause des vainqueurs a eu la faveur des dieux, mais celle des vaincus a eu la faveur de Caton », fait pour sa part remarquer Lucain.

En apprenant la nouvelle, Cicéron estime que Caton a préféré se suicider plutôt que de voir le visage du tyran. De fait, César n'est plus très loin d'Utique. Il prononce en grec, la langue qu'il utilise dans les moments d'émotion intense : « Caton, je suis jaloux de ta mort, qui me prive de la gloire de te sauver. » Cette fois, cependant, il ne verse pas une larme. Au contraire : pour célébrer son triomphe, il fera porter haut dans les rues de Rome l'image de Caton plongeant les mains dans ses propres entrailles.

Le peuple apprécie fort peu l'initiative. Célébrer les victoires contre les barbares ? Soit. Mais contre des compatriotes ? Ça, non. Dès lors, le défunt sera appelé Caton d'Utique, pour le différencier de Caton le Censeur (dit aussi l'Ancien). Saint Augustin aura des mots d'admiration pour lui. Et Dante fera de lui le gardien du Purgatoire, le plus grand honneur possible pour un païen.

Maître du temps

César retourne à Rome le 25 juillet de l'an 46 av. J.-C. Après l'Afrique, son âme de voyageur impatient l'a conduit en Sardaigne, où il s'est arrêté trois mois, le temps de fonder une cité au bord de la mer, Turris Libisonis (Porto Torres), une sorte de Côte d'Azur de l'époque.

L'accueil dans la capitale est mémorable. Sur le Capitole, on lui érige une statue équestre, avec l'inscription « demi-dieu », qu'il fait pudiquement retirer.

On organise non pas un mais quatre triomphes.

Le premier célèbre la victoire sur Vercingétorix, enchaîné au char de César. Six ans qu'il croupissait au fond de la prison Mamertine. Le Gaulois accueille ce supplice comme une libération. Il doit cependant supporter les insultes et les crachats de la foule. Le vainqueur porte une toge écarlate. Accroché au véhicule, un phallus en érection sert de talisman contre les jaloux. Cela n'empêche pas le char de faire un écart qui manque de jeter à bas César. Le peuple y voit un signe néfaste : il doit donc monter les marches menant au Capitole à genoux, en signe d'humilité et d'harmonie retrouvée avec les dieux. Curieusement, pendant des siècles, des générations de chrétiens feront de même, au saint escalier de la basilique Saint-Jean-de-Latran.

Le deuxième triomphe célèbre la victoire en Égypte. Cléopâtre défile-t-elle enchaînée, elle aussi ? Non : elle est hébergée dans une villa, propriété de César au bord du Tibre. À ses côtés, l'enfant à qui elle a astucieusement donné le nom de Césarion, pour bien indiquer à tout le monde que le père n'est autre que le nouveau maître du monde. Mais, comme aucun triomphe digne de ce nom ne peut se faire sans vaincu, c'est à Arsinoé, la sœur cadette de Cléopâtre (celle qui avait tenté de lui ravir le trône), qu'on inflige cette humiliation.

Lors du triomphe commémorant la victoire contre le roi Pharnace, on retrouve ces fameux écriteaux où s'affiche ce qui est devenu la devise de César et un cri de victoire pour tous les Romains : « *Veni, vidi, vici.* » On fête même la victoire sur Juba. Le monarque étant mort, on voit défiler à sa place un enfant en larmes, son fils de cinq ans. Les Romains acclament le passage de quarante éléphants : leur présence rappelle, de surcroît, l'origine du nom de César et cet ancêtre qui, des années plus tôt, avait tué un éléphant d'Hannibal. Et, pour la première fois, on voit dans les rues de l'Urbs un animal qui semble sorti tout droit de la préhistoire : une girafe.

C'est durant ce quatrième et dernier triomphe que le peuple gronde en voyant la représentation de la mort tragique de Caton à Utique. César a renoncé à évoquer la décapitation de Pompée, le préféré des classes dominantes : sage décision. Cicéron écrit *Caton*, un éloge du disparu doublé d'un ultime plaidoyer pour la République. César, qui estime les talents littéraires de son adversaire, répond par un *Anti-Caton*, une diatribe où il affirme que Caton n'était pas celui qu'on croyait. Par exemple, il avait prêté sa femme Martia au milliardaire Quintus Hortensius, qui n'arrivait pas à avoir d'enfants. Contre de l'argent, par-dessus le marché ! L'anecdote sidérera à la fois saint Augustin et Dante.

Les triomphes de César sont entrés dans l'iconographie de l'art occidental, inspirant des fresques et des tapisseries à Raphaël ou Mantegna – la couronne britannique en a constitué une collection entière, conservée à Hampton Court. Sans surprise, la postérité a brodé sur ce moment charnière. On a pu écrire, notamment, que personne n'osait plus tutoyer César : il fallait le vouvoyer.

Mais c'est faux. César appréciait les honneurs, certes, mais surtout le consensus. Il fit ainsi distribuer cinq mille deniers à chaque légionnaire et cent cinquante deniers à chaque citoyen, même à ceux qui n'avaient jamais tenu une arme de leur vie. On organisa des spectacles de théâtre. L'un d'eux fut conçu et interprété par Decimus Laberius, un auteur-acteur exclu des rangs de l'ordre équestre – de même qu'on interdit à Shakespeare d'être enterré en terre consacrée, les Romains assimilaient les comédiens à des êtres dignes de mépris. Mais César apprécia la représentation et rendit son rang à Laberius. Pour conclure les festivités, on offrit un banquet à deux cent mille personnes : trois jours de ripaille !

Au Cirque Maxime, des gladiateurs affrontèrent quatre cents lions en mémoire de Julia, fille de César et femme de Pompée. Un signal politique. César le vainqueur renonça aux épurations. Il permit aux exilés de revenir, à condition qu'ils fassent amende honorable. Il rappela qu'il avait brûlé toutes les lettres des archives de Pompée, sans les lire, précisément pour ne pas céder à l'envie de vengeance. Trop de sang romain avait déjà été versé par la main d'autres Romains. Il fit même remettre à leur place les statues de Pompée que certains partisans zélés avaient descellées ! La tyrannie n'était pas dans son caractère, prétendait-il, car il pensait être un homme bon.

Ou, du moins, il veillait à se présenter comme tel.

La victoire ne lui fit pas perdre son ironie, qui tirait parfois vers le sarcasme. Tandis qu'il défilait sur le Forum, un dignitaire refusa de se lever pour le saluer : Pontius Aquila, tribun de la plèbe. César y vit un affront. Pendant plusieurs jours, chaque fois qu'il avait une décision à prendre, il ajouta : « Si Pontius Aquila le permet, bien sûr ! »

En réalité, comme l'a fait remarquer Cicéron, tout dépendait désormais de la volonté d'un seul. César n'écoutait même plus les siens, il n'acceptait que ses propres conseils.

Le désir brûlant de changer le monde qui animait César s'est concentré sur un aspect précis de la vie quotidienne de chacun dans tout l'empire : le temps. Jusque-là, Rome suivait le calendrier lunaire. L'année comptait donc trois cent cinquante-quatre jours et huit heures, à quoi on ajoutait un mois tous les trois ans. Mais, à la longue, la fête des vendanges se tenait en plein été, et celle des moissons, en hiver. Bref : on n'y comprenait plus rien. Lors de son passage par Alexandrie, César avait vu à l'œuvre les astronomes égyptiens et grecs. Ce qui l'a incité à réformer le calendrier.

L'année 46 av. J.-C. fut la plus longue de l'histoire : elle s'étendit sur quinze mois. Mais, désormais, les aiguilles du temps étaient parfaitement calées. L'année durait à présent trois cent soixante-cinq jours et, tous les quatre ans, il faudrait ajouter un jour : le *bis sextus dies ante kalendas maritas*, le 29 février de nos années bissextiles. Dans ce nouveau calendrier dit julien, *Quintilis*, le mois de naissance du dictateur, est rebaptisé *Iulius*, « juillet ».

César prit également des mesures impopulaires. On divisa de moitié le nombre de pauvres ayant droit à la *frumentatio*, la distribution gratuite de blé – un peu comme si le RSA était en partie supprimé. Il fit expulser les étrangers venus dans l'Urbs pour y trouver meilleure fortune mais qui n'avaient pas obtenu de travail. Il imposa également une cure d'austérité, dirions-nous de nos jours, en interdisant l'importation de soieries et de pierres précieuses de l'étranger, en réquisitionnant des bijoux et des couverts en or, en limitant l'utilisation des litières aux riches d'un certain âge. Il offrit cependant de l'argent aux familles nombreuses pour que la courbe démographique reparte à la hausse. Par décret, plus aucun véhicule destiné au transport de marchandises ne pouvait circuler dans Rome en journée (sur ce point, César était très en avance sur nos édiles actuels). Enfin, une réforme de l'écriture fut lancée : en Égypte, César avait vu des scribes écrire sur des papyrus qui n'étaient pas roulés, comme à Rome, mais reliés. Il imposa donc le même système. Après le calendrier solaire, l'invention des livres !

Fini de pleurer

Et la guerre ? Elle n'est toujours pas terminée.

Les partisans de Pompée qui ont survécu ont quitté l'Afrique pour se réfugier en Espagne. À leur tête, deux fils du défunt, Cnaeus et Sextus, qui vouent à César une haine féroce. Le dernier acte du conflit est mené sans cet esprit chevaleresque, on n'hésite plus à verser du sang romain : le temps des premiers affrontements est désormais bien loin... D'un côté, des irréductibles décidés à vaincre ou à mourir. De l'autre, des hommes prêts à éradiquer pour toujours la mauvaise herbe de la rébellion. Les césariens prisonniers sont étranglés, les pompéiens ont les mains coupées. Les civils qui refusent d'ouvrir les portes de leurs cités aux deux armées sont jetés du haut des murailles.

À Munda, non loin de Gadès, on mène une bataille cruelle et silencieuse. On n'y entend ni les sonneries des trompettes, ni les musiques accompagnant l'assaut, ni les chants d'intimidation et de triomphe. Rien que des cris : « *Laede* », « *Occide* », « *Neca* » : « Blesse », « Tue », « Achève ».

César passe très près de perdre et de tout gâcher. Il prend des risques à chaque bataille. Pour surprendre l'ennemi, il part avec seulement deux légions, rejointes par les six qu'il possède en Espagne. Mais les pompéiens sont presque deux fois plus nombreux.

Alors que la déroute semble imminente, le général descend de sa monture, arrache son bouclier à un légionnaire et commence à courir vers l'ennemi. Il intercepte les porte-étendards en fuite et les oblige à le suivre. Cherche-t-il la mort, comme on a pu l'écrire ? Il tente surtout d'éviter la défaite, qui marquerait sa fin. Il s'exclame : « Qui sont Cnaeus et Sextus ? Deux gamins à la tête d'une armée de rebelles. Vous devriez avoir honte de vous laisser battre par eux ! J'ai cinquante-cinq ans et je préfère mourir plutôt qu'être pris vivant ! »

Lui aussi est accompagné d'un jeune homme, qui n'a pas tout à fait l'âge des fils de Pompée. Il s'appelle Octavien, c'est son petit-neveu : sa mère, Atia, est la fille de la sœur de César. Il a dix-sept ans : la bataille de Munda est son baptême du feu, même s'il y participe d'abord en qualité de spectateur.

Les pompéiens perdent trente mille hommes. César, qui n'a pas de tours d'assaut, donne l'ordre d'entasser leurs corps pour escalader les murailles de Munda (ou pour barrer ses portes, diront certains) et les derniers résistants : on n'a jamais rien vu de tel, même lors des guerres contre les barbares.

Il retourne ensuite à Gadès visiter le temple d'Hercule où, vingt-trois ans plus tôt, il avait craqué à l'idée qu'il n'avait encore rien fait. Il fête ce retour en s'emparant du trésor. On lui apporte la tête de Cnaeus Pompée. Et, cette fois, il ne pleure pas.

Rome est à lui. Reste à comprendre ce qu'il doit en faire. Au bout de quatre ans, la guerre civile est gagnée. Mais n'allons pas croire que César n'a plus d'ennemis. Le renversement des institutions a été trop brusque, la transformation du système, trop violente. Des familles qui se transmettaient le pouvoir depuis des siècles ont le sentiment d'être traitées comme quantité négligeable. Et le peuple est partagé : il aime César, il lui sait gré de ces victoires, des distributions de nourriture et d'argent. Mais ce qui l'inquiète, c'est la perspective d'avoir un chef absolu, comme au temps des rois, de sinistre mémoire.

Presque aussitôt, on commence à ourdir des plans pour l'éliminer. Dès le voyage qui le ramène d'Espagne, l'un de ses lieutenants, Caius Trebonius, propose à Marc Antoine une alliance pour tuer le dictateur dont il est le bras droit : ce dernier refuse. Mais, étrangement, il ne ressent pas le besoin de le prévenir.

À Rome, César s'accorde un triomphe, quitte à violer à un énième tabou : cette fois, on célèbre ouvertement une victoire sur d'autres Romains. Cicéron fait comme si de rien n'était et l'accueille dans sa villa au bord de la mer, à Puteoli (Pouzzoles), près de Naples. Le dîner est agréable. Il faut dire qu'on y parle littérature, et pas politique. Dans ses lettres, l'ancien consul ne se plaint pas de son hôte mais de sa suite : sa *domus* s'est retrouvée envahie d'officiers affamés comme des loups, avec deux mille soldats qui bivouaquaient dehors. Reste que la passion de César pour l'art oratoire et la poésie est authentique :

il invitera à dîner Catulle, qui l'avait pourtant insulté dans un poème que nous qualifierions aujourd'hui d'homophobe.

On lui dresse une statue au Capitole, une autre dans le temple de Romulus. Un temple est également dédié à sa personne, sous le nom de Jupiter Julius.

Malgré cette kyrielle de festivités, le peuple reste perplexe. Les pompéiens rivalisent d'imagination pour proposer de nouveaux titres et de nouveaux honneurs à leur ennemi. L'objectif est clair : exacerber le mécontentement. César lui-même est partagé. D'un côté, il a tellement pris goût au pouvoir personnel qu'il envoie l'un de ses amants, Rufion, un fils d'affranchi, commander les trois légions qui contrôlent l'Égypte. De l'autre, il redoute que le fait d'officialiser son contrôle de l'empire puisse lui apporter plus d'inconvénients que d'avantages. Dans le doute, il se comporte avec arrogance. Il semble avoir perdu ce style décontracté et disponible qui a fait son succès.

Un jour, il convoque le Sénat dans le temple de *Venus Genitrix*, la déesse qu'il considère comme son aïeule. Il accueille les sénateurs assis sur un trône doré et, contrairement à ce que prévoit la tradition, il ne se lève pas à leur entrée. Les sénateurs sont scandalisés, César comprend qu'il a commis un faux pas et se sent obligé de se justifier : il vient d'avoir une crise d'épilepsie. Mais d'autres font courir le bruit qu'il a été saisi par un mal bien moins sacré : la diarrhée... De retour chez lui, César indique sa gorge aux passants qu'il croise en lançant d'un ton mi-contrit, mi-provocateur : « Qu'attendez-vous pour m'égorger ? »

Beaucoup sont prêts à passer à l'action.

Les ides de mars ne sont pas terminées

La vérité, c'est que César s'est toujours senti à l'étroit à Rome. Et ce n'est pas près de changer. Il projette une campagne en Orient, contre les Parthes, afin d'élargir les confins de l'empire et venger la déroute subie par Crassus. Il rêve de rentrer en passant par la Germanie et, par la même occasion, de soumettre les peuples vivant à l'est du Rhin. Il a déjà commencé à masser des troupes de l'autre côté de l'Adriatique, en Illyrie (soit dans les Balkans actuels), et envoyé sur place son protégé, Octavien.

Pour César, créer un empire n'est plus simplement une idée en l'air. Il n'a qu'un modèle en tête (Alexandre le Grand, encore lui) et un ennemi sur sa route : lui-même, écrit Plutarque. Le dictateur est jaloux de ce qu'il a été, comme s'il était étranger à son propre passé. Il désire toujours autre chose, toujours davantage.

La Gaule cisalpine, c'est-à-dire la plaine du Pô, intègre l'Italie. Les notables des Gaules et d'Espagne entrent au Sénat. De quoi scandaliser les *optimates* romains. César refonde Carthage et Corinthe, que ses ancêtres avaient détruites, et envisage de couper l'isthme du Péloponnèse et d'assécher les marais Pontins, comme le fera Mussolini deux mille ans après lui. Il accueille à Rome les juifs partis de Jérusalem. Il projette également de réunir l'ensemble des grands livres grecs et latins dans une immense bibliothèque publique, sur le modèle de celle d'Alexandrie. En temps de paix comme en temps de guerre, César révèle une âme éprise de grandeur, une vision supérieure.

Mais des forces puissantes continuent d'œuvrer contre lui.

Sur la tête d'une statue à son effigie, on fait déposer un diadème, une couronne de laurier ornée d'une bande blanche. Mais il la fait retirer. Alors qu'on l'acclame comme un roi, il répond qu'il est déjà César et qu'il ne peut pas être quelqu'un d'autre. Aucun titre, pas même celui de monarque, ne pourrait ajouter à sa gloire. Alors autant qu'il soit lui-même.

Une démonstration d'humilité ? Une grande preuve d'orgueil, surtout !

Paradoxalement, il a vu juste : ses successeurs auront le titre de césar, revendiqué par de nombreux empereurs au cours de l'histoire. Mais César, le vrai, n'aura jamais le titre de roi ou d'empereur.

Le bruit court qu'il s'apprête à rédiger son testament. En réalité, c'est déjà chose faite : il a désigné Octavien comme son héritier. Mais, ça, Marc Antoine l'ignore. Et il va tenter de profiter des fêtes des Lupercales pour couronner César et se proposer comme son successeur naturel.

Les Lupercales sont un rituel ancestral. Des hommes nus enduits d'huile parcourent les rues de Rome en fouettant les passants avec une peau de chèvre, comme les bergers fouettaient les loups pour protéger leurs troupeaux. Les passants se prêtent volontiers à ce rite mystérieux, notamment les femmes qui espèrent tomber enceintes. Nous sommes le 15 février 44 av. J.-C. Excités par ce climat de fête mêlée de sensualité, les Romains voient l'un des luperques s'agenouiller devant César et lui offrir à nouveau la couronne. Mais il refuse, sous les applaudissements de la foule. Antoine insiste, mais César prend le diadème et le jette au peuple : « Apportez-le au Capitole, car votre roi est Jupiter. »

Ce qui manque à ceux qui rêvent d'assassiner César n'est pas un mobile mais un chef. Pompée et ses fils ont été tués. Caton, le leader moral des républicains, a choisi la mort. Reste son neveu, Marcus Junius Brutus, qui était aussi son gendre : Brutus a en effet épousé la fille de Caton, Portia, et est le fils de la sœur de Caton, Servilia. Mais Servilia est également l'une des maîtresses historiques de Jules César. Et Brutus, après avoir suivi et trahi Pompée, a été pardonné et accueilli par le nouveau maître de Rome.

Les portraits qu'il subsiste de Brutus sont contradictoires. C'était un homme cultivé, il avait étudié à Athènes. D'après Plutarque, il était animé par un réel amour pour la République et se sentait comme Harmodios et Aristogiton, qui, au mépris de leur vie, avaient tué le tyran Hipparque pour sauver les libertés collectives. On disait qu'il descendait de ce Junius Brutus qui avait chassé les Tarquins de Rome. De quoi accentuer le poids de la responsabilité qu'il sentait sur ses épaules.

D'autres voient en lui un homme avide et corrompu – Cicéron le décrit comme un usurier –, cruel et arrogant, anxieux et surtout indécis. À la période qui nous occupe, il s'est renfermé en lui-même pour méditer, sans se confier à personne, pas même à sa femme. Avec un geste digne d'une Romaine des temps anciens, Portia se blesse alors à la cuisse avec une lame de couteau, pour bien montrer sa résistance à la douleur et faire réagir son mari : « Brutus, je suis entrée dans ta maison, non pour être seulement compagne de ton lit et de ta table, comme une concubine, mais pour partager avec toi et les biens et les maux. »

Brutus lui révèle donc ses projets.

Le complot commence à prendre forme. Où tuer César ? Certains proposent de l'attendre à l'entrée du théâtre de Pompée, d'autres sur la via Sacra, qui traverse le Forum, d'autres encore suggèrent de le jeter du haut d'un pont.

Coïncidence incroyable : César a congédié ses gardes du corps, plus personne n'est là pour protéger sa vie. Des gens le préviennent du complot. On lui cite même le nom de Brutus, mais il répond avec un sourire : « Croyez-vous que Brutus n'attendra pas la dissolution de ce corps si faible ? » Au fond de lui, il se pense intouchable. Sa survie est devenue la garantie de la paix civile, ce qui lui fait dire : « Ma vie est plus utile à l'État qu'à moi-même. »

Sans lui, la guerre reprendrait. Et Rome sombrerait.

Les présages qui se manifestèrent à la fin de l'hiver 44 av. J.-C. sont si nombreux qu'ils ont l'air d'avoir été inventés a posteriori. Tout indiquait que quelque chose de terrible allait se produire.

Les chevaux sur lesquels César et ses fidèles avaient franchi le Rubicon, gardés comme des reliques, se mirent à pleurer en pressentant sa mort, comme les montures d'Achille. Dans le ciel, on vit des boules de feu. Il y eut une pluie de sang. Un passereau entra dans la Curie de Pompée, siège provisoire du Sénat, avec un rameau de laurier dans son bec mais se fit agresser et tuer par une nuée de rapaces.

À Capoue, des vétérans de César occupés à labourer les terres qu'on leur avait accordées firent une inquiétante découverte : la tombe du fondateur de la ville, Capys, compagnon d'Énée. Sur la plaque de bronze, on pouvait lire : « Quand on aura découvert les ossements de Capys, un descendant d'Iule périra de la main de ses proches, et sera bientôt vengé par les malheurs de l'Italie. »

Certains présages rapportés par les historiens semblent franchement invraisemblables. À l'image de ce taureau qui devait être sacrifié mais dont on n'a pas pu trouver le cœur. Comment expliquer un pareil mystère ? Qu'importe : les haruspices y virent un mauvais augure.

Mais l'avertissement le plus éloquent fut prononcé par un célèbre devin, Spurinna. « Garde-toi des ides de mars », dit-il à César. Face à une indication aussi précise (et, rétrospectivement, si justifiée), le doute est permis. A-t-il vraiment trouvé cette information en lisant dans les entrailles d'un animal ? Ne l'a-t-il pas plutôt apprise de la bouche d'un des conjurés ?

Et César ? A-t-il soupçonné quelque chose ? Cela pourrait expliquer son choix d'adopter Octavien. En tant qu'héritier en second, il désigna l'un de ses lieutenants, Decimus Brutus, sans savoir que celui-ci était lui aussi mouillé dans le complot (tout comme son cousin, Marcus Junius Brutus). Un soir, César se rendit à dîner chez un ami, Lépide (Marcus Lepidus). Parmi les invités, Brutus. Au cours du repas, on demanda à César quelle serait la meilleure manière de mourir. « La moins attendue », répondit-il.

Quelques jours plus tard, son souhait fut exaucé.

Nous sommes le 15 mars 44 av. J.-C. En ce jour des ides de mars, une séance du Sénat est censée couronner César roi de Rome – un titre qui ne serait valable qu'en dehors des frontières de l'Italie, cependant. On prend prétexte d'une autre prophétie, gardée ou dénichée pour l'occasion dans les livres sibyllins : les Parthes ne seront battus que par un roi. Il faut donc qu'un roi mène les légions au combat à l'est.

La veille, pourtant, César et sa femme Calpurnia font des rêves inquiétants. Lui imagine qu'il vole jusqu'au sommet de l'Olympe, où Jupiter en personne l'accueille en lui tendant la main. Elle a une vision plus réaliste : son mari est poignardé et expire entre ses bras. Elle se réveille en hurlant. Au même moment, les portes et les fenêtres de leur demeure s'ouvrent en grand. Précision importante : depuis toujours, les ides de mars passent pour un jour néfaste. Peut-être parce que c'est la date butoir pour régler ses dettes…

En larmes, Calpurnia convainc César de ne pas se rendre au Sénat : Marc Antoine n'aura qu'à se présenter à sa place et réclamer que la séance soit remise à plus tard. Seulement, voilà : les ides de mars sont le jour choisi par les conjurés pour éliminer le dictateur, avant qu'il ne parte pour l'Orient. Faute de quoi il sera trop tard.

Quelqu'un doit faire changer d'avis César. Quelqu'un en qui il a confiance.

Decimus Brutus se propose… et se montre persuasif. Les sénateurs se sont déjà sentis insultés la fois où César n'a pas daigné se lever à leur entrée. S'il manque une séance aussi importante, qu'il a lui-même convoquée, l'affront sera plus grave encore. Le jour retenu n'est pas propice ? Soit. Mais, dans ce cas, autant qu'il demande personnellement ce report. Hors de question d'envoyer la brute épaisse qui lui sert de lieutenant dire : « Rentrez chez vous, vous reviendrez quand Calpurnia fera de beaux rêves ! »

César se laisse convaincre. Brutus le prend par la main et l'accompagne dehors. Avant de monter à bord de sa litière, le dictateur se trouve entouré par la foule de quémandeurs habituels. Par dizaines, des mains lui tendent des billets et des lettres de supplique. Spurinna est du lot. Tout sourire, César lui lance qu'il s'est trompé dans ses prédictions : les ides de mars sont arrivées. Et l'haruspice de répondre : « Oui, elles sont venues mais ne sont pas encore passées. »

Dans la foule, un ami de César se fraye un chemin : Artémidore, un Grec. Celui-ci tend un papyrus, aussitôt confié à ses secrétaires. Mais l'homme insiste : qu'il lise ce message, c'est important ! Et pour cause : toute la conjuration y est dévoilée.

À croire que César préférait ignorer les mises en garde, celles des dieux comme celles des hommes, et aller au-devant de sa fin. Mais le destin ne ferme-t-il pas les yeux de ceux qui doivent mourir, comme le dit Pétrarque ?

Des siècles plus tard, un autre Grec, Constantin Cavafy, partira de ce rendez-vous manqué avec le destin pour composer l'un de ses plus beaux poèmes, intitulé, tout naturellement, *Aux ides de mars*.

Dans ton âme, méfie-toi des grandeurs.
Aussi, si tu ne peux maîtriser tes ambitions,
tâche de les briguer avec discernement et sagesse.
Et, pendant que tu te démarques du commun,
sois circonspect, redouble de précautions.

Et lorsque – César enfin ! – tu seras aux sommets
portant sur ton front le sceau de la grandeur,
c'est alors qu'il te faut être attentif. Si quelque Artémidore,

sorti de la foule (lorsque toi
puissant, illustre, suivi de ton escorte
tu traverseras la ville),
t'approche porteur d'une lettre
et t'exhorte, hâtivement, « Lis cela sans tarder,
ce sont des choses qui te concernent »,
ne néglige pas ce message, n'hésite pas
à tout remettre, tout discours, toute activité,
n'hésite pas à écarter ceux qui te saluent
et ceux se prosternant sur ton passage (tu peux tout
renvoyer à plus tard), le Sénat même pourrait attendre.
Toi, sans tarder, prends connaissance
du grave message d'Artémidore.[1]

Pour les conjurés aussi, l'heure est à la fébrilité. Tuer César n'est pas une mince affaire. Même désarmé et sans escorte (à moins que ce soit pour cette raison, précisément), c'est un homme d'un immense charisme, presque un dieu vivant. Par prudence, ils ont engagé cinq cents gladiateurs qui attendent non loin de là, au théâtre de Pompée, prêts à intervenir. L'armée n'est pas de la partie : Lépide, le césarien qui commande les troupes stationnant en dehors de Rome, dirige des manœuvres de cavalerie, aucun risque de le voir débarquer. Reste Marc Antoine : ce tas de muscles se ferait tuer pour défendre César. Le sénateur Trebonius est chargé de lui tenir la jambe à l'extérieur de la Curie. Certains ont proposé de le tuer au passage. Mais Marcus Brutus est contre ; ce doit être un tyrannicide, pas un règlement de comptes entre factions. Seul César doit mourir.

1. Traduction de François Sommaripas.

Soudain, Brutus reçoit une terrible nouvelle : sa femme Portia vient de mourir (elle s'est simplement évanouie sous l'effet de la nervosité, en réalité). Mais, plutôt que de retourner auprès d'elle, il reste auprès de ses compagnons.

Sa détermination est sans faille.

César descend de sa litière. Dans la salle, une soixantaine de sénateurs l'attend, mais ceux impliqués dans le complot ne sont pas plus de vingt. Parmi eux, Pontius Aquila, que le dictateur mentionne constamment par moquerie, et Lucius Cornelius Cinna, le frère de Cornelia, cette épouse que César avait refusé de répudier.

À son entrée dans la Curie, un nommé Metellus Cimber approche et supplie César de rappeler son frère d'exil. Celui-ci s'impatiente, veut avancer, mais l'autre le retient, l'attrape par la toge, le bouscule.

C'est le signal.

Les conjurés sortent leurs couteaux cachés dans les plis de leurs toges. Cloué par la stupeur, César murmure : « C'est de la violence ! » Derrière lui, Publius Casca porte le premier coup d'une main hésitante. Il l'égratigne à peine. N'est pas soldat qui veut... César, lui, a des réflexes de militaire et les fait parler. Il désarme son assaillant, le blesse et lui crie : « Scélérat de Casca, que fais-tu ? » Arrive alors un autre coup, mieux assené. César tombe, se relève, court d'un bout à l'autre de la Curie en cherchant une issue, poursuivi par les conspirateurs.

Les autres sénateurs observent la scène, immobiles : personne ne s'interpose pour le défendre, pas même les Gaulois et les Espagnols qu'il a fait entrer dans ces lieux à la grande colère du reste de l'assemblée.

Tout le monde attend de voir comment les choses vont tourner.

Cassius Longinus le frappe au visage. César crie, encaisse d'autres coups, mais aucun n'est mortel. Il se débat tandis que ses assassins se frappent les uns les autres, emportés par leur élan. Puis Brutus s'avance et le blesse à l'aine.

César le regarde, tressaille et abandonne. Il se laisse choir en se couvrant la tête avec sa toge. Il aura la mort soudaine dont il avait rêvé.

« Toi aussi, mon fils » : ses dernières paroles sont restées célèbres. Nous nous souvenons tous de la formule latine (« *Tu quoque mi fili* »). En réalité, César l'aurait prononcée en grec, la langue qu'il utilisait dans les moments d'émotion intense. Et, à en croire certains historiens, il ne s'adressait pas à Marcus Junius mais à « l'autre » Brutus, Decimus, qu'il avait couché dans son testament en qualité de deuxième héritier après Octavien.

Nous n'aurons jamais la réponse exacte…

Lacéré de vingt-trois plaies, César rendit son dernier souffle au pied de la statue de son grand rival, Pompée. Disparue pendant quinze siècles, celle-ci finit par être retrouvée au fond d'une cave dans le centre de Rome. Sur les pieds du grand général, de petites taches rouges, dues à l'oxydation de la couleur. Mais pour tout le monde, aucun doute : c'était le sang de Jules César !

À ce moment seulement, les sénateurs se rendent compte de ce qui vient de se passer et se précipitent vers la sortie. Brutus lève alors son poignard et crie comme un exalté : « Vous n'avez plus rien à craindre ! Le tyran est mort ! Nous venons de vous rendre la liberté ! »

Mais sa harangue ne convainc pas grand monde.

Le corps de César est évacué par trois fidèles esclaves (détail glaçant : le bras pend hors de la litière) et remis à Calpurnia, qui voit son cauchemar devenir réalité. Plusieurs conjurés voudraient s'emparer du cadavre pour le jeter dans le Tibre et éviter ainsi des funérailles publiques ; Brutus les en empêche. Un geste noble de sa part sur le plan humain, une grossière erreur sur le plan stratégique. Car l'enterrement du dictateur va se transformer en procès de ses assassins…

Si les césaricides étaient des soldats, ils sauraient quoi faire ! Mais ce ne sont que des politiciens qui n'ont aucun plan pour gérer les conséquences de leur acte.

Leur seule idée : s'enfermer au Capitole, en attendant la suite.

Marc Antoine fuit Rome déguisé en esclave. La ville est sous le choc. Des bandes criminelles pillent maisons et échoppes. Dans un climat d'anarchie, certains règlent leurs comptes et le sang coule. Le Tibre est en crue. Dans le ciel surgit une comète. Les césariens affirment que c'est leur chef, devenu une étoile.

Brutus comprend qu'il doit parler, expliquer ses motivations. Il descend donc du Capitole et s'adresse à la foule massée sur le Forum. Il annonce que la République est rétablie, sous les applaudissements des Romains. Mais lorsqu'il maudit César, qui voulait sa perte, la foule gronde, crie, invective. Puis Cinna arrache la cape militaire qu'il avait reçue de César, en signe de mépris. C'en est trop pour le peuple, qui tente de s'en prendre à lui. Les conjurés regagnent précipitamment le Capitole. Brutus a alors une idée : demander de l'aide à l'homme le plus intelligent, le plus éloquent, le plus écouté de Rome.

Cicéron avait beau être un adversaire de César, il n'a pas pris part au complot. Il a des amis parmi les conspirateurs, comme Minucius Basilus, à qui il a envoyé un message pour se réjouir de l'événement. Mais il comprend que la partie n'est pas pliée avec la mort de César : elle ne fait que commencer.

Tandis que Lépide rentre à Rome avec ses légionnaires fidèles au dictateur assassiné, l'avocat veut jouer les médiateurs. Il fait voter au Sénat deux mesures contradictoires en apparence : des honneurs divins pour la victime, l'amnistie pour ses assassins. Comme si rien ne s'était passé, comme si toute cette histoire pouvait se conclure sans vaincus ni vainqueurs. Les conjurés descendent du Capitole et se réconcilient avec les césariens. Brutus va dîner chez Lépide, Cassius, chez Marc Antoine.

Ce dernier est en vie et prêt à tout. Estimant être le véritable héritier de César, il fait main basse sur tout l'argent du défunt – sa fortune personnelle et les sept cents millions de sesterces accumulés pour financer l'expédition en Orient contre les Parthes. Mais il y a quelque chose d'encore plus précieux : le testament de César. Antoine se le fait remettre par les vestales à qui on l'avait confié.

Ce sera son arme finale.

La lecture du testament est un moment charnière.

Coup de théâtre : César ne désigne pas Antoine comme son principal héritier mais son petit-neveu Octavien et, après lui, Decimus Brutus. Si on lui avait dit qu'il ferait partie de ses assassins... Mais, surtout, le défunt laisse à chaque citoyen romain une somme de trois cents sesterces, ainsi que le grand parc entourant sa propriété au pied du Janicule.

L'émotion populaire est immense. Aucun leader politique, pas même les Gracques ou Caius Marius, n'avait songé à laisser son patrimoine au peuple. Chaque homme libre se sent désormais héritier de César, destinataire de son legs financier mais aussi moral et politique : l'empire universel, avec Rome trônant à son centre.

Les funérailles vont précipiter le dénouement. Le matin du 20 mars, le corps de César est porté à épaule d'homme jusqu'au Forum et hissé sur une estrade construite au-dessus des Rostres, auxquels on accrochait les restes des navires pris aux ennemis – un symbole de la grandeur de Rome. Une statue colorée représente le dictateur.

Elle porte les plaies laissées par les vingt-trois coups de poignard…

Marc Antoine prononce un discours qui doit avant tout sa célébrité à la reconstitution qu'en a faite Shakespeare. Le désarroi est immense, chez les juifs, surtout : ils détestaient Pompée, qui avait détruit le temple de Jérusalem, et aimaient César, qui les avait protégés. Les vieux légionnaires pleurent comme des enfants. L'émotion et la dévotion sont telles que personne n'ose allumer le bûcher : des esclaves doivent s'en charger. Tous les Romains jettent quelque chose dans les flammes : les matrones, leurs bijoux, les soldats, leurs armes.

Comme à chaque enterrement, mais cette fois encore plus, chacun pleure aussi la mort qui viendra.

À l'endroit où brûle le corps de César sera érigée une colonne. D'après une tradition médiévale, les cendres du dictateur auraient, elles, été transportées à la basilique Saint-Pierre.

Dès lors, la situation bascule pour les césaricides : la foule croise Cinna et le taille en pièces (on finira par s'apercevoir, bien après, que c'est un homonyme du conjuré qui a été lynché !) ; Brutus et Cassius fuient Rome ; Cléopâtre quitte également la ville et ses statues sont abattues, à la grande joie de Calpurnia ; « Les ides de mars me semblent une consolation dérisoire. Nous avons montré un courage de héros et pris des résolutions d'enfants. Il fallait arracher l'arbre, on s'est borné à le rogner », écrit avec amertume Cicéron, pour qui César est plus vivant que jamais ; le fils de l'orateur rejoint Brutus, avec un jeune homme porté sur la poésie : Horace ; Antoine devient le maître de Rome ; les conjurés comprennent qu'en tuant César ils n'ont rien résolu.

Pour sauver la République, il faut une armée et une autre guerre civile.

De l'autre côté de l'Adriatique, un jeune homme de dix-sept ans, fraîchement nommé légataire universel du grand homme, doit prendre sa décision. De deux choses l'une. Ou rester loin de Rome, en sécurité, flanqué de ses troupes prêtes à mener la guerre en Orient contre les Parthes – c'est ce que réclame son entourage. Ou bien revendiquer l'héritage de César et prendre les armes à son tour, pour sauver tout ce que son bienfaiteur a fait.

5

Auguste

Le mythe du pouvoir

Caius Julius Caesar Octavianus, le futur Auguste, n'avait pas le génie absolu de son grand-oncle. On ne tombe pas sur des hommes de cette trempe à chaque nouvelle génération. Avant lui, il y avait eu Alexandre le Grand. Huit siècles après, il y aura Charlemagne. Mais, bien souvent, les hommes hors du commun qu'on porte aux nues connaissent une fin tragique.

Octavien n'a jamais appris correctement le grec. Il n'a pas écrit de chefs-d'œuvre mais un simple résumé de sa vie, sorte de fiche Wikipédia qu'on affichait dans les villes de l'Empire à des fins de propagande. Il n'a pas été un génie militaire : la victoire de Philippes est à mettre au crédit de Marc Antoine, celle d'Actium, à celui d'Agrippa. Il ne s'est jamais rendu personnellement en Germanie, comme l'avait fait César, et ses légions y ont été vaincues. Souvent malade, il était frileux (l'hiver, il portait des chandails en laine et quatre tuniques sous sa toge), pas très grand (il portait des chaussures à talonnettes, comme Nicolas Sarkozy). Il n'a pas élargi la domination romaine : il l'a organisée, ce qui était déjà beaucoup. Il n'a dépassé César que sur deux points. La cruauté. Et la capacité à choisir les hommes et à les manipuler. Sans surprise, il fut le vrai fondateur de l'Empire. Et il mourut dans son lit.

« *Tu nous as donné un roi !* »

Octavien apprend la nouvelle de l'assassinat de César le 20 mars 44 av. J.-C. L'émissaire n'a mis que cinq jours pour faire le trajet entre Rome et Apollonia, sur le territoire de l'Albanie actuelle. À ses côtés, il a deux de ses amis, l'un et l'autre appelés à changer, à leur manière, son destin et celui de l'Empire.

Le premier est Marcus Vipsanius Agrippa. Fils de paysans, homme hors du commun qui conjugue un immense talent militaire, un courage tempéré par un œil lucide et une attitude totalement désintéressée. Sa force et sa compétence sont au service d'Octavien. Le second est entièrement différent. Aristocratique, efféminé, cultivé, amoureux des arts, il porte la toge presque dénouée, plus encore que César. Son nom traversera les siècles pour désigner un protecteur des arts et un commanditaire d'œuvres nouvelles : Caius Cilnius Mécène.

L'un et l'autre feront la gloire d'Auguste. Agrippa mènera ses armées à la victoire. Mécène fondera le cercle de lettrés qui forgera sa légende pour l'éternité.

Dès l'enfance, Octavien a paru prédestiné. Des années plus tard, Suétone écrivit que sa mère Atia avait été possédée par Apollon. Plus prosaïquement, Marc Antoine avait fait circuler la rumeur selon laquelle la fortune d'Octavien était liée à César, qui l'avait aimé et pas uniquement de l'amour d'un père. Une chose est certaine : à sa naissance, à Velletri, magnifique bourg fortifié au sud de Rome, la foudre tomba sur les murailles. Le nouveau-né aurait disparu avant d'être retrouvé au sommet de la plus haute tour.

Son père sénateur, Octavius, reçut les compliments de ses collègues. « Tu nous as donné un roi ! » se serait notamment exclamé Nigidius Figulus, un philosophe pythagoricien qui avait une réputation de magicien. Fervent républicain, l'homme fut tenté de rentrer chez lui pour supprimer ce fils qui représentait un danger. Une chance, on le dissuada.

Octavien perdit son père à quatre ans. Le petit garçon – mince, les yeux bleus, des cheveux blonds – révéla très tôt un tempérament calculateur, perspicace, prudent. « Avant de réagir, répète tout l'alphabet dans ta tête », lui enseigna son maître, Apollodore de Pergame. « Hâte-toi lentement » était sa devise favorite. La formule devient célèbre et fut adoptée par une famille florentine qui ne manquait pas de talent pour la politique, les Médicis.

César devina aussitôt son potentiel et voulut le prendre avec lui dès la guerre contre Pompée. Hors de question, répondit Atia, en femme forte : Octavien n'avait que quatorze ans. Seulement, le conquérant n'avait pas d'enfant mâle, à part peut-être Césarion, dont la mère n'était autre que Cléopâtre, une reine étrangère : son fils ne pourrait jamais devenir le maître de Rome. Octavien, lui, était prometteur. Lors de la dernière campagne contre les Pompéiens, en Espagne, César le fit dormir dans sa tente (d'où, peut-être, la rumeur sordide relayée par Marc Antoine, présent sur les lieux).

À peine arrivé en Illyrie, où César était censé le rejoindre pour marcher avec lui contre les Parthes, Octavien a consulté un astrologue, Théogène, qui s'est jeté à ses pieds : il a vu de très grandes choses pour lui. Au fond de son cœur, le jeune homme s'est préparé à un avenir glorieux. Mais voilà que tout vient de basculer.

La mort de César le prend par surprise. Octavien fond en larmes, dévasté. Il aimait son mentor. Et surtout il ne se sent pas prêt à prendre sa place. D'autant qu'il devra se battre pour l'obtenir. Agrippa le persuade de partir sans attendre, pour récupérer ce qui lui appartient. À commencer par l'immense fortune de César sur laquelle Antoine a déjà fait main basse.

À Rome, Octavien est attendu par un autre signe propice : à son entrée dans la ville, un rayon de soleil le frappe en plein visage. L'un de ces signes auxquels les Romains attachaient une grande importance. Comme tous les peuples de l'Antiquité, dont la vie entière était à la merci du sort, bien davantage que la nôtre.

L'allié naturel d'Octavien est Cicéron, qui voue à Antoine une véritable haine. Tout à fait réciproque, d'ailleurs. En homme raffiné, l'orateur est révulsé par son latin de centurion : pour lui, Antoine ne parle pas, il vomit des mots. Il en fait la cible de ses *Philippiques*, appelées ainsi en souvenir des diatribes prononcées par Démosthène contre Philippe de Macédoine, le père d'Alexandre le Grand. Mais, lorsqu'il s'agit de passer à l'action, Cicéron hésite. Octavien lui écrit tous les jours pour le presser de se joindre à sa guerre contre Antoine. L'avocat préfère temporiser : « J'ai honte de dire non, mais j'ai peur de dire oui. »

Les deux consuls en exercice, Hirtius et Pansa, n'ont pas autant de scrupules. Octavien semble être le sauveur désigné de la République. C'est donc à ses côtés qu'ils marchent sur Modène, où Antoine s'est retranché. La victoire est éclatante mais, pour eux, la vie s'achève sur le champ de bataille. Deux rivaux en moins pour Octavien ! Un tel coup de chance ne saurait être fortuit. On raconte qu'il les aurait lui-même éliminés, d'abord en profitant de la confusion générale pour tuer Hirtius, puis en ordonnant à son médecin de verser du poison sur les blessures de Pansa.

Les rumeurs sur sa cruauté lui colleront toujours à la peau. On dira qu'il aimait crever de ses mains les yeux de ses ennemis. En contrepartie, un jour où un assassin tenta de le faire tomber dans un ravin, il le regarda avec tellement d'aplomb qu'il le fit renoncer. Mais il s'agit très certainement d'une invention : l'anecdote ressemble beaucoup trop à celle, célèbre, de Marius qui, ayant trouvé un sicaire caché dans sa tente, l'avait pétrifié d'un simple regard en lui lançant : « Qui es-tu pour essayer de tuer Marius ? »

Parti de Modène en seul et unique vainqueur, Octavien retourne à Rome avec l'intention de se faire proclamer consul, la charge étant désormais vacante. Au début, le Sénat renâcle, au point que sa mère Atia et sa sœur Octavie doivent se réfugier dans le temple de Vesta pour échapper au pire. Mais, lorsque Octavien entre dans la ville, il y est cette fois accueilli par douze vautours, exactement comme Romulus le jour de la fondation de l'Urbs. Le prodige frappe profondément les esprits. Et les sénateurs se disent qu'il vaut toujours mieux avoir Octavien plutôt qu'Antoine.

Cicéron vient également à sa rencontre avec enthousiasme, mais le vainqueur le glace en quelques mots : « Voici le dernier de mes amis. » Il n'a même pas vingt ans. Mais il prouve déjà qu'il n'est pas comme César.

« *Je suis ton mauvais génie* »

Soudain, retournement de situation : Octavien s'allie avec son ennemi Antoine. Il se méfie de ces sénateurs qui ont trahi son grand-oncle. Et, surtout, il comprend que sa priorité est d'affronter et d'éliminer Brutus et Caton, en train d'armer des troupes en Orient.

L'idée d'un pouvoir absolu exercé par un seul, fût-il désormais nécessaire vu l'ampleur des possessions romaines, était trop éloignée de la mentalité des patriciens : la vision césarienne de l'empire ne pouvait être imposée que par la force. Et Octavien était fermement décidé à rester le seul et unique maître de Rome. Mais, pour cela, il devait écraser ses ennemis un par un, comme jadis le dernier des Horaces.

Avec Antoine et Lépide, il conclut un triumvirat. Lors de la rencontre qui scelle leur pacte, les trois hommes s'observent à la dérobée. Chacun semble redouter de voir les deux autres brandir un poignard…

En son temps, César n'avait jamais dressé de listes de proscription, il avait renoncé à éliminer physiquement ses rivaux, par volonté (réelle ou affichée) d'apaisement. Et sa clémence lui avait coûté la vie.

Les nouveaux maîtres ne veulent pas courir ce risque.

Dans le plus grand secret, ils rédigent les listes indiquant qui doit vivre et qui doit mourir. On envoie des légionnaires de confiance tuer trois cents sénateurs et deux mille chevaliers : la classe dirigeante de la République est anéantie.

Antoine insiste pour ajouter Cicéron, qu'il déteste, à la liste des condamnés. Octavien ne peut (ou ne veut) pas le sauver.

Le grand orateur est rattrapé alors qu'il tente de fuir, brutalement tué et décapité. Un empilement de pierres rappelle encore cet épisode sanglant, le long de la côte reliant Gaète et Formia, l'un des lieux les plus magiques d'Italie, entre mer et montagnes. Mais rien ne prouve qu'il s'agisse vraiment de la tombe de Cicéron, comme tout le monde l'appelle.

Antoine a donné l'ordre qu'on lui rapporte, en plus de sa tête, sa main droite, celle qui avait écrit ces diatribes contre lui. Sitôt qu'on lui remet ces trophées macabres, il laisse éclater sa satisfaction puis ordonne qu'on les expose sur les Rostres, au Forum. Fulvia, la femme d'Antoine, se serait même servie d'une broche pour transpercer rageusement cette langue de vipère. Mais, comme on l'a écrit, les Romains, regardant la tête coupée de Cicéron, voyaient la cruauté d'Antoine.

Les proscriptions donnent lieu à des scènes plus atroces encore qu'au temps de Sylla. Lépide fait assassiner son frère, Antoine, son oncle, Octavien torture personnellement ses ennemis. Les patrimoines des proscrits sont confisqués par les vainqueurs : on n'en laisse qu'un dixième aux fils et un vingtième aux filles.

Le pacte scélérat est scellé par un mariage. Octavien s'unit à Clodia, belle-fille d'Antoine : sa femme Fulvia l'a eue de son premier mariage avec Clodius, celui qui s'était glissé chez César travesti en femme. La jeune mariée n'a que onze ans.

De leur côté, les survivants de la purge rejoignent Brutus et Cassius, bien décidés à livrer bataille. Il s'agira de l'ultime confrontation entre les républicains et les partisans du nouvel ordre voulu par César.

Les deux armées se valent : l'une et l'autre comptent près de cent mille hommes. L'affrontement a lieu en Thrace, dans une localité dont le nom est lié à un épisode douteux mais peu banal. Jugez plutôt.

Quelque temps plus tôt, Brutus a eu une vision d'effroi. En l'occurrence, une ombre gigantesque (peut-être César, peut-être sa conscience) qui l'a mis en garde : « Je suis ton mauvais génie, nous nous reverrons à Philippes. » Une fois à Philippes, lorsqu'il prend conscience du lieu où il se trouve, Brutus accuse le coup. Cela ne l'empêche pas de se battre valeureusement. À l'issue d'une première passe d'armes, il met en fuite les troupes d'Octavien, qui sauve sa peau en se jetant au milieu d'une cannaie. On va même jusqu'à le croire mort : sa litière (heureusement vide) est retrouvée criblée de lances et de flèches.

Mais Octavien est bien vivant.

Au moment décisif, il n'est pourtant pas sur le champ de bataille. Il reste sous sa tente, peut-être en proie à la fièvre, peut-être troublé lui aussi par un rêve prémonitoire. Qu'importe : Marc Antoine se bat comme un lion pour venger son ancien général et remporte une victoire spectaculaire.

Cassius se tue à l'aide du poignard dont il s'était servi pour frapper César. Brutus pleure sur son corps. Quelques semaines plus tard, traqué de toutes parts, il se jette sur une épée tenue par un esclave. Sa femme, Portia, elle, a une fin digne de son père, Caton. Voyant qu'on refuse de lui donner une lame, elle attrape des charbons ardents dans un brasero et les avale.

À Philippes, on trouve également Horace. Il échappe à la mort, par chance pour la littérature, et écrit un poème où il racontera avoir jeté son bouclier, qui le ralentissait. Des vers qui rappellent ceux du Grec Archiloque, qui avait également survécu à une bataille. Pour se moquer des poètes exaltant la mort au combat, il s'était fendu de cette formule savoureuse : « Que m'importe d'avoir jeté mon vieux bouclier dans un buisson ! J'en achèterai un autre, tout aussi bon. »

Antoine couvre le cadavre de Brutus d'une cape de pourpre. Un geste de respect qui émeut les vaincus. Octavien ne témoigne pas la même mansuétude : il ordonne que le corps décapité du césaricide soit envoyé à Rome et exposé trois jours durant sur le Forum. Les soldats de Brutus acclament Antoine et insultent Octave. Le jeune triumvir aurait également refusé une sépulture à un ennemi mourant, en arguant : « Les charognards en prendront soin. » À deux légionnaires, père et fils, qui réclament sa grâce, il répond qu'ils devront d'abord se battre en eux : le vainqueur sera épargné. Tous deux préfèrent se suicider.

Antoine lui-même reste abasourdi par cette cruauté sans bornes qui, il est vrai, tranche avec le caractère réfléchi et la fermeté sereine qu'Octavien affichera lors de ses années au pouvoir. Il est possible que certaines rumeurs aient été inventées par ses adversaires. Certes, dans la Rome antique, la vie humaine n'avait pas la valeur que nous lui accordons aujourd'hui. Mais, alors même qu'il trônait sur une montagne de cadavres, César avait fait preuve d'une humanité dont son petit-neveu semble incapable.

Antoine et Cléopâtre

Tandis qu'Octavien gouverne Rome, Antoine se rend en Orient pour réorganiser l'empire. À Tarse, la ville de saint Paul, il fait une rencontre qui va tout bouleverser. Cléopâtre apparaît sur un navire, non pas à la proue, comme Kate Winslet dans *Titanic*, mais à la poupe, nonchalamment allongée sous un baldaquin en or.

Comment lui résister ? Antoine n'essaye même pas.

C'est la rencontre de deux personnes sensibles aux plaisirs charnels et un tantinet mégalos. Le couple se fait dresser des statues dans les temples égyptiens : il y est représenté sous les traits d'Osiris, et elle, d'Isis. Ils ont également deux jumeaux appelés Hélios et Séléné, le Soleil et la Lune. En toute modestie…

La femme d'Antoine, Fulvia, restée en Italie, est folle de rage. Pour se venger, elle s'offre à Octavien, qui la repousse. Et de quelle manière : au lieu de décliner poliment, il compose carrément une épigramme. Efficace mais cruel, comme souvent quand on règle ses comptes en place publique : « Fulvia me dit : "Baise-moi ou ce sera la guerre." Comment ? Parce que la vie m'est plus chère que mon membre viril, les trompettes de la guerre devraient sonner ? » Octavien lui rend sa fille, la toute jeune Clodia, qu'il a épousée, « intacte et vierge ».

Se voyant repoussée sans ménagement, Fulvia déclenche une guerre dans toute l'Italie, appuyée par le frère de Marc Antoine, Lucius Antonius. Son plan : inciter son mari à quitter Cléopâtre et à revenir lui prêter main-forte contre Octavien. Son armée se retranche à Perusia (Pérouse). De ce siège, il nous reste les pierres lancées par les catapultes et gravées de toutes sortes de menaces et d'insanités adressées à Fulvia.

Pérouse finit par céder sous la pression d'Octavien ou, plus exactement, d'Agrippa. Nous sommes le 15 mars 43 av. J.-C. Pour célébrer le premier anniversaire de l'assassinat de César, son petit-neveu fait tuer trois cents prisonniers sur un autel érigé en son honneur. À ceux qui lui demandent grâce, il répond : « *Moriendum esse.* » Traduction : tôt ou tard, chacun doit mourir.

Fulvia parvient à fuir en Grèce, où elle s'éteint, détruite physiquement et moralement. La nouvelle réjouit Antoine : il peut enfin se rapprocher d'Octavien en épousant sa sœur, Octavie, sans pour autant renoncer à Cléopâtre, cela va sans dire. Considérée comme un modèle de vertu, Octavie n'est pas la compagne idéale pour un amateur de plaisirs de la trempe d'Antoine.

Octavien doit lui aussi se remarier. Il pense à Scribonia, femme hypnotisante même si elle est plus âgée que lui. Elle est liée à la famille de Sextus Pompée – le plus jeune fils de Pompée le Grand, qui dispose lui aussi d'une armée, avec laquelle il tient la Sicile. Un mariage politique, en somme, même s'il s'avérera inutile. Après avoir célébré son mariage, Octavien va en effet apprendre que Sextus Pompée a noué une alliance… avec Antoine !

L'un des poètes du cercle de Mécène, Virgile, une âme sensible et traumatisée par les guerres civiles, prophétise que de l'union entre Octavien et Scribonia naîtra un *puer*, un enfant qui mettra fin à l'âge du fer et inaugurera l'âge d'or. Le rêve de Virgile consiste en une régénération de l'humanité, une renaissance de l'idéal romain et universel après toute cette violence.

À l'ère chrétienne, on crut que le *puer* n'était autre que Jésus, né, effectivement, au temps d'Octavien Auguste, durant le recensement imposé dans tout l'Empire. Raison pour laquelle Dante vit en Virgile un précurseur du christianisme, tel le serviteur qui, un flambeau à la main, éclaire les pas de son maître en marchant à reculons.

Plus prosaïquement, le Moyen Âge prenait Virgile pour un magicien. Et, pendant des siècles, les Napolitains ont déposé des messages sur sa tombe pour qu'il leur vienne en aide ou qu'il accomplisse carrément un miracle. Comme pour Cicéron, rien ne prouve avec certitude qu'il s'agit bel et bien de sa tombe. Mais l'endroit est magnifique – un parc tourné vers la mer. Juste à côté repose un autre grand poète, Giacomo Leopardi. Il n'y a pas si longtemps, pour y arriver, il fallait se frayer un chemin au milieu d'une végétation luxuriante, façon Indiana Jones. Mais elle est de nouveau accessible au public.

Virgile se trompait dans sa prophétie, cependant. Les guerres ont continué. L'âge du fer ne s'est pas achevé. Et du mariage entre Octavien et Scribonia n'est pas né un *puer* mais une *puella*, une petite fille, Julie. Devenue une femme hors du commun, qui a toutefois apporté à son père davantage de soucis que de satisfactions.

Le jour où Julie vient au monde, Octavien divorce. Il veut une femme plus jeune : Livie, une aristocrate de dix-neuf ans seulement. Problème : elle est mariée, déjà mère d'un fils issu de cette première union, Tiberius Claudius Nero, et elle attend un deuxième enfant. Octavien l'oblige à se séparer de son mari et l'épouse alors qu'elle est enceinte de six mois. À la naissance du bébé, nommé Nero Claudius Drusus, Octavien le fait renvoyer chez son père, en disant d'un ton méprisant : « Ce n'est pas à moi. »

Cette part d'ombre du jeune Octavien resurgit en plus d'une occasion. Lorsqu'en Sicile il bat Sextus Pompée, toujours grâce à Agrippa, il fait crucifier six mille esclaves en fuite qui combattaient pour lui. Après quoi il se débarrasse de Lépide, exilé dans sa villa du mont Circé. À l'absence de scrupules, il ajoute l'astuce. Il fait pression sur sa sœur Octavie pour qu'elle rejoigne Antoine en Grèce. Mais Cléopâtre refuse d'avoir l'épouse légitime de son amant dans les pattes et persuade Antoine de la renvoyer d'où elle vient.

À Rome, le scandale est énorme. À une matrone romaine, Antoine préfère une souveraine étrangère, qu'il reconnaît comme reine d'Égypte, mais aussi de Chypre et de Libye : des terres que les légionnaires ont conquises au prix de leur sang. Pire : Antoine appelle Césarion « roi des rois », affirmant par là que ce dernier est le véritable héritier de César, son seul enfant mâle. L'ancien lieutenant de César écrit à Octavien des missives ordurières, pour lui rappeler qu'il n'est pas un modèle de fidélité conjugale : « Je parie qu'au moment où tu liras cette lettre tu auras triomphé de Tertulla, ou de Terentilla, ou de Rufilla, ou de Salvia Titisenia, ou peut-être de toutes.

Qu'importe, en effet, le lieu et l'objet de tes amours. » Puis, humiliation suprême, il répudie Octavie.

La guerre est inévitable. Et Octavien a un moyen de se mettre le peuple dans la poche.

Il sait qu'Antoine a déjà fait son testament et qu'il l'a remis aux vestales : il n'hésite pas à violer le temple, arrache le document des mains des vierges sacrées – comme Antoine l'avait fait avec le testament de César, déjà passé de vie à trépas cependant – et en donne publiquement lecture. Antoine demande à être enterré non pas à Rome mais à Alexandrie, auprès des pharaons. L'Égypte reviendra à Cléopâtre et Césarion tandis que leurs enfants, Hélios et Séléné, recevront d'autres terres en Orient. En résumé, c'est le démembrement de l'empire qui se profile. Le centre de gravité de l'empire passera de l'Urbs au delta du Nil.

L'annonce révolte les Romains. Quatre cents sénateurs, conscients de la force militaire d'Antoine, quittent certes la ville pour le rejoindre à Alexandrie, mais cela permet à Octavien de s'imposer comme le seul maître de Rome.

En Grèce, Antoine l'attend de pied ferme, avec dix-neuf légions.

C'est un grand chef de guerre, un homme qui aime passionnément le combat. Mais il a désormais cinquante-deux ans, vingt de plus que son rival. Et les charmes enjôleurs de l'Orient ont éteint son ardeur guerrière. Il manque même de perdre sa lucidité quand il découvre qu'Octavien a envoyé un émissaire à Cléopâtre, avec un message ambigu : il lui offre la paix et même son amour, à condition qu'elle tue Antoine.

Tout va basculer à Actium, un promontoire sur la mer Ionienne, au nord du Péloponnèse.

Antoine et Cléopâtre ont cinq cents navires, cent de plus qu'Octavien et Agrippa. Que se passe-t-il exactement sur place ? Le fait est que la flotte de Cléopâtre prend soudainement la fuite, estimant peut-être que la bataille est perdue. Celle d'Antoine se lance à sa poursuite. Pour la retenir ou pour fuir ?

Seule certitude : tout est perdu.

Sur cette bataille décisive, Virgile a écrit des pages très inspirées, avec Octavien trônant sur son vaisseau amiral et Antoine à la tête d'une horde barbare. Mais, en matière de tactique militaire, le grand écrivain n'y entendait hélas pas grand-chose. De toute manière, ce n'était pas son objectif.

Pour célébrer la victoire, Octavien commanda une tragédie à un autre poète, Lucius Varus Rufus, en lui versant une avance faramineuse pour l'époque : un million de sesterces. Properce et Tite-Live ont eux aussi été inspirés par le triomphe du nouvel homme fort de Rome. Seul Horace a refusé de lui rendre hommage. Ce qu'Octavien a très mal pris : « Sache que je suis fâché après toi, car tu me négliges dans tes œuvres. Aurais-tu peur de te compromettre aux yeux de la postérité, qui pourrait croire que tu es mon ami ? » lui a-t-il écrit. En résumé, Octavien reprochait à Horace de l'aimer tièdement et de rechigner à reconnaître sa grandeur.

Pourtant, après la défaite de Cléopâtre, Horace a écrit un poème resté célèbre, notamment pour son attaque : « *Nunc est bibendum.* C'est maintenant qu'il faut boire ». Là encore, le modèle est un poète grec, Alcée, qui, à la mort de l'odieux tyran Myrtilos, s'était réjoui : « Emplissez cette coupe, emplissez-la jusqu'au bord ; inondez votre cœur de ce doux nectar. » On a souvent rappelé qu'Horace qualifiait Cléopâtre de *fatale monstrum*. Sauf qu'en latin *monstrum* ne veut pas dire « monstre ». Mais « prodige ».

La preuve : Octavien fondit sur l'Égypte comme l'épervier sur une colombe, comme le chasseur sur un lièvre, mais Cléopâtre n'entendait pas devenir une proie. Pour rien au monde elle ne se serait laissé enchaîner : « Cherchant à mourir plus noblement, elle ne trembla point devant l'épée comme une femme, et elle ne gagna point, sur sa flotte rapide, des bords inconnus. Elle osa regarder d'un œil tranquille son palais renversé, manier courageusement des serpents irrités, afin que leur noir venin pénétrât son corps. »

Bref, Horace reconnaît le courage et la dignité de Cléopâtre dans ses derniers instants, à l'atmosphère trouble et fascinante, digne d'une tragédie shakespearienne.

Convaincu qu'elle était déjà morte, Antoine se poignarda, pour découvrir avant d'expirer qu'en réalité Cléopâtre était encore en vie. Plus tard, après avoir tenté en vain de séduire Octavien, elle se tua, peut-être en se laissant mordre par un aspic, brandi comme une lame. L'histoire finit par un double suicide. Exactement comme pour Roméo et Juliette.

Virgile pensait peut-être à Cléopâtre quand, dans l'*Énéide*, il met en scène Didon séduisant Énée. Dante, pour sa part, place côte à côte Cléopâtre et Didon parmi les âmes luxurieuses, à côté d'Hélène, Sémiramis et, évidemment, Paolo et Francesca.

Octavien entre à Alexandrie et, se souvenant de l'exemple de César avec Pompée, il pleure la mort d'Antoine. En revanche, il ne se prive pas de lire certains de leurs échanges épistolaires en public. Entre le ton littéraire et conciliant du vainqueur et celui, rugueux et agressif, de son ennemi, la distance est palpable. Il fait tuer Césarion et, tant qu'à faire, également Antyllus, le fils qu'Antoine a eu avec Fulvia. Seule Cléopâtre lui a échappé. Lors de son triomphe, il doit se contenter de tirer une statue de la reine, allongée sur son lit de mort, avec les jumeaux Hélios et Séléné enchaînés. Personne ne touche aux deux filles qu'Antoine a eues avec Octavie : elles restent les nièces d'Octavien.

Parmi les sénateurs qui ont pris parti pour Antoine, certains sont tués sur place, les autres sont bannis de Rome. Mais, pour éviter de finir comme César, Octavien se rend toujours au Sénat vêtu d'une cuirasse sous sa tunique et entouré de dix hommes de confiance. On n'est jamais trop prudent…

Devenu maître de Rome, le futur Auguste se concentre sur ce qu'il sait faire de mieux : gouverner. Avec lui, la ville renaît. Et l'Empire voit le jour.

Il fait construire un nouveau Forum, où sa statue trône à côté de celles d'Énée et de Romulus, respectivement l'ancêtre et le fondateur de Rome. Il impose le port de la toge, on ne peut plus simplement s'y rendre en tunique et en cape. Des rues entières sont interdites aux chars : Octave est également l'inventeur de la zone piétonne.

Les sénateurs ont droit à une place au premier rang dans les spectacles. En contrepartie, ils ont l'interdiction de monter sur scène, ne serait-ce qu'une seule fois dans leur vie. Qu'importe : Rome fait travailler des acteurs parlant toutes les langues, en plus des athlètes, des auriges, des gladiateurs. Avec la plèbe, Octavien se montre généreux : deux cent cinquante mille Romains ont le droit de recevoir du blé, de l'huile et du vin gratuitement. Sur la rive droite du Tibre, on creuse un immense bassin pour recréer la bataille de Salamine, qui avait opposé Grecs et Persans. Un spectacle grandiose, avec trois mille figurants.

Pour la première fois, l'Italie est divisée en *regiones*. Onze, contre vingt aujourd'hui. Le Latium et la Campanie ne font qu'un, comme la Lucanie et le Bruttium, l'Apulie et la Calabre, la Vénétie et l'Istrie, qui vont de Bergame à Pola, comme au temps de la Sérénissime[1]. À quoi il faut ajouter le Samnium, le Picenum, l'Ombrie, l'Étrurie, l'Émilie, la Ligurie, la Gaule transpadane. La Sicile, la Sardaigne et la Corse sont des provinces indépendantes. Des régions autonomes, si vous préférez.

Le pouvoir – l'*imperium* – d'Octavien est aussi immense que sa richesse : ses terres sont travaillées par cent mille esclaves. Mais sa personnalisation du pouvoir en dérange plus d'un.

Même ses amis de toujours sont partagés. Agrippa lui fait remarquer que le peuple ne goûte pas le pouvoir absolu : il aura du mal à l'exercer. À l'inverse, Mécène l'invite à s'emparer des rênes et à ne pas les lâcher : « Le peuple doit être gouverné par un seul. Sans quoi tu te trahirais toi-même et tu trahirais la patrie. Si le nom de roi, exécré par tous, t'effraye, agis sous le nom de César. Tu ne seras envié par personne. » Une solution géniale : éviter les titres du passé pour prendre celui qui, des siècles durant, sera synonyme de l'Empire, César ! L'idée plaît à Horace. « *Tua, Caesar, aetas* » (« Ton siècle, César »),

1. Surnom donné à la république de Venise (VIIIe – XVIIIe siècle).

écrit-il. Une nouvelle ère commence, où les moissons seront abondantes, et les mœurs des ancêtres, restaurées.

On écarte l'idée de lui attribuer également l'appellation de Romulus, un souvenir direct de la monarchie. Qu'on l'appelle *princeps*, à la rigueur : le premier des Romains. Mais aussi Auguste, un nom inventé pour lui, une solution de moyen terme entre *augur* (l'augure, le devin) et *auctoritas* (l'autorité) : le signe que le pouvoir religieux et le pouvoir civil coïncident désormais. Cette fois, l'appellation convainc Virgile, qui fait dire à Anchise montrant sa future descendance à Énée : « Voici César Auguste, du sang des dieux, qui rappellera l'âge d'or dans le Latium. »

Si *Quintilis* était devenu juillet en l'honneur de Jules César, né au cours de ce mois, le suivant, *Sextilis*, devient août en l'honneur d'Auguste (même s'il est, en réalité, né un 23 septembre). Il se fait également construire un tombeau au bord du Tibre, rompant la tradition selon laquelle personne ne pouvait être enterré dans l'enceinte de la ville. À l'intérieur de cette *Ara Pacis*, il fait également sculpter le visage de ses proches.

Auguste est peut-être le premier homme de l'histoire dont presque tous les contemporains connaissaient le visage, fût-il opportunément embelli. On a retrouvé, éparpillées aux quatre coins du monde romain, au moins deux cent cinquante statues à son effigie. La propagande a une place considérable, aussi bien celle qui s'adresse au peuple que celle conçue pour l'élite et les lettrés, dont s'occupe Mécène avec ses amis.

Auguste pense désormais à l'Empire sans se cacher, à une dimension universelle. Trois recensements le prouvent : le premier fait état de quatre millions de chefs de famille, le dernier, de cinq millions. À noter qu'on exclut du décompte les femmes, les enfants et les esclaves.

Une flotte romaine navigue en mer du Nord, des ambassadeurs arrivent de l'Inde. Dans ses *Res gestae*, le résumé de sa vie, Auguste tiendra à rappeler que des rois déchus ont sollicité son aide pour récupérer leur trône. Leurs noms évoquent tout un univers : « Le roi mède Artavasde, le roi de l'Adiabène Artaxarès, les rois de Bretagne Dumnobellaunus et Tincommius... » À Rome, on ferme les portes du temple de Janus, signe que les guerres (civiles, du moins) sont terminées.

Horace compose son *Chant séculaire*, où il s'adresse au soleil : « Bienfaisant soleil, [...] puisses-tu ne rien voir dans ton cours de plus grand que notre Rome. » Des mots que, deux mille ans plus tard, Giacomo Puccini traduira en musique, dans son *Hymne à Rome* de 1918, quelques années avant que le fascisme ne se l'approprie.

Une formidable machine de guerre

L'empire d'Auguste est celui de la raison.

On réorganise les services fiscaux. Longtemps, la perception des impôts a été confiée à des opérateurs privés qui, sans surprise, pressuraient la population autant qu'ils le pouvaient. Dorénavant, c'est à un fonctionnaire de l'empereur que reviendra cette charge, le *procurator*.

On améliore les routes et les services postaux. Pour la première fois dans l'histoire, de nombreux hommes peuvent vivre et mourir à des centaines de kilomètres du lieu qui les avait vus naître, manger des produits cultivés dans les contrées lointaines, adorer des divinités importées des régions les plus reculées d'Orient, lire des ouvrages écrits ailleurs, échanger des marchandises qui ont fait de longs voyages : de l'huile d'Espagne, du vin de Gaule, du blé d'Afrique du Nord, des épices d'Égypte, des défenses d'éléphant d'Éthiopie, de la laine de ce que nous appelons aujourd'hui la Turquie, du bois de cèdre du Liban... Les marchandises font aussi voyager les cultures, les idées, les croyances, ou du moins les superstitions.

Être soldat devient officiellement un métier : le service dure six ans, au bout desquels un légionnaire reçoit son congé (*honesta missio*) quoi qu'il arrive. En théorie, plus personne ne dépend de son commandant. Tout le monde obéit à l'État, c'est-à-dire à Auguste.

Le succès des armées romaines est tel que Tite-Live s'amuse à se demander : si Rome avait dû affronter les Macédoniens d'Alexandre le Grand, qui serait sorti vainqueur ? Il en conclut que les légions l'auraient emporté sur les phalanges, pour deux raisons. Tout d'abord, la réserve presque inépuisable de renforts en provenance des quatre coins de l'Empire : Rome pouvait perdre une bataille, pas la guerre. Mais aussi la meilleure organisation au monde. Les Macédoniens dépendaient d'un chef charismatique ; les Romains avaient une chaîne de commandement disciplinée qui remontait du centurion jusqu'à l'empereur. D'ailleurs, l'empire romain dominera le monde pendant des siècles sans que l'histoire retienne le nom d'un seul de ses généraux (hormis César, qui était autre chose, et bien davantage). Tout le monde se souvient à la rigueur des ennemis de Rome : Pyrrhus, Hannibal, Mithridate. À ceci près qu'eux n'affrontaient pas un chef de guerre entouré de son armée mais un système, une stratégie, une culture militaire, une ville et un État qui, bien avant l'invention de ce terme, pouvait déjà être considéré comme un empire.

Voilà pourquoi, selon Tite-Live, Auguste aurait vaincu Alexandre, sans même croiser le fer avec lui sur le champ de bataille.

La seule fierté nationale ne suffit pas à expliquer ce raisonnement. Le légionnaire romain n'était pas un guerrier : c'était un soldat. Son but n'était pas d'avoir une mort glorieuse mais une vie meilleure, grâce à l'or ravi à l'ennemi et aux terres distribuées par leurs commandants victorieux. Le général n'était pas une figure héroïque qui menait les assauts pour vaincre ou mourir : c'était un organisateur patient, qui fluidifiait les communications et dressait des fortifications, il savait que le temps jouait pour lui et était prêt à attendre que l'ennemi se rende, affamé, plutôt que d'attaquer bille en tête et déclencher un bain de sang.

Les légionnaires d'Auguste et de ses successeurs étaient comme Rafael Nadal sur un terrain de tennis : pas toujours en mesure de l'emporter, mais capables d'user l'adversaire, et donc très difficiles à battre.

Pourtant, c'est sous le règne d'Auguste que Rome a connu l'une des défaites les plus humiliantes de son histoire.

Auguste a le sens de l'amitié. Le sens de l'humour, aussi. Il moque Horace pour son ventre rebondi mais lui permet d'enfreindre les règles interdisant le célibat pour qu'il n'ait jamais à se marier. Il appelle Mécène « le chouchou des prostituées ». Il prend sous son aile Virgile et lui rend ses terres le long du Mincio, près de Mantoue, dont on l'avait dépossédé pour les distribuer aux vétérans.

Mais, surtout, Auguste est un moraliste. Il redoute les excès. Il fait éloigner de Rome les étrangers jugés fainéants, dont les astrologues et les devins, mais pas les médecins et les enseignants. Il brûle les livres de prophéties qui séduisent l'esprit des plus simples, mais pas les livres sibyllins, dont il fait néanmoins supprimer les passages hostiles à l'autorité d'un homme seul. Il veut que les Romains fassent davantage d'enfants : il récompense donc les familles nombreuses, impose à tous les hommes de moins de soixante ans de se marier et aux femmes de se consacrer à leur famille en renonçant au luxe, aux vêtements précieux, aux bijoux, aux banquets.

Lorsqu'une femme met au monde des quintuplés, on lui fait ériger une statue. Il s'agace de voir des jeunes que nous qualifierions aujourd'hui de *gender fluid*, sans identité sexuelle définie, souvent épilés et habillés avec un goût qu'il trouve efféminé. Il maudit les célibataires – « Par votre faute, Rome sera bientôt dominée par ses ennemis » – et fait l'éloge des pères de famille : « Tous ensemble, au fil des générations, nous sommes pareils à ces flambeaux qui passent de main en main, et nous assurent l'immortalité. » Difficile de ne pas penser (dans un autre contexte, évidemment) au « flambeau qui passe à une nouvelle génération d'Américains » évoqué par John Fitzgerald Kennedy lors de son discours d'investiture.

Auguste plafonne les sommes qu'il est possible de débourser les jours ouvrables et celles, un peu plus hautes, les jours fériés. Seule exception : les mariages, où chacun peut dépenser sans compter ! Il délaisse les litières, préférant se déplacer à pied, s'arrête volontiers pour parler avec les passants, comme aimait le faire César. Mais, lorsqu'il entre au Sénat, il fait signe à tout le monde de rester assis. Mieux vaut ne pas froisser les sénateurs : avec eux, on ne sait jamais... Durant les épidémies de peste, il se montre pour distribuer de la nourriture et réconforter les malades, comme s'il était immunisé. Immortel, presque.

Lorsque le gouverneur de l'Égypte, Cornelius Gallus, un homme du cercle de Mécène, perd la tête et commence à graver des inscriptions à sa propre gloire sur les obélisques, Auguste le démet de ses fonctions. De honte, l'homme se suicide. Mais lorsqu'un autre de ses amis, Nonius Asprenas, est traîné devant la justice pour meurtre, Auguste se rend au tribunal et, sans dire un mot, prend place à côté de l'accusé. Les magistrats jugent bon de l'acquitter.

La victime préférée de ses moqueries est son beau-fils Tibère, le premier-né de sa femme Livie. Auguste ne l'aime pas. Et pas seulement parce que son père naturel s'était rangé du côté d'Antoine. Tibère lui fait l'effet d'un jeune vieillard, avec son latin désuet. L'empereur préfère Marcellus, fils de sa sœur Octavie et, donc, son neveu – il devient également son gendre, Auguste lui donnant pour épouse sa fille Julie, quatorze ans à peine.

Durant le triomphe commémorant la bataille d'Actium, Marcellus et Tibère suivent le *princeps* à cheval. À un détail près : Marcellus est à sa droite, à la place d'honneur, et Tibère, à sa gauche. Tous deux accompagnent Auguste lors de sa campagne en Espagne, contre les populations rebelles de la

Cantabrie et des Asturies. En guise de mascottes, essentiellement : ils organisent des jeux pour les soldats et, quand le commandant en chef tombe malade et se retire dans le camp de Tarragone, la cité catalane qui abrite encore un merveilleux amphithéâtre au bord de l'eau, ils restent à ses côtés pour lui tenir compagnie.

Avec Marcellus, l'entente est immédiate. Auguste le considère comme le fils qu'il n'a jamais eu. Agrippa voit même cette affection d'un mauvais œil. Se sentant négligé, le général part pour l'Orient, à Mytilène, sur l'île de Lesbos.

Et puis, soudain, la roue de la fortune se décide à tourner.

Marcellus meurt à vingt ans, d'une maladie mystérieuse. Auguste l'a confié à son médecin personnel, Antonius Musa, un ancien esclave grec qui soigne les douleurs et les faiblesses du souverain avec des bains glacés – de la cryothérapie avant la lettre. Mais le froid envoie Marcellus *ad patres* en quelques jours, pour la plus grande joie des perfides rivaux romains du médecin de cour.

Auguste est dévasté. Il compose des vers en l'honneur du jeune défunt, déclame son oraison funèbre, lui dédie le grand théâtre au pied du Capitole, dont les vestiges – trois rangées d'arcades soutenant un palais médiéval – portent aujourd'hui encore le nom de théâtre de Marcellus. Pour célébrer sa mémoire, on organise de grands combats lors desquels les gladiateurs tuent six cents animaux féroces. Hélas, le siège sur lequel Auguste assiste au spectacle se brise et l'empereur fait une chute humiliante. Ému, Virgile intègre Marcellus dans l'*Énéide*, en souvenir de cette promesse manquée.

Le moins malheureux est Agrippa, triomphalement rappelé par sa patrie. Auguste lui donne pour épouse sa fille Julie, restée veuve à vingt et un ans. Le général en a exactement le double, quarante-deux. Mécène, qui voit en lui un rival dans le cœur d'Auguste, commente : « Cet homme était à un carrefour : il pouvait être tué ou devenir le gendre de l'État. » La seconde option l'a emporté.

Le 21 septembre 19 av. J.-C., Virgile meurt, à cinquante et un ans. Le voyage qui l'a mené d'Athènes à Brundisium en compagnie d'Auguste l'a vidé de ses forces. L'empereur exigeait que le poète lui lise l'*Énéide* à haute voix. Mais le poète n'y tenait guère : il craignait que certains passages ne soient pas du goût du son illustre auditeur. Or il n'avait pas la moindre envie de les retoucher. Avant que la tuberculose ne l'étouffe, il avait ordonné que son œuvre soit détruite. Mais Auguste a exigé qu'elle soit sauvée et publiée.

Avec Ovide, en revanche, l'empereur se montre intraitable. Il l'envoie en exil sur la mer Noire, à Tomis, et fait brûler son *Art d'aimer* sur le Forum. À Rome, on dit que le poète a eu une aventure avec la fille du *princeps*, Julie. Mais il circule une rumeur encore plus scabreuse : Ovide aurait assisté à des ébats érotiques entre le père et la fille, chose inqualifiable, surtout de la part d'un moraliste affiché comme Auguste. Le poète lui-même semble y faire allusion dans ses *Métamorphoses*, où il narre l'histoire d'Actéon transformé en cerf pour avoir surpris Diane qui se baignait avec les jeunes filles de son cercle : « Il fut changé en cerf, et ses chiens de son sang s'abreuvèrent ; mais il n'était point coupable : le hasard seul le perdit. Une erreur pouvait-elle donc le rendre criminel ? » Auguste aurait imité Diane, et Ovide, Actéon : injustement puni pour avoir violé l'intimité du nouveau dieu de Rome.

De temps à autre, on découvrait un complot visant à tuer l'empereur. Dans pareil cas, la peine de mort était inévitable, même quand le coupable était un proche. On supplicia même Varron, le frère de Terentia, femme de Mécène et peut-être maîtresse d'Auguste.

D'autres manifestèrent leur désaccord de manière pacifique, en défilant sur le Forum. Compréhensif, l'empereur retira certaines de ses mesures les plus drastiques contre le luxe et en faveur des naissances. Il passa en revanche un décret détestable à nos yeux mais resté en vigueur dans le Code pénal italien jusqu'en 1981 : le crime d'honneur. Un père ou un mari qui tuait sa femme ou sa fille après l'avoir découverte avec un autre homme n'avait pas à payer pour son crime. Cette fois, ce furent les femmes qui se rebellèrent : un cortège occupa le Forum. Lors des procès qui suivirent, les matrones allèrent même jusqu'à se déclarer comme prostituées, les seules à échapper à ces nouvelles lois moralisatrices.

Une fille répudiée, un héritier mal aimé

Julie donnera cinq petits-enfants à Auguste : Caius, Lucius, Julia la Jeune, Agrippine et Agrippa, dit Postumus car, entre-temps, son père est mort, épuisé par la guerre en Pannonie (la Hongrie actuelle).

Auguste décide d'adopter ses deux premiers petits-enfants, à qui il attribue le nom de Caius César et Lucius César. Pas question de reconnaître comme héritier Tibère, malgré l'insistance de sa mère, Livie, l'impératrice dont l'influence grandit de jour en jour à Rome. En échange, elle obtient que Tibère épouse Julie, la fille d'Auguste, restée veuve à nouveau.

Tibère voit cette union d'un très mauvais œil : il aime sa femme, Vipsania Agrippina, la fille d'Agrippa, qui lui a donné un enfant et est enceinte d'un deuxième. Seulement, Auguste refuse d'entendre raison : il faut qu'Agrippina soit répudiée. Tibère le vit très mal. Lorsqu'il la croise dans la rue, il la regarde avec des yeux remplis de larmes. Julie ne lui donne qu'un seul fils, qui meurt en bas âge. Tibère connaît la sexualité débridée de sa nouvelle épouse, qu'il n'apprécie guère. On dirait qu'étant toujours obligée, pour des raisons politiques, d'épouser des hommes qu'elle n'aime pas, Julie veut revendiquer sa liberté. Il décide donc de faire chambre à part et quitte Rome pour la guerre.

À la différence d'Auguste, Tibère est un excellent chef militaire. Avec son frère Drusus, il imagine un mouvement de tenaille pour l'emporter sur les peuples germains qui vivent au-delà des Alpes, les Vendéliques en Bavière et les Rhètes dans le Tyrol (d'où le nom d'Alpes rhétiques). Auguste inclut les peuples vaincus dans l'orbite romaine, instaurant pour eux la province de Rhétie et le royaume de Norique, qui étend ainsi les frontières de l'Empire jusqu'au Danube.

Après quoi Tibère et Drusus écrasent la Dalmatie, envahissent la Pannonie, qui s'était rebellée après la mort d'Agrippa, et mettent cap au nord, jusqu'à l'Elbe. Tibère rentre à Rome pour célébrer son triomphe bien mérité. Alors qu'il est déjà en Italie, il apprend que son frère est tombé de cheval et qu'il s'est cassé la jambe. Présageant le pire, il franchit les Alpes pour retourner sur l'Elbe depuis le Tessin, chevauchant jour et nuit. Il a tout juste le temps de serrer Drusus dans ses bras avant qu'il expire.

Même à l'apogée de leur puissance, le sort ne manquait jamais l'occasion de rappeler leur fragilité et leur condition de mortels aux Romains de l'Antiquité.

Tibère rentre de Germanie à pied. Le triomphe se transforme en cortège funèbre. Même Auguste est affecté. Il aimait Drusus, avec qui il partageait des parties de dés : chaque fois qu'il perdait, il poussait des cris déchirants qui amusaient l'empereur. « *Dulce et decorum est pro patria mori* », écrit Horace. Il est doux et honorable de mourir pour sa patrie. Sans doute oubliait-il la fois où il s'était débarrassé de son bouclier, qui le ralentissait, à la bataille de Philippes…

Voyant que, malgré ses victoires, Auguste lui préfère ouvertement ses petits-enfants Caius et Lucius, nommés consuls à quinze ans, Tibère prend la même décision qu'Agrippa : cap sur l'Orient. Il laisse derrière lui sa femme, Julie, qui le trompe sans le moindre scrupule, allant même jusqu'à offrir des banquets en l'honneur de ses amants. Parmi eux, le fils de Marc Antoine, Iullus Antonius. On raconte qu'elle organise des orgies en plein air et qu'elle fête chaque adultère en allant fleurir la statue de Marsyas, le satyre, évidemment représenté nu et pas au repos. Tibère abandonne également son tout jeune fils, appelé Drusus en hommage à son frère bien-aimé. Il fait la sourde oreille aux arguments d'Auguste et aux prières de sa mère (« Pas de folies, mon fils, l'avenir t'appartient ») : le voilà donc parti en exil volontaire à Rhodes, où Cicéron et César s'étaient rendus pour perfectionner leurs connaissances en rhétorique. Il n'a que trente-six ans.

Outré par l'attitude de sa fille, Auguste la fait exiler sur l'île de Ventotene, au large de la Campanie. Elle pleure, elle implore. Soit : il lui permet de s'installer à Rhegium Julium (Reggio Calabria). Tant qu'elle ne remet plus jamais les pieds à Rome ! Selon certains, il aurait même envisagé de la faire tuer. Tous ses amants sont eux aussi envoyés en exil, à l'exception du fils de Marc Antoine : condamné à mort, il se suicide. D'autres murmurent que l'empereur est secrètement amoureux de la chair de sa chair : Caligula dira que sa mère, Agrippine, est née de la liaison incestueuse entre Auguste et Julie.

L'empereur sent que son déclin approche. Lui qui n'a jamais aimé se laver, il prend souvent de longs bains chauds pour méditer et dresser le bilan de tout ce qu'il a vécu. Il aimerait écrire ses mémoires mais a conscience de ne pas avoir la plume de César. En contrepartie, il tient un journal, où il note l'ensemble des œuvres dont il est le commanditaire : les bibliothèques, les aqueducs, les routes (il a fait reconstruire à ses frais la via Flaminia, qui relie Rome à Rimini), la restauration de quatre-vingt-deux temples. « J'ai trouvé une Rome de briques, j'ai laissé une Rome de marbre », fait-il valoir.

Le plus beau monument de cette époque est le Panthéon. Juste à côté, ce sont les premiers thermes publics qui voient le jour. On sculpte quatre statues d'Auguste à pied, à cheval, à la tête d'un quadrige. Son air martial s'accentue à mesure que la faiblesse et la maladie le gagnent. L'empereur rédige des épigrammes : « *Fugit hora, jocemur !* » « L'heure passe, plaisantons… », aurait-il écrit. Il commence la rédaction d'une tragédie, *Ajax*, restée inachevée. Dans son autobiographie, il s'arrête à la guerre en Cantabrie. Pour le reste, il se contentera des *Res gestae*, cette longue liste de phrases commençant toutes par : « J'ai fait… » Superstitieux, il ne se sépare jamais de son talisman, une peau de phoque. Une nuit, un éclair frôle sa litière, foudroyant un serviteur. Il remercie Jupiter de l'avoir sauvé.

Il ignore que le destin lui réserve de terribles épreuves.

« *Varus, rends-moi mes légions !* »

En l'an 8 av. J.-C., sept cent quarante-cinq ans après la fondation de Rome, la culture latine subit deux pertes irréparables. Fin septembre, Mécène meurt. Le 27 novembre, c'est au tour d'Horace. Tous deux laissent leur fortune à Auguste, qui annonce son intention de ne plus jamais sortir de Rome, en signe de deuil. Ce ne sont pas seulement une figure phare de la politique culturelle et un immense poète qui viennent de disparaître : les artistes du cercle d'Auguste avaient créé une idée, le gouvernement universel, la paix pour tous les hommes… sous le commandement d'un seul, bien entendu.

Quelque temps plus tard, l'empereur a une vision. Alors qu'il se trouve au Capitole, une curieuse intuition s'empare de lui : quelque chose d'incroyable et d'inexplicable s'est produit en Judée, il le sent.

Pour les auteurs chrétiens, c'est tout sauf un hasard si Jésus est né au temps d'Auguste. Et pas seulement parce que le recensement voulu par l'empereur avait obligé Joseph à retourner dans son village natal, Bethléem, afin que les prophéties puissent se réaliser. Si le fils de Dieu devait revenir dans le monde et dans l'histoire, il fallait que ce soit en plein âge d'or. Pourtant, même si, pendant des siècles, les chrétiens ont tenu les juifs pour responsables, ce sont les Romains qui ont crucifié Jésus. Ces mêmes Romains qui, quelques années plus tard, chassèrent son peuple en détruisant le temple de Jérusalem, événement qui marqua le début de la diaspora. Des coïncidences qui, nous le verrons, ont inspiré les écrivains, les artistes et les réalisateurs pour les siècles à venir.

À cette même période, Auguste mûrit sa décision de rappeler Tibère de son exil. Huit ans après, Livie peut à nouveau serrer son fils entre ses bras. L'empereur aurait-il eu un pressentiment ? Le fait est que les deux jeunes héritiers désignés n'ont plus beaucoup de temps à vivre…

Le jeune Lucius César part pour l'Espagne. Mais, à Massilia (Marseille), il tombe soudainement malade et meurt. À Rome, il se murmure que Livie l'a fait empoisonner.

Deux ans plus tard, son frère, Caius César, est blessé en Arménie, où on l'a envoyé mater une révolte. Le chef rebelle, Addon, demande une entrevue avec Caius. Mais il sort une dague pour le frapper en traître. La blessure n'a pas l'air grave et les légions ont facilement raison des Arméniens. Lors du voyage retour, l'état de Caius se dégrade, et il meurt, à vingt-trois ans. À nouveau, on soupçonne une intervention de Livie.

Auguste replonge dans la dépression. Il fait placer les cendres de ses deux petits-enfants dans son mausolée, à côté de celles de Marcellus. Il remplit Rome de leurs bustes, ordonnant que les visages de Caius et Lucius ressemblent le plus possible au sien. Et il se résigne à adopter Tibère. À l'évidence, celui-ci sera son successeur, faute d'autre possibilité : les autres sont tous morts. Il reste bien Agrippa Postumus, le plus jeune des petits-enfants d'Auguste. Mais son homosexualité le conduit à l'exil sur l'île de Pianosa, au sud de l'île d'Elbe. Un sort également réservé à Julie la Jeune, pour la punir de ses amours libres : elle part pour Trimerus, aujourd'hui San Domino, la plus grande des îles Tremiti, destinées, des siècles plus tard, à devenir un lieu de détention et d'exil. L'archipel est désormais un paradis pour touristes et abrite la maison où le chanteur italien Lucio Dalla a écrit quelques-unes de ses plus belles chansons.

Le 26 juin de l'an 4 de notre ère, Tibère est solennellement adopté comme fils par Auguste. Livie peut enfin souffler.

En dépit d'un caractère qui n'a rien d'aimable ni de brillant, Tibère se révèle être un chef militaire intelligent et courageux. Pendant quatre ans, il combat en Germanie, battant les tribus locales les unes après les autres. Mais quand, à l'automne de l'an 9, il rentre à Rome, une terrible nouvelle l'attend.

Trois des meilleures légions – la 17e, la 18e et la 19e – ont été détruites. Leur commandant en chef, Quintilius Varus, est tombé dans le piège d'Arminius, chef des Chérusques, un peuple allié de Rome. Il faut dire que Varus n'est pas un soldat : c'est un juriste. Il n'était pas dans le nord-ouest de la Germanie pour conquérir une province mais pour l'organiser : les Romains estimaient que ces terres étaient désormais à eux. Alors que les soldats regagnaient leur campement hivernal au bord du Rhin, se frayant un chemin à coups de hache dans la forêt de Teutobourg, ils ont été pris en traîtres.

Les Germains n'ont pas fait de prisonniers. Les survivants ont été crucifiés ou enterrés vivants. Aux arbres de la forêt, on a accroché des milliers de têtes aux yeux arrachés. La tête de Varus, elle, est envoyée à Rome.

Depuis l'époque de la grande victoire d'Hannibal à Cannes et celle de la défaite de Crassus contre les Parthes, aucune armée romaine n'avait été humiliée de la sorte.

Auguste passe la journée à pleurer. « Varus, rends-moi mes légions ! » se désole-t-il. C'était une erreur de confier le sort de la guerre en Germanie à un personnage sans envergure. À son arrivée en Syrie en tant que gouverneur, la province était riche, et lui, pauvre. Et à son départ la province était pauvre, et lui, riche. Tel est le jugement sans appel de Velleius Paterculus, un historien de l'époque.

La défaite de Teutobourg constitue un moment charnière dans l'histoire de Rome. Si, en Germanie, on parle aujourd'hui allemand et pas une langue néo-latine, on le doit à Arminius. À l'avenir, les Romains chercheront à peaufiner leurs frontières mais renonceront à leurs projets de conquête. Les légions détruites ne seront jamais reconstituées : on commencera à dire que ces nombres sont de mauvais augure. Dès lors, le 17 deviendra un chiffre porte-malheur dans le monde latin.

À Capri, la dernière fois

Vers la moitié du mois de mai 14, un éclair frappe la statue d'Auguste sur le Capitole. Sans l'endommager, certes, mais le *C* de *Caesar* tombe. En latin, cette lettre correspond au nombre cent. Conclusion des devins : l'empereur n'a plus que cent jours à vivre.

Auguste prend cet avertissement très au sérieux et se prépare à sa fin. Il se rend à Pianosa, auprès de son petit-fils Agrippa Postumus, après avoir donné des ordres : ni lui ni sa mère Julie ne reposeront jamais dans le mausolée familial. Conscient que la mort arrive pour lui, l'empereur s'adoucit. N'a-t-il pas été trop sévère avec Tibère ? Il l'invite donc à Capri. Un voyage sous le signe du destin : des années plus tard, une fois devenu maître de Rome, Tibère se retirera là-bas pour exercer le pouvoir à l'abri du monde et retrouver le charme de cette vie insulaire qu'il avait pu goûter lors de son long exil à Rhodes.

Auguste boite. Sa jambe gauche ne le soutient plus. D'ordinaire, il s'appuie sur sa femme Livie. Mais désormais il ne rechigne pas à solliciter l'aide de Tibère.

Au large de Pouzzoles, son navire en croise un autre, en provenance d'Alexandrie. Les passagers sont de jeunes hommes vêtus de blanc et entourés de guirlandes de fleurs. Suétone raconte qu'ils réservent un accueil enjoué à Auguste. En son honneur, ils brûlent de l'encens et le remercient : « Nous te devons notre salut, notre commerce, notre liberté et tous nos biens. » Exagéré ? Peut-être. Quoi qu'il en soit, avec le voyage de ce navire parti d'Égypte, nous tenons la première croisière en Méditerranée de l'histoire. Touché, Auguste distribue à chaque passager quarante pièces d'or.

À Capri, l'empereur ne s'arrête que quatre jours, égayé par les éphèbes qui font la célébrité de l'île, grecque par sa langue et sa culture. Dix-neuf siècles plus tard, le baron Fersen accueillera de jeunes hommes peu farouches dans sa somptueuse villa néoclassique, construite pile sous celle de Tibère (qui n'était pas un modèle de vertu, lui non plus) : il ne fera que remettre au goût du jour les traditions gréco-romaines.

Sur le chemin du retour à Rome, à Nola, Auguste meurt. Nous sommes le 19 août 14, soit moins de cent jours après le présage de la foudre.

Tacite écrit qu'il a été assassiné par sa femme, pressée que le pouvoir passe entre les mains de Tibère. Dion Cassius entre dans les détails et affirme que Livie a empoisonné des figues, dont l'empereur était friand. Mais comment croire que la pieuse impératrice ait pu simplement imaginer un crime aussi infamant ? En tous les cas, dès qu'Auguste a fermé les yeux, des assassins sont partis pour Pianosa avec pour mission de faire disparaître son petit-fils Agrippa Postumus de la surface de la terre.

Avant d'expirer, Auguste a réclamé un miroir, il s'est fait coiffer et colorer les joues. Une fois maquillé comme un acteur, il a demandé aux courtisans s'il avait bien joué son rôle dans la comédie de la vie. Puis il a pris congé, en grec, par la phrase qui refermait les représentations théâtrales : « Si vous avez pris goût à ces délassements, ne leur refusez pas vos applaudissements. »

Au terme de ce règne long de quarante et un ans, Rome ne retrouverait plus jamais un leader de cette envergure, tout le monde en avait conscience. D'entrée de jeu, Auguste avait fait preuve d'une intransigeance qui n'avait d'égale que sa lucidité. Chez lui, la cruauté n'avait jamais été une fin en soi : c'était un homme dur, pas sadique. Il avait toujours une logique. Il a préféré la bonhomie à la bonté. Il a su utiliser les faiblesses de son corps et sa santé chancelante pour avoir l'air à plaindre. Mais, au moment d'agir, sa main et son esprit n'ont jamais tremblé. Pour lui, un demi-million de légionnaires s'étaient battus. La réforme de l'armée, désormais constituée de professionnels, fut l'une des empreintes les plus profondes qu'il laissa. La République, centrée sur le citoyen-soldat, n'était désormais plus qu'un souvenir. « Auguste gagna les soldats par des largesses, la multitude par l'abondance des vivres, tous par les douceurs du repos », a ainsi écrit Tacite.

Les guerres civiles appartenaient au passé, pour le moment, du moins. L'État, pensé et refondé par Auguste, durerait plus de quatre siècles et, dans sa version orientale, mille années supplémentaires.

Sur son mausolée et dans les principales cités de l'Empire, on écrivit sur une plaque de bronze ses *Res gestae*, la synthèse de ses exploits, racontées à la première personne : « En Éthiopie, je suis allé jusqu'à la place forte de Nabata, dont la ville la plus proche est Méroé. En Arabie, mon armée a avancé jusque dans le territoire des Sabéens, à la place forte de Mariba. J'ai reçu plusieurs ambassades de rois indiens ; les Bastarnes, les Scythes, les rois des Sarmates, qui sont en deçà et au-delà du fleuve Tanaïs, ont désiré notre amitié… » On croirait lire le résumé d'un roman d'aventures, rempli de ces noms exotiques qui ravissaient les Romains de l'Antiquité.

Tibère n'était pas son premier choix, Auguste ne s'en est d'ailleurs pas caché dans son testament, qui commençait par ces mots : « Puisqu'un sort funeste [*atrox fortuna*] m'a enlevé mes fils Gaius et Lucius, je nomme Tibère César mon héritier pour une moitié plus un sixième. » Si son patrimoine revenait en grande partie à l'État, trois millions de sesterces furent distribués à la plèbe romaine, à la manière de César.

Tandis que le corps était brûlé sur le Champ de Mars, on libéra un aigle pour signaler qu'Auguste, comme César avant lui, était devenu un dieu. Sa veuve Livie resta cinq jours pieds nus, le temps que les cendres refroidissent. Derrière cette démonstration de dévouement conjugal, certains ont vu l'ombre d'un remords. Et quand un homme jura qu'il avait vu son défunt mari monter au ciel, dix-neuf ans avant Jésus, Livie lui offrit un million de sesterces en guise de récompense.

Dans un épisode de *Sandman* – une BD culte en Angleterre et aux États-Unis, devenue depuis une série Netflix –, le personnage principal n'est autre qu'Auguste. L'empereur passe une journée entière dans la peau d'un mendiant afin de réfléchir sur la condition humaine et l'avenir de Rome, à l'abri des regards des dieux. Dans son sommeil, il reçoit la visite de Sandman, le Marchand de Sable, le Seigneur des Rêves, qui le met face à un dilemme. À lui de choisir : ou bien permettre à l'Empire de s'étendre à l'infini et de durer pour l'éternité ; ou bien interrompre son expansion et le laisser s'éteindre en quelques siècles. Auguste se souvient du mal qu'il a commis et, plus encore, de celui qu'il a subi, de la part de César, notamment : il choisit donc la deuxième option, condamnant ainsi l'œuvre de sa vie à dépérir et Rome à disparaître.

Il s'agit bien entendu d'une fiction. Mais Auguste a bel et bien eu l'intuition que son empire était un chef-d'œuvre fragile. L'agrandir encore davantage aurait accru le risque de provoquer sa perte. Lui-même a d'ailleurs insisté pour que ses frontières ne dépassent pas celles qu'il avait fixées. Une exigence à laquelle ses successeurs se sont globalement pliés. Seule exception : Trajan, qui a conquis la Dacie et envahi la Mésopotamie pour arriver jusqu'en Perse. Il est mort lors du voyage qui le ramenait à Rome ; c'est son effigie qui fut portée en triomphe. Quelque temps plus tard, son successeur Hadrien ordonna aux légions de se retirer d'une grande partie de ces terres.

Les confins du monde romain étaient tracés à l'ouest par l'Atlantique, au sud, par le désert, au nord et à l'est, par de grands fleuves – le Rhin, le Danube, l'Euphrate. En principe, du moins. En réalité, les frontières de l'Empire ont toujours été élastiques : les Romains veillaient à ne pas avoir d'ennemis à leurs frontières. Ils préféraient avoir pour voisins des peuples qui ne faisaient pas officiellement partie de l'Empire mais reconnaissaient son autorité.

La seule exception fut le mur d'Hadrien, qui traversait la Bretagne (l'Angleterre actuelle) d'un bout à l'autre, sur plus de cent dix kilomètres.

À vrai dire, je n'ai jamais compris pourquoi les Romains se sont tant obstinés à se battre dans ces contrées. À quoi bon conquérir une île lointaine, froide, pluvieuse, quasi inhabitée, séparée du continent européen par une mer agitée ? L'axe du monde était plutôt tourné vers l'Orient. Et, s'il y avait un danger pour Rome, il venait des tribus germaines au nord du Danube et à l'est du Rhin, qui n'ont jamais été vaincues définitivement.

Force est de constater qu'elles ont pu déferler sur l'Italie, mal protégée par ses défenses naturelles : le versant méridional des Alpes étant très raide, gravir les montagnes était plus difficile pour les armées romaines que pour les envahisseurs ; la péninsule n'a pas non plus de fleuves d'une ampleur comparable à ceux du nord et susceptibles de marquer une véritable frontière, une authentique barrière défensive.

Les ancêtres des Anglais actuels étaient tranquilles de l'autre côté de la Manche. Pourtant, c'est contre eux que les Romains sortirent les grands moyens. La preuve : l'empereur Septime Sévère, d'une longévité supérieure à la moyenne, trouva la mort alors qu'il menait une expédition contre des rebelles à Eburacum, aujourd'hui York – où disparut également le père de Constantin, Constance Chlore. Comme si les Romains avaient deviné que le centre de gravité du monde se déplacerait vers l'océan Atlantique et qu'au cours des siècles à venir le contrôle de cette île serait fondamental pour dominer la planète entière.

C'est d'ailleurs à propos de la guerre contre les Bretons que le grand Tacite a écrit : « *Ubi solitudinem faciunt, pacem appellant* », formule qu'on a traduite par : « Là où ils créent un désert, ils disent qu'ils ont fait la paix. » Quand, sous le règne de Claude, la région a été romanisée, que les élites ont commencé à porter la toge, à parler latin, à bâtir des thermes et à éduquer leurs enfants comme de petits Romains, l'historien a livré ce jugement implacable : « Ils appelaient civilisation ce qui n'était qu'une partie de leur esclavage. »

Le fait est que le mur d'Hadrien a séparé la partie de l'île sous contrôle romain de la Calédonie, aujourd'hui l'Écosse (même si la frontière avec l'Angleterre ne suit pas exactement le parcours du mur). Et la saga du roi Arthur tire peut-être son origine des derniers soldats fidèles à Rome, restés en Bretagne après la chute de l'Empire.

Rien d'étonnant à ce qu'un pouvoir aussi immense ait perturbé la santé mentale de ceux qui le détenaient, jusqu'à les faire basculer. Si Tibère s'est retiré de son propre chef sur l'île de Capri, c'était aussi pour échapper à ces pressions et à ces responsabilités incessantes. Au pêcheur qui, un jour, s'aventura dans son palais pour lui offrir un excellent rouget, il ordonna, outré qu'on ait violé son intimité, qu'on fouette l'importun avec ce poisson. Malheureusement pour lui, l'homme avait de l'esprit et commenta : « Encore heureux que je ne t'aie pas offert une langouste ! » Qu'à cela ne tienne : Tibère réclama qu'on aille chercher ce crustacé.

Au sujet de son successeur Caligula, on raconte qu'un jour, alors qu'il conversait avec deux consuls lors d'un banquet, il éclata de rire. « Pourquoi ris-tu ? » lui demandèrent-ils. Réponse : « C'est que je songe, que, d'un simple mouvement de tête, je pourrais vous faire égorger tous les deux. »

Tandis que Claude fit tuer trente-cinq sénateurs, on écrivit de véritables horreurs sur Néron : qu'il aurait livré sa mère, Agrippine, à des assassins ; qu'il aurait tué à coups de pied son épouse Poppée, alors enceinte, avant de s'en vouloir et de la faire diviniser ; que, devant l'incendie de Rome, il aurait pris sa lyre et déclamé des vers ; et que le sénateur Publius Clodius Thrasea Paetus aurait été poussé au suicide car il avait refusé d'applaudir les piètres prestations théâtrales du tyran.

On prête également les pires atrocités à Commode, y compris d'avoir tué de sa propre main l'un de ses gladiateurs préférés,

Narcisse. Le peuple réclama que le corps de l'empereur soit traîné au bout d'un crochet et jeté dans le Tibre, en tant qu'ennemi de la patrie.

Il est certes difficile de déterminer où s'arrête l'histoire et où commence la légende noire, alimentée par cette sphère sénatoriale qu'on avait privée de tous ses pouvoirs. Dans la Rome impériale, personne n'était entièrement libre d'exprimer son opinion : l'historien Aulus Cremutius Cordius fut traîné en justice pour trahison et se laissa mourir de faim après avoir écrit un livre où il prenait la défense des césaricides. Cassius y était appelé « le dernier Romain », une expression, curieusement, employée par Joseph Goebbels au sujet de Mussolini.

D'ailleurs, jusque sur la colonne célébrant les hauts faits d'un « bon » empereur comme Marc-Aurèle, on peut voir un massacre de prisonniers : en file indienne, les mains attachées derrière le dos, des Germains attendent d'être décapités. Un acte barbare que l'empereur-philosophe choisit de ne pas cacher mais de revendiquer, au contraire !

Hadrien imita Néron lorsqu'il fit diviniser son bien-aimé Antinoüs, « le plus bel homme au monde », noyé dans le Nil. Quant à Titus, « les délices du genre humain », comme on l'a surnommé, il a été le bourreau du peuple juif et le responsable de la destruction du temple de Jérusalem. Dans le Talmud, il est écrit que, pour le punir, un moucheron s'est glissé dans sa narine et lui a rongé le cerveau, petit à petit.

Ce qui est sûr, c'est que Caligula, Néron, Domitien et Commode ont été assassinés. S'agissant de tous les autres, on dit qu'ils ont été empoisonnés dans le plus grand secret, peut-être par leurs épouses, pour laisser le champ libre à leurs successeurs.

En contrepartie, l'empereur était désormais adoré à l'égal d'un dieu, même de son vivant. On lui prêtait parfois des miracles : au sujet de Vespasien, on raconte qu'avant de prendre le pouvoir il aurait guéri un estropié et rendu la vue à un aveugle en lui crachant dans les yeux, presque comme Jésus.

Entre-temps, de cruauté en cruauté, de miracle en miracle, l'Empire était véritablement devenu universel. Trajan et Hadrien n'étaient pas romains, ils venaient d'Espagne : tous deux étaient né à Italica, près de Séville, et étaient des descendants de colons. Septime Sévère venait d'Afrique, en l'occurrence de Leptis Magna, sur le territoire de la Libye actuelle.

À cette époque, c'est-à-dire la fin du IIe siècle, déjà la moitié des sénateurs étaient originaires des provinces. Longtemps, le pouvoir avait été concentré entre les mains des plus vieilles familles romaines, un peu comme quand, aux États-Unis, le président était forcément un wasp (pour « Blanc anglo-saxon protestant »). Mais, désormais, les frontières de l'Empire étaient immenses et les populations s'étaient mélangées : on regardait de moins en moins les origines et de plus en plus les compétences – force, énergie, intransigeance si nécessaire.

En 212 apr. J.-C., Caracalla, le fils de Septime Sévère, accorda la citoyenneté romaine à tous les habitants libres de l'Empire. Plus de trente millions d'habitants des provinces devinrent alors pleinement romains. Caracalla était pourtant loin d'être un tendre : l'année précédente, il avait fait assassiner son frère Geta. Et, cinq ans plus tard, lui-même fut assassiné par l'un de ses gardes du corps. Il a tout de même pris une décision qu'il estimait à la fois légitime et justifiée. Au fond, il imitait, à une échelle sans commune mesure, ce que Romulus avait fait près de mille ans plus tôt : transformer les étrangers et les apatrides en Romains.

L'édit de Caracalla a parachevé un principe fondamental de l'Empire et, plus largement, de la civilisation latine : on ne naît pas romain, on le devient. La cité-État s'est étendue jusqu'aux confins du monde. Il n'y a plus de conquérants et de conquis, de vainqueurs et de vaincus, il n'y a que des Romains. Chaque citoyen du monde peut dire : « *Civis romanus sum.* »

6

Constantin

L'empire chrétien

Même les dieux pouvaient devenir romains.

Dès la fondation de l'Urbs, les Romains ont accueilli les divinités des peuples conquis. Ils n'avaient pas de religion d'État : leur panthéon s'est composé petit à petit, souvent en important les divinités grecques et orientales.

Pour les habitants de l'Antiquité, il n'existait aucune séparation nette entre la sphère humaine et la sphère divine. Les Romains priaient les esprits de leurs défunts. Et ils divinisaient les chefs de guerre victorieux. Rien n'interdisait à un simple mortel de grimper au sommet de l'Olympe. Le monde des dieux et des déesses était perméable. Les élites avaient beau être monothéistes, la multiplicité des dieux dont on demandait les faveurs en échange d'un sacrifice fait penser à un ciel peuplé de ceux que nous appelons aujourd'hui les saints et les bienheureux.

Dans ce cas, pourquoi les chrétiens ont-ils été persécutés pendant trois siècles, avant que leur culte soit toléré puis, finalement, imposé comme religion d'État ?

Depuis toujours, les spécialistes s'interrogent. L'historienne anglaise Mary Beard avance une réponse intéressante : parce que le dieu chrétien n'avait pas de patrie. Les Romains partaient du principe que les divinités venaient de quelque part : Isis, d'Égypte, Mithra, de Perse, Yahvé, de Judée. D'ailleurs, même s'ils ont fait partie des rares peuples à s'être dressés contre Rome, les juifs sont allés aux quatre coins du monde et ont habité de nombreuses villes de l'empire en cohabitant avec les autres croyances sans trop de heurts.

Le dieu chrétien, lui, se présentait comme universel. Ses adeptes faisaient des prosélytes. Ils ne se contentaient pas d'être tolérés : ils voulaient convertir les autres. Ils étaient convaincus d'avoir une mission. Certains d'apporter la vérité et le salut.

Les chrétiens voulaient changer le monde. Étaient-ils les premiers ? Sans doute pas. Mais ils étaient les premiers à avoir compris que, pour changer le monde, il fallait d'abord changer l'homme.

Un dieu jaloux et universel

Par ailleurs, les chrétiens n'étaient pas prêts à reconnaître les autres dieux. Ou l'empereur.

Ils n'étaient pas nombreux au début de leur ère. Quelques dizaines de milliers, pas davantage. Mais ils habitaient dans les grandes villes. À leurs yeux, les infidèles étaient des « païens » : des gens arriérés, grossiers, rétrogrades, qu'il fallait convertir à la vraie foi.

Et ça, les Romains ne pouvaient pas le tolérer. Les empereurs, encore moins.

Comme tous les groupes humains fonctionnant en vase clos et intimement convaincus d'être supérieurs aux autres, les chrétiens étaient admirés, enviés et haïs tout à la fois. Mais surtout ils étaient incompris. Et regardés avec méfiance. Raison pour laquelle Néron a pensé à eux lorsqu'il a dû imputer la responsabilité de l'incendie qui, soixante-quatre ans après la naissance de Jésus, a détruit Rome.

N'allons cependant pas croire que les chrétiens étaient persécutés nuit et jour. Longtemps, cette étrange religion a été supportée. Des empereurs voulurent donner un tour de vis et envoyèrent à la mort des milliers d'innocents. D'autres se montrèrent compréhensifs et humains, dont Commode (qui l'eût cru ?), qui avait une certaine sympathie pour les chrétiens.

Rappelons que, par certains aspects, le christianisme est difficile à saisir, à accepter, voire à simplement tolérer.

C'est une religion complexe. Peu évidente à comprendre et donc facile à dénigrer. Elle postule non seulement l'immortalité de l'âme mais aussi la résurrection de la chair. Elle prétend que Dieu s'est fait homme, qu'il a été tué, qu'il a ressuscité. À chaque messe, ses adeptes mangent sa chair et boivent son sang. Un rite symbolique, certes, mais qu'on peut facilement raconter de manière déformée, caricaturale, voire infamante. Et puis comment une vierge peut-elle avoir donné la vie ? Comment un homme peut-il, en même temps, être le fils de Dieu, être Dieu lui-même mais aussi s'incarner dans une entité tierce, le Saint-Esprit ? La question est si complexe que, des siècles durant, les pères de l'Église et leurs disciples se sont affrontés lors de conciles abscons pour établir la vérité. En admettant qu'elle ait jamais été trouvée, vu que le grand fleuve du christianisme s'est divisé en trois courants – les catholiques, les orthodoxes, les protestants – qui se sont à leur tour séparés en une infinité d'autres ruisseaux.

Aux yeux des Romains, le christianisme était l'inverse de leur monde. La pauvreté n'était plus une ignominie à laquelle il fallait échapper mais une vertu dont il fallait être fier. La richesse, l'or, la bonne chère, les vêtements de prix étaient considérés comme des signes de corruption et de péché. Le corps, qu'on pouvait parfumer, masser, enduire d'huile et d'essences, habiller, maquiller, entraîner, afficher, admirer, était fustigé comme symbole de la matière, par opposition à l'esprit – la seule chose qui comptait vraiment. Et la croix, symbole d'une mort atroce et humiliante, devenait un signe de rachat et de salut.

Les Romains clouaient à des croix les êtres qu'ils jugeaient les plus abjects et dangereux. Devant elles, les chrétiens s'agenouillaient ou la traçaient de la main droite sur leur poitrine.

Avec le même orgueil qui faisait dire aux Romains : « *Civis romanus sum* », les chrétiens proclamaient : « *Christianus sum.* » Et, par milliers, ils ont affronté la mort pour rester fidèles à leur dieu. Un dieu jaloux, comme il se définit lui-même dans la Bible. Un dieu qui ne supportait pas de coexister avec d'autres dieux. De deux choses l'une : ou il fallait l'effacer ou il fallait l'accepter comme dieu unique.

Le christianisme fut la seule religion que les Romains ont tenté d'éradiquer. Mais c'est précisément l'immensité de leur empire, avec ses voies de communication permettant aux personnes et aux idées de circuler, qui a permis la diffusion de la nouvelle croyance. Et quand un empereur, Constantin, a compris qu'il ne pouvait pas la détruire, il s'est dit qu'il valait mieux l'embrasser. Mieux : il a également compris que le christianisme promettait le renversement des rapports de force, pour que les derniers deviennent les premiers, certes, mais dans une autre vie, pas celle-ci. Le nouveau culte n'était pas sans avantages : il pouvait constituer une arme extraordinaire pour légitimer l'autorité impériale. Un formidable instrument de contrôle social, aussi. Le pouvoir qui a toujours vivement intéressé les Romains était celui exercé sur les esprits.

Cependant, avant de faire ce choix historique, Constantin devait remporter une grande bataille. Pas seulement militaire : un affrontement sur un terrain d'ordre spirituel. Une histoire de rêves et de visions, d'apparition et de présages divins, dans laquelle un signe – la croix – fut tracé pour la première fois sur les boucliers et sur les étendards des soldats partis pour la guerre. Ce ne serait pas la dernière. En résumé, la terre serait le théâtre d'une bataille à laquelle – suivant une tradition à laquelle les chrétiens ont cru pendant des siècles – participait le ciel. De leur côté, bien entendu.

La prophétie de Maxence

Au début du IVe siècle apr. J.-C., l'Empire est épuisé. À cause non pas des invasions barbares ou des rébellions, mais des guerres civiles. Le véritable ennemi se cache au sein des frontières de l'Empire. Sa cohésion interne s'écroule.

Au cours des deux premiers siècles s'étaient succédé quinze empereurs depuis la mort d'Auguste – sans tenir compte de la courte guerre civile qui avait suivi le suicide de Néron. Au cours des cent années suivantes, il y en eut plus de soixante-dix. Difficile de tenir les comptes avec précision, entre les usurpateurs et les prétendants.

L'Empire est devenu trop grand, son chef n'est plus adopté ou désigné par son prédécesseur, choisi par le Sénat ou encore moins par le peuple. Il est désormais le commandant d'une ou plusieurs légions qui, après avoir été acclamé par ses soldats, parvient à l'emporter sur ses rivaux. Détail éloquent : les empereurs ont cessé de résider à Rome, ils voyagent aux quatre coins de l'Empire avec leurs armées. Leur autorité ne dépend plus du Sénat et du peuple, de la cité ou d'une divinité, mais des armes.

Pour mettre un terme à cette situation, un grand empereur, Dioclétien, a partagé l'Empire en deux. Nous sommes en 286 apr. J.-C. Il se réserve la partie orientale, avec pour capitale Nicomédie, l'ancien centre névralgique du royaume de Bithynie, aujourd'hui en Turquie. Il confie la partie occidentale à l'un de ses compagnons d'armes, Maximien Hercule. La capitale est Mediolanum (Milan). Aucun des deux ne peut avoir Rome pour capitale car tous deux sont empereurs à égalité. Pour compléter l'architecture du nouveau gouvernement, Dioclétien prévoit que les deux empereurs, les deux augustes, désignent chacun un césar : mieux qu'un adjoint, un homme de confiance investi d'une dignité égale, destiné à leur succéder au bout de vingt ans. Le césar de Dioclétien est Galère ; celui de Maximien est Constance Chlore.

Une sculpture exposée à l'entrée du Palazzo Ducale de Venise représente quatre personnes qui se donnent l'accolade. La tradition populaire les a surnommés « les quatre larrons », pétrifiés alors qu'ils fuient la basilique Saint-Marc dont ils viennent de dérober le trésor. Les quatre figures sont sculptées dans un seul et même bloc de porphyre, la pierre réservée aux empereurs. Elles représentent les tétrarques, Dioclétien et les trois autres, soudés à tout jamais par un même but grandiose : sauver l'Empire romain.

Un tel système pouvait-il fonctionner ? Évidemment que non : chacun rêvait de céder sa place à son fils. Et surtout chaque fils rêvait de prendre la place de son père.

Constantin est le fils aîné de Constance Chlore. Il naît dans une bourgade de la Serbie actuelle, alors que son père n'est qu'un officier prometteur. Sa mère, Hélène, est une belle *stabularia* qui travaillait dans les écuries d'une taverne. Constance s'en est entiché mais ne l'a peut-être jamais épousée. Une fois devenu empereur, il l'a délaissée pour s'unir à une aristocrate, la fille de son collègue Maximien, avec qui il eut d'autres héritiers.

Constantin est un soldat valeureux. Il connaît Dioclétien et entre dans ses bonnes grâces. Il combat aux frontières occidentales et orientales, contre les barbares et les Sarmates. Il sait qu'il doit prendre le dessus sur ses concurrents directs, ses frères cadets, à l'ascendance plus noble que la sienne.

En pleine campagne contre les Bretons, Constance tombe malade et sent la fin approcher. Constantin est alors à l'autre bout de l'Empire, en Asie Mineure. Sitôt informé, il saute sur un cheval et s'élance au galop. Lorsque la fatigue épuise sa monture, il en prend une autre. Il se déplace à une vitesse phénoménale, digne de César. Il finit par rejoindre le campement de son père, près de l'emplacement actuel de la ville d'York, juste à temps pour recevoir sa bénédiction.

Constance a-t-il vraiment accordé l'investiture à son fils aîné ? Pas sûr. Mais son armée y croit dur comme fer et proclame Constantin empereur. Étant un grand général, celui-ci assoit son nouveau rang en battant les Bretons puis en menant son armée jusqu'au Rhin, où il repousse les Germains.

L'autre empereur, Maximien, est encore en vie mais s'est retiré dans une villa en Lucanie. Lui aussi a un fils ambitieux : Maxence. Si le critère de succession n'est plus le choix mais le sang, si la désignation a été remplacée par la naissance, Maxence ne peut pas davantage prétendre au titre d'empereur que Constantin. Et il se fait proclamer à la manière de jadis, c'est-à-dire par le Sénat et par les prétoriens. Dans l'ancienne capitale : Rome.

Les autres membres de la tétrarchie, qui ont accepté Constantin comme l'un des leurs, voient en Maxence un usurpateur et marchent sur Rome. Mais le premier, Sévère, est arrêté par une mutinerie au sein de ses propres troupes, des hommes qui se sont battus pour Maximien et qui refusent de retourner leurs armes contre son fils : Sévère est donc emprisonné et tué. Le deuxième, Galère, arrive au pied des murs de Rome mais, impressionné par leur taille imposante, il renonce et s'en retourne dans son quartier général, en Dalmatie.

Maxence sent qu'il a pour mission de refonder Rome. Il retourne vivre sur le Palatin. Le palais impérial, aux colonnes si nombreuses qu'elles auraient pu soutenir le ciel, comme l'avait poétiquement écrit Stace, est désert depuis cinquante ans. Au Forum, il restaure le grand temple dédié à Vénus, ancêtre des césars, et à la déesse Roma Aeterna. Il appelle son fils aîné Romulus, comme le premier roi. À la mort de l'enfant, il le fait diviniser et lui dédie le temple où est gardé le trésor dérobé à Jérusalem. Maxence fait également construire la basilique portant son nom et dont les immenses arcades ont accueilli les épreuves de lutte lors des mémorables Olympiades de Rome, en 1960.

Une seule chose fait désormais défaut à Maxence : l'investiture. Il rejoint donc son père dans sa paisible retraite en Lucanie et lui propose de revenir aux affaires. Maximien accepte : en 306 apr. J.-C., il reprend le titre d'auguste et appuie la rébellion de son fils en Italie. Deux années s'écoulent et voilà que Maxence revendique le titre et le pouvoir. Cette fois, Maximien refuse de le désigner comme son successeur et se réfugie dans le palais de Constantin – à Treviri, aujourd'hui Trèves, en Allemagne – à qui il offre pour épouse sa toute jeune fille, Fausta. Mais, par la suite, Maximien tente un autre coup de force et profite du fait que Constantin est en plein combat sur le Rhin pour se proclamer auguste. Le seul, le vrai. Il reçoit peu de soutiens : Constantin le bat et le force à se suicider.

En somme, l'Empire a deux empereurs qui ne vivent pas en bonne intelligence. Au contraire : ils se détestent. Constantin a épousé la fille de Maximien. Mais, à Rome, le pouvoir est entre les mains du fils de Maximien, Maxence, qui est donc le beau-frère de Constantin. On croirait une sombre affaire de famille. En réalité, c'est une guerre civile. Dont dépend le sort de Rome, voire davantage.

27 octobre 312 apr. J.-C. Maxence fête sa sixième année de règne lors d'une cérémonie solennelle au Cirque Maxime. Mais le peuple rassemblé lui rend-il hommage par amour… ou par peur des prétoriens ? Il en doute.

La garde de l'empereur est une unité d'élite. Le plus jeune de ses membres a dix-sept ans, le plus âgé, vingt-trois. L'esprit de corps qui les soude est très puissant, ils se soumettent à des entraînements réguliers et emploient des armes traditionnelles, comme le javelot ou le glaive.

L'armée de Constantin qui fond sur Rome est très différente. Dans ses rangs, on compte de nombreux Germains. Ils portent de drôles de casques en forme de cloche et brandissent des armes de barbares – des serpes, des haches courtes ou longues.

Au sein des armées romaines s'est répandu un culte venu d'Orient, celui du dieu Mithra. Une divinité solaire mais qu'on adore dans des souterrains. Ce n'est pas une religion ouverte à tous, elle est mystérieuse, terrifiante, exclusive. Ceux qui en révèlent les secrets sont condamnés à mort, et les femmes en sont exclues. Les adeptes reçoivent une sorte de baptême, où ils sont aspergés non pas d'eau mais de sang de taureau. Le rituel prévoit que le néophyte mange le pain et boive le vin que lui tend le prêtre. Il y a sept degrés d'initiation, un pour chaque planète alors connue du système solaire.

Bref, le mithraïsme est une sorte de monothéisme païen dont la divinité tutélaire fait office d'intermédiaire entre le *Sol Invictus*, le soleil invincible, et les hommes. Dioclétien et Maximien y adhèrent et, à ce moment de l'histoire, Constantin est peut-être l'un de ses fidèles, comme nombre de ses officiers. À Rome, on a retrouvé les vestiges de douze sanctuaires dédiés à ce dieu, des *mithraea*.

Mithra n'est cependant pas un dieu en quête de fidèles. Il ne fait pas de prosélytes. Aux soldats partant à l'assaut, il apporte un courage à la limite de la témérité : le courage des taureaux. Mais il ne promet pas un au-delà, il n'offre pas un horizon de paix et de justice. Il ne résout pas la question fondamentale que se pose un homme aux portes de la mort : la survie de son âme, la résurrection de son corps.

Autant de choses que le christianisme propose. Qu'il assure, même.

Pourtant, cette religion a été la cible d'une persécution d'une extrême violence voulue par Dioclétien. La dernière, la plus cruelle aussi. Pour l'empereur, il n'y a aucun doute : les défaites des armées romaines sont dues à la dévotion qui entoure en sous-main ce dieu crucifié, qui ne demande pas de sacrifices mais qui refuse qu'on en fasse, à qui que ce soit, pas même à l'empereur.

C'est également à l'époque de Dioclétien qu'on décapite saint Janvier, *san Gennaro*, le saint patron de Naples, dont le sang qui coule et se coagule représente aujourd'hui encore un mystère, un prodige, peut-être un miracle. On égorge également sainte Agnès, une jeune Romaine qui défendait sa virginité. Alors qu'elle est enfermée dans un lupanar, un ange vole à son secours. Aucun homme n'ose la toucher, sauf un, qui se retrouve aveuglé. Mais Agnès lui rend la vue. On l'envoie au bûcher mais les flammes s'écartent devant elle. Alors on lui coupe la gorge, comme avec les agneaux. Voilà pourquoi cet animal (*agnus*, en latin) est son symbole.

Dans tout l'Empire, la persécution de Dioclétien fait au moins vingt mille martyrs. En Phrygie, une communauté entière est enfermée dans une basilique à laquelle on met le feu : sept cents fidèles meurent dans d'atroces souffrances.

On compte également de nombreux chrétiens parmi les soldats. Le plus connu, Sébastien, a été supplicié en étant percé de flèches mais, selon la légende, il aurait survécu grâce aux bons soins d'une femme pieuse. Il a donc fallu l'exécuter une seconde fois, sur le Palatin. L'Église est comme saint Sébastien : elle renaît de ses cendres, le sang des martyrs lui donne de la force. Aucun empereur n'est parvenu à la faire disparaître.

Maxence est païen. Il croit à la religion de ses pères. Et, selon ses pères, l'avenir, depuis l'époque de Tarquin le Superbe et des anciens rois, est écrit dans les livres sibyllins, gardés dans le temple d'Apollon.

Après le semi-échec de la fête au Cirque Maxime, Maxence a envoyé sa femme et son fils survivant dormir à l'extérieur de l'Urbs, dans une villa sur la via Appia. Il est resté seul au palais. Constantin arrive, il le sait. Mais comment l'affronter ? Ne parvenant pas à dormir, au cœur de la nuit, il se rend au temple. Les prêtres d'Apollon ouvrent les livres et en tirent cette prédiction : « L'ennemi de Rome sera vaincu. »

Maxence se rassérène. C'est exactement ce qu'il voulait entendre. Car l'ennemi de Rome, c'est Constantin, qui veut la conquérir par les armes. Et celui qui veut la défendre, mieux : la refonder, c'est lui.

Il prend donc une décision en apparence insensée. En pleine nuit, il donne ses instructions aux prétoriens : au lieu de se placer aux postes de défense, qu'ils se préparent à sortir de Rome pour marcher au-devant de Constantin et l'attaquer à découvert ! Les murailles lui donneraient pourtant un avantage stratégique non négligeable. L'initiative, et donc le risque, pèserait sur l'ennemi ; pour sa part, il n'aurait qu'à résister. Maxence sait néanmoins qu'un empereur peut aussi se passer de la faveur populaire, mais pas quand il doit soutenir un siège. Il décide donc de prendre lui-même l'initiative, avec l'appui des prophéties et des dieux de jadis.

Le rêve de Constantin

Constantin est encore païen, lui aussi, bien que religieux, à sa manière. Et dans l'attente d'un signe. Les deux empereurs sentent que leur destin personnel est lié à celui du monde, ils cherchent une relation avec une divinité qui leur permette de mener à bien cette mission. Ce ne sont pas les premiers commandants romains à s'affronter dans une guerre civile, loin de là. Mais, à ce moment de l'histoire de Rome, le temps d'un choix religieux est venu. L'empereur a besoin d'une investiture venue du ciel. Seul – contre les autres prétendants, contre les barbares qui poussent aux frontières –, il ne peut y arriver.

Cette nuit du 27 octobre de l'an 312 apr. J.-C., Constantin se retire dans sa tente pour dormir, convaincu que, le lendemain, il devra assiéger Rome. Il ne peut pas savoir que Maxence a commis la grave erreur stratégique de venir à sa rencontre.

L'armée de Constantin bivouaque sur la via Flaminia. Moins de dix-neuf milles les séparent des murailles de Rome. On ne les aperçoit pas encore, mais les soldats les jugent infranchissables. S'ils sont venus jusqu'ici, c'est par fidélité à leur chef. Celui-ci devine toutefois qu'ils attendent davantage.

Un signe de la faveur divine.

Au matin, l'empereur annonce à ses soldats que le signe céleste est arrivé. Sous la forme d'un songe. D'une vision. Lui est apparue une croix, le symbole de la religion que son maître Dioclétien a tenté, en vain, d'éradiquer. Et il a entendu une voix, qui disait : « *En touto nika* », en grec. Constantin est né en Orient mais sa langue maternelle est le latin. Contrairement à Jules César, qui le parlait à la perfection, il n'a jamais bien appris le grec, comme Auguste, d'ailleurs. Et pourtant, à un moment décisif de son existence, c'est en grec qu'il a rêvé. Mais, pour s'adresser à ses hommes, il traduit le message céleste en latin : « *In hoc signo vinces.* » Dieu lui a dit : « Par ce signe, celui de cette croix, tu vaincras. »

Parmi les soldats de Constantin, beaucoup ont persécuté les chrétiens. Partir au combat avec une croix sur leurs étendards ? Jamais ils n'auraient imaginé une chose pareille ! La croix était un outil de torture réservé aux esclaves et aux étrangers. Le juif Pierre n'avait-il pas été crucifié, la tête en bas ? Alors que Paul, citoyen romain, avait été décapité : une mort rapide, presque un geste d'égard. La croix était une marque de honte, un moyen de tuer le condamné mais aussi de l'exhiber et, donc, de l'humilier. Tout le contraire d'un talisman, d'un porte-bonheur, d'un symbole de fierté. Les chrétiens eux-mêmes n'auraient jamais pensé que leur croix puisse s'inviter sur le champ de bataille, comme signe de guerre et emblème d'une armée.

Parmi les innombrables aspects de cette histoire que nous ne saurons jamais, il demeure cette question : Constantin a-t-il vaincu parce qu'il est devenu chrétien ? Ou est-il devenu chrétien parce qu'il a vaincu ?

La bataille est sanglante mais de courte durée. Maxence mène son armée au nord, droit sur l'ennemi. Pensant qu'il doit lui barrer la route vers Rome, il a fait abattre le pont Milvius. Seulement, c'est désormais lui qui attaque Constantin et qui doit franchir le Tibre. Il fait donc construire un pont de barges.

Lorsqu'il voit son rival avancer vers lui, Constantin se convainc que Dieu est vraiment de son côté. L'erreur de Maxence est un cadeau inespéré. L'armée ennemie est plus nombreuse, les prétoriens sont une unité d'élite. Mais ses troupes sont plus rodées au combat et redoutables en combat à découvert.

À cet instant, Constantin a le sentiment d'avoir gagné la partie. Il rassemble ses soldats, raconte son rêve et ordonne à tout le monde – c'est ainsi que le rapporte la tradition, du moins – de tracer une croix sur son bouclier. La victoire ne pourra pas leur échapper.

Un dieu l'a choisi comme vainqueur et a fait perdre la raison à Maxence. Et ce dieu-là n'est pas l'une des innombrables divinités qui se pressent au Panthéon. C'est un dieu unique, qui exige de l'empereur qu'il représente sur terre l'ordre qu'il garantit au ciel.

Le premier affrontement a lieu dans une localité nommée Saxa Rubra, à l'emplacement actuel des studios de la RAI, la radiotélévision publique italienne. Saxa Rubra veut dire « rochers rouges », en référence à leur nature argileuse… ou au sang versé des siècles plus tôt. Le quartier voisin s'appelle Labaro, comme les étendards (*labarum*) sur lesquels la croix est apparue pour la première fois.

L'infanterie de Constantin attaque l'ennemi au centre de sa formation. Les prétoriens encaissent le choc, contre-attaquent, semblent sur le point de l'emporter. C'est alors que Constantin lance la cavalerie, qui descend des hauteurs et pousse les troupes de Maxence en direction du fleuve. Les prétoriens résistent mais les deux ailes, composées de soldats italiques et africains, cèdent. Les troupes à pied de Maxence se retrouvent alors vulnérables et les cavaliers de Constantin n'ont plus qu'à les encercler. Il ne reste qu'une issue aux prétoriens : le pont flottant. S'ils arrivent à le traverser, ils n'auront plus qu'à le couper, pour échapper à leurs poursuivants.

Maxence ordonne-t-il la retraite vers la ville ? Ses soldats devancent-ils son ordre ? Mystère. Seule certitude : le repli se fait dans la confusion, c'est un véritable sauve-qui-peut. Le pont de barges se brise sous le poids des armures et des chevaux, les soldats tombent à l'eau. Le reste du pont se transforme en piège : les soldats de Constantin visent l'ennemi à coups de lances et de flèches. Maxence lui-même tombe à l'eau, il refait surface, il se débat.

Peut-être repense-t-il à son existence, qui n'a été qu'une succession de signaux, tous négatifs. Ce fils appelé Romulus, dans l'espoir d'une renaissance, et mort en bas âge. Ce père qui ne l'appréciait pas et qui ne l'a pas choisi. Cette sœur donnée en mariage à son rival qui s'apprête à le tuer. Et puis cette prophétie trompeuse : « L'ennemi de Rome sera vaincu. » Désormais, tout est clair : cet ennemi de Rome, c'était lui. Car Rome n'était plus une ville, c'était une idée. Une idée en train de mourir et qui obligeait à tout changer pour la sauver.

Mais, ça, il ne l'avait pas compris.

Maxence parvient à sortir la tête de l'eau mais son poids l'entraîne à nouveau. Peut-être se rend-il compte qu'il est un homme du passé. L'avenir appartient à d'autres que lui. Et sa mémoire sera vouée à l'oubli.

Triomphes, revanches

Constantin ne trouve pas les insignes de l'ennemi. Maxence, ou l'un de ses commandants mieux apte à lire le destin, les a cachées. Enterrées. Elles seront retrouvées par les archéologues, des siècles plus tard. Le vainqueur a tout de même besoin d'un signe. Quelque chose à montrer au peuple, pour indiquer sans ambiguïté qui a remporté la bataille du pont Milvius et qui l'a perdue.

Il fait donc repêcher le corps de Maxence dans le Tibre, ordonne qu'on lui tranche la tête, plantée sur une pique (Constantin peut enfin regarder son beau-frère en face), et qu'on la porte en cortège dans les rues de la ville. Il décide ensuite de raser l'ensemble des casernes de Rome, y compris celle des prétoriens, les *castra praetoria*. La ville se vide de ses forteresses ; elle se remplira d'églises. Les pratiques magiques, orgiaques, ésotériques seront interdites. Les Romains acclament l'empereur et crachent sur la tête coupée du vaincu. On coupe également la tête des statues de Maxence pour la remplacer, selon l'usage, par celle du nouveau maître de l'Urbs.

D'aucuns racontent que Constantin aurait célébré sa victoire par des sacrifices aux dieux, afin de purifier la ville de l'ombre de l'usurpateur. D'autres sources affirment quant à elles qu'il aurait refusé de monter au Capitole pour célébrer les rituels traditionnels, par respect pour sa nouvelle foi.

Mais, si Constantin est déjà chrétien, c'est un chrétien d'une nouvelle espèce. Décidé à se servir de la religion comme d'un outil de pouvoir.

Au cœur de la Toscane, la ville d'Arezzo abrite une église dédiée à saint François. On la voit dans un film très connu, *Le Patient anglais*. Un soldat indien, un sikh à turban, veut montrer ces fresques qui l'ont tant frappé à sa fiancée, une infirmière canadienne (jouée par la douce Juliette Binoche). C'est la nuit. Il la harnache à l'aide de cordes, lui donne une torche puis, grâce à un système de poulies, il la fait voltiger pour qu'elle regarde les personnages les yeux dans les yeux. Une scène magique, remplie de poésie.

Juliette peut ainsi admirer Salomon, la reine de Saba, Adam, la reine Hélène, et tant d'autres.

Mais aussi le premier grand nocturne de l'histoire de l'art : *Le Rêve de Constantin*.

L'auteur des fresques, Piero della Francesca, l'un des maîtres de la Renaissance italienne et grand admirateur de la peinture des Romains de l'Antiquité, montre l'empereur endormi dans sa tente. Les ténèbres sont déchirées par une lumière venant de l'extérieur, dans un jeu de clair-obscur qui inspirera Raphaël et Caravage, le maître de la peinture nocturne. La nuit est remplie d'étoiles dont la disposition ne doit rien au hasard. Piero della Francesca a étudié l'astronomie. Et représenté les constellations non pas comme on les voit depuis la terre, mais comme on les verrait du haut du ciel. Il a peint le monde céleste tel que Dieu l'aurait vu s'il avait souhaité parler aux hommes cette nuit-là.

Nous ne saurons jamais si Constantin a vraiment fait ce rêve. Nous ne saurons pas non plus s'il s'est vraiment converti au christianisme après sa victoire au pont Milvius.

Pour commémorer la vision, il fit construire un arc de triomphe sur la via Flaminia, à l'endroit précis où il avait fait installer son campement. Celui-ci s'appelle à présent Malborghetto, en référence à une auberge mal famée qui se dressait dans cette bourgade.

Mais l'arc le plus célèbre qui porte encore le nom de Constantin est celui construit au niveau de la via di San Gregorio, qui relie le Colisée au Cirque Maxime. Longtemps, il fut emprunté par les fascistes pour célébrer l'anniversaire de la marche sur Rome de 1922, un autre événement censé, de leur point de vue, ouvrir une nouvelle ère, mais qui n'avait en réalité qu'un seul point commun avec la bataille du pont Milvius : la date du 28 octobre. Le monument dédié à Constantin n'a salué qu'un seul véritable triomphe au XXe siècle : celui d'un athlète originaire d'un pays que les fascistes avaient envahi et soumis, l'Éthiopie. Le 10 septembre 1960, un marathonien aux pieds nus, Abebe Bikila, devint le premier Africain à remporter une médaille d'or olympique, lors d'une nuit de rêve.

L'arc de Constantin fut construit en deux ans pour commémorer la victoire sur Maxence. L'œuvre contient des *spolia* : les médaillons et les bas-reliefs ne sont pas des créations, ils remontent à l'époque de Trajan et Hadrien. Les bas-reliefs datant de l'époque de Constantin sont plus petits, plus grossiers aussi : la maîtrise des artistes de l'âge classique n'était désormais qu'un souvenir. À moins que le temps ait manqué pour réaliser un travail soigné : il fallait graver dans la pierre ce qui s'était passé, et vite.

En revanche, pas la moindre allusion au christianisme.

On y voit la bataille du pont Milvius, avec les ennemis se noyant dans le Tibre, visés par un déluge de flèches. Mais pas de croix. En revanche, des soldats portent en procession deux statuettes du dieu Soleil. Et, sur les sculptures les plus anciennes, on distingue une brebis et un cochon qui s'apprêtent à être sacrifiés à une divinité païenne.

Malgré tout, il y a une nouveauté. Pour la première fois, on représente des soldats romains vaincus et humiliés comme de vulgaires barbares. On a brisé ce tabou qui avait dissuadé César de montrer l'image de Pompée vaincu et décapité. Le message de Constantin était clair : ceux qui se dressaient contre lui étaient des ennemis mortels. Le fait qu'ils soient romains n'y changeait rien : ils cessaient d'être des compatriotes. Constantin croyait dans un dieu unique et s'appuyait sur cette foi pour élaborer une idéologie politique : l'empereur devait lui aussi être unique, dépositaire sur terre du pouvoir de Dieu régnant dans les cieux.

Rien d'étonnant, donc, si, sur son arc, Constantin a fait inscrire qu'il a renversé l'usurpateur Maxence, *instinctu divinitatis*, inspiré par la divinité. Qu'importe si, pour le moment, la divinité en question n'existait pas ou s'il s'agissait encore du dieu Soleil. Constantin offrait un dieu aux païens et une image de Dieu aux chrétiens.

En 313 apr. J.-C., l'édit de Milan fit du christianisme une foi légitime. C'est la fin des persécutions. Les chrétiens sont libres. Mieux : ils s'apprêtent à prendre le pouvoir. Car la religion que les autres empereurs voulaient éradiquer va devenir la religion d'État, grâce au nouvel empereur.

Hélène et la Vraie Croix

À Arezzo, Piero della Francesca ne représente pas seulement le rêve de Constantin. Il raconte aussi l'histoire de la Vraie Croix telle que l'avait imaginée le moine Jacques de Voragine (aujourd'hui Varazze, en Ligurie), dans le chapitre d'un livre hors du commun, la *Légende dorée*, qui rassemble la vie des saints. Un véritable *long-seller* du Moyen Âge.

L'histoire commence avec la mort d'Adam. Étant le premier homme, il est donc également le premier à mourir. Pour rendre cette plongée dans l'inconnu moins terrifiante, Seth, fils d'Adam, va au paradis pour demander l'huile de la miséricorde, un élixir apaisant tous les maux. À la place, l'archange Michel lui donne un rameau qu'il devra planter dans la bouche du défunt. Il en naît un arbre dont sera tiré le bois qui servira à la construction de la croix à laquelle sera cloué Jésus.

En Terre sainte arrive Hélène. La *stabularia*, cette servante dont le futur empereur était tombé amoureux. La mère de Constantin, convertie au christianisme.

C'est le premier pèlerinage de l'histoire. Grâce à elle, les deux villes saintes du christianisme, Rome et Jérusalem, sont unies.

Hélène se fait révéler le lieu où est enterrée la croix par un juif nommé Judas (difficile d'y voir une coïncidence). C'est ainsi qu'elle monte sur le Golgotha pour un chantier de fouilles sacré. Problème : il y a trois croix. Comment distinguer celle de Jésus de celle des deux larrons ? On approche le morceau de bois d'un cadavre, qui reprend vie aussitôt. La Vraie Croix vient d'être reconnue.

Petite curiosité : sur la fresque, l'homme au bonnet rouge qui assiste à la découverte est peut-être un autoportrait du peintre ! Piero della Francesca ne pouvait pas se tenir à l'écart d'une scène aussi capitale.

Aujourd'hui, la basilique Saint-Croix-de-Jérusalem de Rome se dresse à l'emplacement précis de l'ancien palais d'Hélène, que l'église vénère comme une sainte. C'est ici qu'Hélène a déposé les reliques rapportées de Jérusalem, après avoir parsemé le sol de terre du Golgotha. Le bâtiment sacré renferme encore trois fragments de la Vraie Croix, vénérés par les fidèles du monde entier comme les reliques les plus importantes de toute la chrétienté.

La basilique renferme également l'un des clous de la crucifixion. Hélène en a confié un deuxième à un forgeron afin qu'il en fasse le mors du cheval de Constantin. Un troisième fut enchâssé dans son casque, afin qu'il soit protégé au combat. Mais, selon la tradition, l'un des clous se trouve au Duomo, la cathédrale de Milan, et un autre, dans la couronne de fer conservée dans la cathédrale de Monza, celle des rois lombards, où Napoléon voulut également être sacré roi d'Italie au mois de mai 1805. La couronne d'épines, dont Hélène n'avait trouvé qu'un morceau, serait, pour sa part, à Notre-Dame de Paris, grâce au roi Saint Louis. Cependant, de nombreuses autres églises affirment qu'elles en détiennent une partie.

Constantin, qui adorait sa mère, la proclama auguste et la fit représenter sur les pièces de monnaie. Si une simple fille d'auberge pouvait devenir impératrice, c'était bien le signe que le christianisme allait véritablement changer le monde. D'ailleurs, la mère de Jésus n'était-elle pas une femme du peuple qui avait accouché dans une étable ?

Sainte-Croix est l'une des sept basiliques dont la construction remonte à Constantin et à ses descendants : les autres sont Saint-Pierre, bâtie au-dessus du tombeau du chef des apôtres, Saint-Paul-hors-les-Murs, Saint-Laurent, Saint-Sébastien-hors-les-Murs, Saint-Marie-Majeure, aujourd'hui la basilique préférée de François, premier souverain pontife à avoir pris ce nom, et Saint-Jean-de-Latran, première résidence de l'évêque de Rome, le pape, qui accorde le titre de chanoine honoraire au chef de l'État français suivant une tradition remontant à l'époque d'Henri IV.

À Jérusalem, Constantin érige le Saint-Sépulcre, plus tard reconstruit par les croisés, et à Bethléem, la basilique de la Nativité.

Constantin ne devint pourtant jamais un modèle de piété. Ni d'humanité, d'ailleurs. En tant que chef de guerre et chef d'État, il se montra impitoyable mais fut toujours le jouet de ses propres passions. Lorsqu'il se persuada que son fils Crispus avait une liaison avec sa jeune épousée, Fausta, il le tua. Puis, face aux dénégations de la jeune femme, il assassina celle-ci également.

Certains ont avancé l'hypothèse que Constantin ne s'est converti qu'à cette période. Les crimes qu'il avait à expier étaient si graves que seul le baptême pouvait les effacer...

D'après son biographe, Eusèbe de Césarée, il fut baptisé à Nicomédie, en Orient. L'Église orthodoxe continue de le vénérer comme un saint et de lui dédier des icônes. Mais, d'après les fresques qu'abrite la basilique des Quatre-Saints-Couronnés, située sur une colline séparant l'église Saint-Jean de celle de Sainte-Marie-Majeure, Constantin aurait été baptisé à Rome.

Les fresques sont antérieures de deux siècles à celles de Piero della Francesca et n'ont rien d'un chef-d'œuvre de l'histoire de l'art. Le style est encore byzantin. Elles n'en restent pas moins émouvantes, notamment parce qu'elles illustrent une histoire qui n'est racontée nulle part ailleurs.

Constantin souffre de la lèpre. Les prêtres païens lui conseillent de faire tuer des enfants et se baigner dans leur sang pour guérir – un symbole sans ambiguïté de la persécution des anciens chrétiens. Face au désespoir des mères, l'empereur renonce.

Une nuit, Constantin voit en rêve deux visages qui lui sont inconnus : ce sont saint Pierre et saint Paul, qui l'invitent à demander l'aide du pape, Sylvestre. En réponse, ce dernier lui indiquera une source dont les eaux le guériront. Le pape s'étant retiré sur le mont Soracte, à une cinquantaine de kilomètres au nord de Rome, Constantin le fait venir ; le souverain pontife lui montre alors une image, où l'empereur reconnaît les saints qu'il a vus en rêve, Pierre et Paul.

Sylvestre baptise Constantin, qui guérit donc de la lèpre. Le baptême est pratiqué par immersion, comme dans les premières communautés chrétiennes. En signe de reconnaissance, Constantin offre au pape la ville de Rome, le pavillon (une sorte de parasol symbolisant la dignité impériale), la tiare et un cheval. Sylvestre est représenté assis sur un trône et Constantin lui rend hommage.

La signification est on ne peut plus claire : le pape est l'intermédiaire entre Dieu et l'empereur, entre le pouvoir céleste et le pouvoir terrestre, peu importe l'homme à qui il est temporairement confié.

Cette histoire n'est pas seulement racontée sur une fresque. Elle a été attestée bien avant cela par la donation de Constantin (*Donatio Constantini*). D'après ce document, l'empereur s'engageait à garantir au pape, s'il le guérissait de la lèpre, la souveraineté sur Rome et sur son territoire, la primauté sur les Églises d'Orient et la direction de tous les prêtres. En réalité, il s'agit d'un faux grossier, rédigé dans un latin de cuisine qui n'aurait jamais été utilisé à l'époque de l'empereur : Lorenzo Valla, un humaniste du XVe siècle, n'eut aucun mal à le démontrer. Mais le fait qu'on ait éprouvé la nécessité de le fabriquer montre bien que l'Empire continuait de conditionner l'histoire du monde, alors même qu'officiellement il n'existait plus depuis des siècles.

Si Constantin séjourna peu de temps à Rome, il fonda une autre Rome sur les ruines de l'antique Byzance et lui donna un nom inspiré du sien : Constantinople. Il eut, en somme, deux intuitions. La première, qu'il fallait déplacer le centre de gravité politique et militaire de l'Empire vers l'est, loin de ces barbares qu'il voyait désormais d'un œil inquiet ; la seconde, qu'il fallait faire de Rome son pôle religieux : n'est-ce pas là qu'avaient été martyrisés et enterrés le premier successeur du Christ et le prêcheur qui avait marié le christianisme avec la philosophie et la culture grecque et romaine ? Ce choix fut aussi une manière de reconnaître, à titre posthume, l'intelligence (ou l'inspiration divine) de Pierre et Paul, partis prêcher et mourir non pas dans un désert mais au cœur du monde, dans la capitale du peuple qui dominait ses semblables et l'histoire.

À Rome, Constantin se fit construire un tombeau, à côté d'un cimetière public chrétien. Sa mère, Hélène, y fut enterrée. Par la suite, l'empereur changea d'avis et décida de reposer à Constantinople, auprès des reliques qu'il avait fait rassembler et qui furent en grande partie dispersées. La détermination qui l'animait le conduisit également à présider de nombreux conciles afin que les pères de l'Église trouvent l'unité et condamnent comme hérétiques et schismatiques ceux qui professaient un autre credo, en particulier lors du concile de Nicée. Les doutes entourant une religion aussi complexe que le christianisme fleurissaient, à commencer par celui-ci, et non des moindres : Jésus était-il un dieu, un homme, ou les deux à la fois ? La réflexion théologique et le débat philosophique étaient le cadet des soucis de Constantin. Ce qu'il voulait, c'était une doctrine claire, partagée, et surtout unique.

Il avait compris que le christianisme n'était pas l'ennemi de l'Empire, au contraire : il pouvait devenir son allié, voire son essence même. Il voulait un seul empereur sur la terre et un seul dieu au ciel. Pas un dieu national, protecteur d'un peuple et symbole d'une foi ésotérique, mais un dieu universel, dans lequel tout le monde, hommes et femmes, citoyens libres et esclaves, pouvaient et devaient se reconnaître. Un dieu qui promettait la justice mais qui la confiait au royaume des cieux. Fini, les magiciens, les rituels ésotériques, la sorcellerie, mais aussi les orgies débridées, le luxe excessif, le relâchement dans les mœurs et la pensée : la nouvelle foi représentait le contenu éthique dont cette civilisation affaiblie avait besoin. Une forme de contrôle social, aussi.

Le paganisme ne suffisait plus, il fallait un lien plus solide entre la loi de l'État et le cœur des hommes. Alors peu importe si l'empereur s'est converti par calcul politique ou si cette vision aux portes de Rome a bel et bien germé dans son cœur. Si la victoire du christianisme relève de la stratégie ou du miracle. Les deux choses peuvent être vraies en même temps.

Et, si le christianisme ne fut plus jamais le même après s'être lié au pouvoir, cette union fonda la civilisation dans laquelle nous vivons aujourd'hui encore.

La conversion au christianisme n'a pas sauvé l'Empire romain. Mais elle fut l'une des raisons de sa longévité. L'Occident est devenu chrétien car Rome est devenue chrétienne. Et, grâce au fait qu'elle était devenue chrétienne, Rome a survécu au travers des cultures et des formes de pouvoir nées après son (apparente) éclipse.

7

L'empire sans fin

Le vol de l'aigle, de Justinien à Zuckerberg

Nous sommes en 2012. Une jeune Américaine, Priscilla Chan, part en voyage de noces à Rome avec son mari, chef d'entreprise dans la tech. Mais, au lieu de profiter des charmes de la dolce vita, celui-ci arpente la ville au pas de charge pour photographier les statues de l'empereur Auguste, dont l'histoire le passionne.

Il s'appelle Mark. Mark Zuckerberg.

Des années après ce drôle de séjour à deux (voire à trois, confia son épouse), il revient, cette fois en tant que maître d'Internet. Le programme semble taillé sur mesure par ses attachés de presse : sortie footing entre le Cirque Maxime et le Colisée, rencontre avec les journalistes, déclarations élogieuses sur la gastronomie romaine et la beauté de la ville… Bref, tout ce que les stars américaines de passage à Rome ont coutume de faire et de dire.

Une conférence publique l'attend. Soudain, il prend un air sérieux et commence à déclamer en latin : « *Forsan et haec olim meminisse juvabit…* » Et d'expliquer, tout sourire : « Les langues n'ont jamais été mon fort. À l'université, j'avais essayé d'apprendre le français et l'espagnol. Et puis je me suis orienté vers le latin, que plus personne ne pratique, c'est l'avantage. » À ses yeux, il y avait une parenté avec les langages de programmation abstraits et rationnels qu'il étudiait.

L'assemblée, composée de jeunes entrepreneurs habitués à l'anglais des écoles de commerce, écoute, intriguée et perplexe : qu'a bien pu dire l'inventeur de Facebook ?

Zuckerberg n'a pas choisi ces mots au hasard. Il a cité le vers 203 du premier livre de l'*Énéide*. Une phrase que Virgile prête à Énée au moment le plus dramatique de son histoire. Troie est tombée, Énée s'en est sorti par miracle. Sa ville n'est qu'un tas de ruines, sa femme est morte, une grande partie de ses bateaux ont disparu lors d'une tempête. Tout semble contre lui. « Un jour peut-être, ces souvenirs vous seront doux », dit pourtant le héros troyen.

Zuckerberg ajoute alors : « Ce vers de Virgile est la plus belle histoire entrepreneuriale jamais écrite. Énée ne baisse pas les bras. Il pense déjà au moment où il atteindra son objectif, qui est de fonder Rome, où il pourra se retourner sur son parcours et mesurer tout ce qu'il a traversé. Énée a une mission, une équipe et une persévérance à toute épreuve. Il possède toutes les qualités du vrai chef d'entreprise. »

Virgile aurait-il reconnu son héros dans ce portrait ? J'en doute. Pourtant, on ne pourrait pas trouver meilleur exemple de la vocation « impériale » du maître des réseaux sociaux. L'idée de réunir et « gouverner » une communauté de la taille de la planète entière donne à Zuckerberg la sensation d'être une sorte d'Auguste contemporain. Ce n'est pas un hasard s'il a la même coupe de cheveux que son lointain modèle. D'ailleurs, quand il doit participer à une conversation virtuelle avec l'Italie, son avatar bouge et parle comme Auguste. Longtemps, il a conclu ses réunions en criant « *Dominio !* », et il a donné à ses filles des noms évoquant la vie du fondateur de l'Empire : Maxima, August, Aurelia.

Facebook n'est pas seulement son empire personnel, il y voit une sorte de réplique de l'Empire romain. Avec près de trois milliards de *cives*, cependant. À son époque, Auguste n'avait pas autant de gens sous sa coupe.

L'exemple de Zuckerberg est le plus évident, certes, mais ce n'est pas le seul. Au moment de lancer sa campagne pour l'exploration de la planète Mars, Elon Musk s'est proclamé « *imperator* de Mars ». Quand Maureen Dowd, du *New York Times*, lui a demandé si le richissime Crassus était son empereur préféré, il a rétorqué froidement : « Crassus était triumvir, pas empereur. » Et quand, par provocation, Musk a proposé de défier Zuckerberg lors d'un combat de boxe, où souhaitait-il que la rencontre ait lieu ? Au Colisée, bien sûr !

Bill Gates est un autre mordu de la Rome antique. Sur son blog, il recommande une série culte de la BBC, *I, Claudius*, où l'empereur Claude en personne raconte à la fois son règne et celui de ses prédécesseurs, Auguste, Tibère et Caligula. Après la pandémie, le milliardaire a suggéré de créer une *task force* mondiale, sur le modèle d'Auguste, qui fonda le corps des pompiers après l'incendie de Rome, en l'an 6 apr. J.-C. Il a également chroniqué un livre où l'auteur, Vaclav Smil, se demande dès le titre « pourquoi l'Amérique n'est pas la nouvelle Rome », soit l'exact opposé de la thèse que je défends dans cet ouvrage. En apparence, du moins. Car, c'est un fait, l'histoire ne se répète jamais. Les Américains, les Français ou même les Italiens ne sont pas les Romains de l'Antiquité. Ce que Smil et Gates veulent dire, en revanche, c'est que les automatismes n'existent pas. Ce qui est arrivé à Rome n'arrivera pas nécessairement aux États-Unis. Même s'ils continuent de nous inspirer.

Dans le célèbre discours prononcé à Harvard par Steve Jobs (celui où il insiste sur la nécessité d'avoir toujours faim et d'être toujours fou), certains ont cru discerner des échos de l'Antiquité, notamment lorsque le fondateur d'Apple rappelle cette maxime de l'empereur philosophe Marc-Aurèle, qu'il avait lue à l'âge de dix-sept ans : « Si tu vis chaque jour comme si c'était le dernier, un jour tu réussiras. » « *Cotidie morimur.* Nous mourons chaque jour », prévient pour sa part Sénèque, décidément plus pessimiste, même s'il écrit : « Vivre, c'est profiter aux autres ; vivre, c'est profiter de soi. »

Mais au-delà des intérêts individuels, il existe des points de contact entre Rome et la révolution numérique, le phénomène économique et social le plus important de notre époque. De même que l'Empire romain sélectionnait la classe dirigeante au sein de ses colonies, la Silicon Valley a repéré les meilleurs talents du monde entier. Le cosmopolitisme, la diversité ethnique, le multiculturalisme n'empêchent pas une centralisation extrême : les infrastructures numériques restent américaines. Tous ces plans de développement, de conquête, de domination font que ces grands capitalistes de la tech sont des émules de César. Des aspirants monopolistes. Des empereurs de l'économie 2.0.

Reste une question : pourquoi Rome ? Comment se fait-il qu'une civilisation théoriquement morte il y a seize siècles continue de conditionner le langage et la pensée de notre époque ? Parmi les empires, les royaumes, les civilisations qui se sont succédé sur terre (et il y en a eu beaucoup), pour quelle raison Rome continue-t-elle d'offrir ses mots et des symboles à la modernité ? Pour quelle raison inspire-t-elle encore les formes qu'empruntent le pouvoir et l'art, le business et la communication ?

L'explication ne réside pas uniquement dans la fascination qu'elle exerce mais aussi dans la continuité. Si l'Empire romain n'est jamais tombé, c'est que l'idée portée par Rome a traversé l'histoire, immortalisée par des souverains qui se croyaient la réincarnation de l'empereur, mais aussi par des peuples qui se sont pensés comme les héritiers des anciens Romains.

Byzance, la nouvelle Rome

Le terme *byzantin* a été inventé en pleine Renaissance, pour marquer une distance avec l'Empire romain d'Orient et dire, en substance, que les Occidentaux étaient les héritiers des Romains de l'Antiquité.

Malgré tout, les Byzantins ont toujours été convaincus que c'étaient eux, les héritiers des Romains. Mieux : qu'ils *étaient* les Romains. Les *Rhomaioi*, comme ils disaient. Ils appelaient leur État *Basileia Rhomaion*, le « royaume des Romains », ou, simplement, Rhomania. Et Byzance (ou Constantinople, si vous préférez) était la Nouvelle Rome.

Aujourd'hui, nous avons tendance à imaginer Byzance comme une civilisation faible et malade qui, pendant mille ans, n'a fait que s'enfoncer inexorablement dans la décadence. Qui aimait se perdre dans des questions juridiques emberlificotées et peindre des icônes interchangeables, avant de les détruire, parfois. Le siècle des Lumières vouait une haine farouche à cette civilisation. « Cet indigne recueil ne contient que des déclamations et des miracles, il est l'opprobre de l'esprit humain », cingle Voltaire. Et, pour Montesquieu, Byzance était « un tissu de révoltes, de séditions et de perfidies ».

En réalité, Byzance fut un véritable miracle qui résista aux barbares et aux Arabes et passa quatre siècles à tenir tête aux Turcs. Le rempart d'une civilisation grecque et latine, chrétienne et orthodoxe, qui existe encore et qui s'est même répandue de Belgrade à Vladivostok, de la Méditerranée au Pacifique, mélangeant et rassemblant un large éventail d'ethnies et de peuples, même s'il leur arrive de se lancer dans des guerres fratricides comme celle déclenchée par la Russie contre l'Ukraine.

La longévité de Byzance tient à la conjonction de trois facteurs : la culture grecque, la foi chrétienne et la conception romaine de l'État. C'est en parvenant à conjuguer ces trois éléments que le grand empereur Justinien a pu refonder la civilisation romaine sur la Corne d'Or.

Fils de paysans, né dans une zone reculée des Balkans (à Tauresium, aujourd'hui Taor, en Macédoine du Nord), formé dans l'armée, Justinien doit certainement son parcours au frère de sa mère, Justin, général devenu empereur. Sa personnalité porte néanmoins la marque d'un être d'exception. Il suffit de voir la détermination dont il a fait preuve pour épouser la femme qu'il aimait, Théodora, une actrice accusée de s'être adonnée à la prostitution.

La loi interdisait aux actrices d'épouser des hommes de haut rang ? Justinien la fit changer et exigea que Théodora soit représentée à côté de lui dans la basilique Saint-Vital de Ravenne (Émilie-Romagne), qui abrite quelques-unes des plus belles mosaïques du monde. Une prostituée mariée au souverain d'une ville hors normes : le personnage ne pouvait que fasciner les artistes ! Ce fut le cas du dramaturge Victorien Sardou, qui écrivit une *Théodora* pour la grande Sarah Bernhardt, elle-même fille d'une prostituée. Et savez-vous ce qu'a fait Lady Randolph Churchill, la mère de Winston Churchill, pour le jubilé de diamant de la reine Victoria ? Elle s'est présentée à la réception habillée... en Théodora !

L'époque de Justinien fut le dernier grand chapitre de la romanité. Ses généraux, Bélisaire et Narsès, l'emportèrent sur les Goths et reconquirent l'Italie, l'Espagne et l'Afrique du Nord. À Byzance, ses architectes construisirent la basilique Sainte-Sophie. Mais son chef-d'œuvre reste le *Corpus iuris civilis*, ce recueil de lois, redécouvert au Moyen Âge par l'école juridique de Bologne, qui constitua le socle du droit européen jusqu'au Code Napoléon.

Dans la *Divine Comédie*, Dante croise Justinien au Paradis, dans le ciel de Mercure, parmi les esprits qui ont poursuivi l'honneur et la gloire. Cette quête les empêche d'être au plus près de Dieu, mais leur béatitude est telle qu'ils sont incapables de concevoir la moindre mauvaise pensée : « Je fus César et je suis Justinien / Qui, par vouloir du premier amour que je sens / Retirai des lois le trop et le vain. » Le premier vers nous rappelle que les titres et le pouvoir meurent avec le corps, mais que l'essence et l'âme sont éternelles. Même dans l'au-delà, chaque personne reste elle-même, pleinement accomplie. L'œuvre de Justinien était voulue par le Saint-Esprit, « le premier amour », et a consisté à libérer l'immense corpus des lois romaines de ce qui était excessif et superflu (« le trop et le vain »).

Le Justinien de Dante se lance ensuite dans un excursus vertigineux et résume en quelques vers extrêmement concis l'histoire de l'aigle, symbole de Rome. Deux siècles avant l'avènement de Justinien, Constantin l'avait déplacé vers l'Orient, de Rome à Byzance. Mais à l'origine l'aigle avait fait le chemin inverse, de l'Orient vers l'Occident, de Troie jusqu'aux rives de la mer Tyrrhénienne, en compagnie d'Énée. Pendant plus de trois cents ans, il avait alors séjourné à Albe la Longue – la célèbre période séparant le débarquement d'Énée et la fondation de Rome.

Justinien évoque ensuite l'affrontement des Horaces et des Curiaces, le rapt des Sabines, les rois de Rome, le viol de Lucrèce, les défaites infligées par Brennus et Pyrrhus (avant qu'elles ne soient vengées), la trahison de Cincinnatus, la vague de panique déclenchée par la descente d'Hannibal, les victoires des Scipions, la chute de Catilina, le triomphe éphémère de Pompée.

Tout ce que vous avez lu jusqu'ici, Dante l'évoque en quelques dizaines de vers.

Vient ensuite l'ère de César. Avec lui, l'aigle passe du Var au Rhin, de l'Isère à la Loire, de la Seine au Rhône. Le trajet menant du Rubicon jusqu'à Rome est si rapide et aérien que ni la langue ni la plume ne pourraient le raconter.

Le poète florentin avoue ici toute son admiration pour Jules César. Détail significatif : dans l'*Enfer*, il place ses assassins Brutus et Cassius dans la bouche de Lucifer (ou plutôt les bouches, car il en a trois). Plus loin dans l'œuvre, le récit de Justinien montre César lancé aux trousses de Pompée en Espagne, à Dyrrachium, à Pharsale. Puis, grâce à lui, l'aigle revoit Troie, et notamment le tombeau d'Hector. Il repart ensuite pour l'Égypte, s'abat comme la foudre sur Juba, roi de Mauritanie, puis regagne l'Occident, partout où il entend sonner la trompe des ennemis pompéiens. Fuyant devant lui, Cléopâtre s'inflige une mort soudaine et atroce : la malheureuse en pleure encore. Avec Octavien, l'aigle arrive jusqu'à la mer Rouge ; avec Tibère, le péché originel est vengé, grâce à la crucifixion de Jésus, qui vient racheter l'humanité tout entière ; avec Titus, la mort de Jésus est vengée par la destruction du temple de Jérusalem. Et, quand la violence des Lombards se tourne contre la sainte Église, Charlemagne la protège sous les ailes de l'aigle.

Dante voit lui aussi une continuité entre l'Empire romain et le Saint Empire romain germanique. Ce qui l'amène à condamner les deux factions dont l'affrontement déchirait l'Italie de son époque : d'un côté, les gibelins, partisans de l'empereur, qui s'approprient un symbole, l'aigle, censé unifier tous les hommes ; de l'autre, les guelfes, soutiens du pape, qui le rejettent.

Quoi qu'il en soit, l'aigle figure sur le blason de nombreuses villes et provinces de la péninsule, à commencer par celle historiquement la plus fidèle à l'empereur, Pise. D'autres ont fait le même choix alors qu'elles s'étaient fièrement dressées contre lui : en 1395, Gian Galeazzo Visconti, duc de Milan, obtint la permission de placer l'aigle à côté de son symbole traditionnel, la couleuvre. À cette même période, il fit abattre l'ancienne cathédrale pour ériger un Duomo jamais vu auparavant, ni en brique ni en pierre, mais tout en marbre, avec cinq nefs, comme les temples romains de jadis. On a parfois tendance à l'oublier, mais, dès la fin de l'époque impériale, les églises chrétiennes ont été construites sur le modèle des basiliques romaines.

L'aigle du Saint Empire romain germanique

Nous avons coutume d'imaginer les peuples barbares qui se sont installés en Italie comme des envahisseurs brutaux et hirsutes. En réalité, ils étaient tous imprégnés de culture romaine.

Le roi des Lombards, Aistolf, revendiqua le contrôle de Rome en s'exprimant comme un César chrétien : le « *populus Romanorum* » lui avait été confié « *a Domino* », par la volonté de Dieu et avec l'aide de Jésus (*auxiliante Domino nostro Iesu Christo*). La Ville éternelle avait déjà un illustre locataire, cependant : le pape, qui appela les Francs à la rescousse. Lors d'une cérémonie solennelle, il sacra roi leur chef, Pépin le Bref, en lui accordant le titre de « patricien des Romains ». La dynastie carolingienne était née. L'appui du pape était désormais assuré.

À charge pour Pépin de reconquérir l'Italie par les armes…

Les Francs passèrent deux fois les Alpes, vainquirent les Lombards, envoyèrent leur roi Didier en exil en France tandis que son fils Adalgis (dont Alessandro Manzoni fit le personnage principal d'une de ses tragédies) trouva refuge à Byzance, où il tenta, en vain, d'organiser une opération de sauvetage.

À cette époque, l'Orient n'était pas dirigé par un empereur mais par une impératrice. Irène (dite l'Athénienne) avait hérité le pouvoir de son mari et l'exerçait au nom de son fils âgé d'à peine neuf ans. Quand, plus tard, celui-ci complota contre elle, elle le fit arrêter et tuer. Irène fut la seule à se qualifier de « *basilissa* », c'est-à-dire « reine » en grec, même si elle apparaissait en tant que *basileus* (« roi ») sur les documents officiels – un peu comme Giorgia Meloni, qui n'a pas féminisé son titre de président du Conseil. Hélas, si la figure d'Irène n'est pas ancrée dans la mémoire collective, c'est aussi parce qu'elle n'a pas laissé de portraits : elle était l'ennemie des iconoclastes, qui ont détruit son effigie, hormis celle gravée sur les pièces d'or. Irène, qui y tient le globe surmonté de la croix dans une main et le sceptre dans l'autre, porte une tenue impériale semblable à la *trabea triumphalis*, la cape dans laquelle se drapaient les consuls romains lors de leurs triomphes.

Le pape ne pouvait pas accepter qu'une femme soit impératrice d'Orient. Mais peut-être a-t-il pris ce prétexte pour s'affranchir définitivement de Byzance : il pouvait désormais être le chef spirituel de toute la chrétienté, et plus simplement l'évêque de Rome. Il lui fallait toutefois un protecteur armé. Un nouvel empereur, qui lui devrait son sceptre.

Et c'est ainsi que, dans la nuit de Noël de l'an 800, le pape Léon III couronna Charlemagne en la basilique Saint-Pierre.

La cérémonie aurait dû suivre le rituel romano-byzantin, de l'acclamation par le peuple à l'onction de l'empereur. Au lieu de quoi on fit les choses dans l'ordre inverse : le pape donna l'onction à Charlemagne et lui remit le diadème, cette couronne que César avait refusée. Alors seulement, le peuple fut invité à s'exprimer. Une façon de dire que ce titre d'empereur venait de lui et, par son intermédiaire, de Dieu.

Charlemagne fut, lui aussi, un homme d'exception : un analphabète qui reconnaissait la valeur de la culture. Son avènement marqua la fin de cette période sombre ; on recommença à construire, à peindre, à sculpter, mais sans retrouver le niveau artistique des anciens Romains (qui ne fut égalé qu'à la Renaissance). Pourtant, quand on apprit à Byzance que le roi des Francs avait été couronné empereur, les chroniqueurs notèrent avec angoisse que les invasions barbares n'étaient pas terminées. Pire : qu'un barbare venait de conquérir Rome et que le titre de César était tombé entre les mains d'un usurpateur.

Deux siècles et demi plus tard, en 1054, le pape Léon IX décida de s'affranchir pour toujours du patriarche de Constantinople : les catholiques donnèrent à cet événement le nom de grand schisme d'Orient. Pour le justifier, il s'appuya sur l'infox la plus spectaculaire de tous les temps : la donation de Constantin, ce document censé démontrer comment le souverain avait offert Rome au pape. Cette grande histoire lui offrait des arguments tout trouvés…

Même si les papes de Rome et les empereurs allemands passèrent les siècles suivants à s'affronter, les successeurs de Charlemagne furent couronnés à Rome par le souverain pontife. Tout changea avec Charles Quint, le premier à régner sur un empire qui s'étendait jusqu'au Nouveau Monde. Il fut consacré non pas à Rome mais à Bologne, pour écourter le trajet. C'était en 1530. Trois ans plus tôt, ses lansquenets avaient mis à sac et profané la Ville éternelle. Après lui, les souverains se proclamèrent eux-mêmes *Electus Romanorum Imperator*, l'élu des Romains.

Leur symbole, dès l'époque de Frédéric Barberousse, était l'aigle romain. Ce même aigle qui fut adopté par l'Empire austro-hongrois, le Reich allemand, la République de Weimar, le nazisme et même par la *Bundesrepublik*, l'Allemagne moderne.

Aux anciens Romains, les empereurs allemands empruntèrent également la couronne, la cape couleur pourpre, le sceptre et le globe symbolisant le monde. L'empire étant sacré, et donc chrétien, le globe était surmonté d'une croix.

Florence, Venise et la redécouverte d'Homère

C'est à Byzance qu'étaient conservés les textes de la grande culture grecque. Et c'est au moment où la ville menaçait de tomber que l'Occident les redécouvrit. En 1438, l'empereur Jean VIII Paléologue arriva à Ferrare à la tête d'une délégation de sept cents personnes, dont des religieux et des savants. Le but de ce voyage ? Un concile censé réunir les Églises d'Orient et d'Occident (c'est-à-dire les orthodoxes et les catholiques) et organiser une croisade pour sauver Byzance de l'emprise des Turcs. L'année suivante, une épidémie de peste frappait la ville de Ferrare : le concile se tint donc à Florence, comme en témoigne la fresque somptueuse réalisée par Benozzo

Gozzoli dans la chapelle de la famille Médicis. Au milieu de la foule, on aperçoit deux enfants : Lorenzo (le futur Laurent le Magnifique) et son frère Giuliano (Julien, assassiné lors de la conjuration des Pazzi).

Du point de vue religieux et politique, le concile se solda par un échec. Les deux Églises restèrent séparées et, le 29 mai 1453, Byzance, abandonnée à son sort, tomba entre les mains des Turcs : ils la renommèrent Istanbul, nouvelle capitale d'un empire agressif et puissant, et transformèrent Sainte-Sophie en mosquée.

Une graine avait été semée malgré tout.

À Florence, capitale de l'humanisme, les savants de Byzance – notamment Bessarion, archevêque et lettré – avaient apporté les textes et les idées de l'Antiquité grecque, que l'Occident avait perdus et ne connaissait donc pas. Ce qui permit la naissance de la pensée néoplatonicienne et la redécouverte des grands poèmes attribués à Homère. Quinze ans après la chute de Byzance, en 1463, Bessarion offrit à Venise sa collection de codex grecs et latins, devenue le socle de ce qu'on appelle aujourd'hui la Biblioteca Nazionale Marciana. Parmi eux, le *Venetus A*, remontant à la moitié du xe siècle, le plus vieux manuscrit qui nous ait transmis l'*Iliade*.

Avec son petit empire ouvert sur l'Adriatique, Venise était née d'une côte de l'Empire byzantin. Sa fondation est aussi légendaire que celle de Rome. D'après une tradition ancestrale, la ville serait née grâce aux exilés troyens menés par Anténor, un Troyen à qui les Achéens avaient généreusement décidé de laisser la vie sauve (on lui attribue également la fondation de Padoue). Selon d'autres sources, la première pierre de l'église

Saint-Jacques-du-Rialto fut posée en 421, un 25 mars, qu'on considère aujourd'hui encore comme le jour de naissance (*dies natalis*) de la Sérénissime. Ce n'est pas une date anodine : pour les chrétiens, le 25 mars marque l'annonce faite à Marie par l'archange Gabriel, et donc de la conception de Jésus ainsi que de sa crucifixion future. Pour le calendrier julien, le 25 mars était le jour de l'équinoxe de printemps, qui ouvrait l'année et la saison de la guerre.

Les relations entre Byzance et Venise furent toujours étroites. La Sérénissime fut le trait d'union entre ce qui restait de la culture de la Rome antique en Italie et sa version vivante sur les rives de la mer Égée. Ce n'est pas un hasard si la nomination des doges calquait celle de l'empereur romain d'Orient. La tenue était la même ; et si, à Byzance, l'empereur était investi symboliquement par la Vierge, par un saint et, parfois, par Jésus en personne, à Venise, on devenait doge *per vexillum Sancti Marci*, à travers l'étendard de saint Marc. Avec le temps, le rituel changea, mais l'influence byzantine demeura : le doge Domenico Silvo fut acclamé par le peuple avec la formule « *Volumus et laudamus* » ; une fois entré dans la basilique Saint-Marc, il s'allongea par terre, comme le faisait l'empereur à Sainte-Sophie, devant Dieu. Les dignitaires s'inclinaient ensuite devant lui.

Et puis vint l'année 1204, où l'ancienne colonie conquit la capitale de l'Empire. Les Vénitiens fournirent des navires aux croisés. En échange, ils exigèrent qu'ils mènent une guerre privée, à leur bénéfice. D'abord, ils dominèrent la ville rebelle de Jadres (Zadar), sur les côtes dalmates. Puis, à la place de Jérusalem, ils prirent Byzance, dont ils pillèrent les trésors.

L'empire latin en Orient fut de courte durée et les souverains byzantins reprirent le dessus. Mais, depuis, les quatre chevaux de bronze de l'hippodrome de Byzance sont gardés dans la basilique Saint-Marc tandis que Enrico Dandolo, le doge aveugle qui guida l'expédition, est enterré à Sainte-Sophie.

Moscou, la Troisième Rome

« Deux Rome sont tombées. La Troisième résiste. Et la Quatrième ne verra pas le jour. »

L'auteur de cette prophétie inspirée est le moine Philothée, l'un de ces idéologues en robe de bure qui ont marqué l'histoire russe jusqu'à Raspoutine (voire jusqu'au patriarche Kirill). La Première Rome était évidemment celle qui se dressait au bord du Tibre. La Deuxième, Byzance. Et la Troisième, Moscou qui, comme la cité originelle, était née sur les rives d'un fleuve (la Moskova, en l'occurrence) et entourée de sept collines.

La formule figure dans une lettre adressée au grand prince de Moscou Basile III. Son père, Ivan le Grand, avait épousé la princesse byzantine Zoé, la nièce de Constantin XI Paléologue, dernier empereur romain d'Orient. Le fils de Basile, Ivan le Terrible, fut le premier à se proclamer tsar de toutes les Russies, lors d'une cérémonie, là encore, calquée sur celle de Rome. Avec l'aigle pour symbole, bien entendu…

Les historiens de la cour inventèrent que le tsar descendait de Prus, figure légendaire présentée comme le frère (ou le neveu) d'Auguste, dont il aurait reçu la pointe nord de l'Empire, appelée, justement, la Prusse. Une légende à laquelle les Russes croyaient dur comme fer : elle est d'ailleurs racontée dans les bas-reliefs de la cathédrale de la Dormition, l'une des plus belles églises du Kremlin.

Les Russes n'ont pas uniquement emprunté leurs titres et leurs symboles aux empereurs romains. Le pays sentit, dès le début de son histoire, qu'il avait deux missions. La première : défendre la foi orthodoxe, la seule authentique à leurs yeux ; la seconde : mener le monde chrétien vers une nouvelle ère. Fortes de cette conviction, les armées des tsars arrivèrent jusqu'à l'océan Pacifique et la mer Noire. On imagine l'effarement des peuples de la Sibérie et du Caucase lorsqu'ils virent débarquer ces cavaliers aux cheveux blonds et aux yeux bleus qui se battaient et mouraient au nom de César et de Dieu, comme à l'époque de Constantin.

Après sa victoire sur les Turcs, la Grande Catherine rêva de faire renaître l'Empire romain d'Orient : les territoires contrôlés par les Ottomans auraient été partagés avec le Kaiser allemand. De nombreuses villes de l'Empire russe prirent alors des noms grecs : Sébastopol, Melitopol, Marioupol (du grec *polis*, « la ville ») et Kherson (du grec *kersonesus*, « la péninsule »), des noms tristement célèbres depuis le début de la guerre russo-ukrainienne, portée par une vision pervertie de ces idéaux, après des siècles d'histoire commune.

Cet esprit messianique, uni à l'esprit de conquête, n'était pas l'apanage des tsars et des tsarines, des généraux et des soldats. Dostoïevski lui-même décrit le socialisme russe comme une union entre les idéaux de justice sociale et l'orthodoxie, « dont le but et la finalité est l'Église du peuple, l'Église universelle réalisée sur la terre, pour autant que la terre puisse la contenir ».

À l'instar des Américains, mais de manière évidemment différente, les Russes ont le sentiment d'avoir un « destin manifeste ». Leur capacité de résistance est infinie, Napoléon et Hitler en ont fait l'expérience. La révolution bolchevique a arraché les racines orthodoxes du pays, mais pas son esprit expansionniste, qui, après la Seconde Guerre mondiale, a étendu l'influence russe jusqu'au rideau de fer. Après l'effondrement de l'Union soviétique, Moscou s'est à nouveau présentée comme la Troisième Rome, vouée à défendre la foi orthodoxe, à protéger les peuples slaves (de gré ou de force), et à s'imposer comme guide spirituel du monde, par opposition avec un Occident décrit comme faible et corrompu.

Mazzini et le Duce

Précisons que la Troisième Rome n'est pas uniquement l'invention d'un moine exalté. Au XIXe siècle, l'expression fut également utilisée par l'un des pères fondateurs de l'unité nationale italienne, Giuseppe Mazzini, pour indiquer la Rome du *Risorgimento*. Une Rome libre, démocratique, républicaine, venue après celle des césars et celle des papes.

Cette rhétorique nationaliste fut adoptée, à une autre époque et sous d'autres formes, par Benito Mussolini. Selon le Duce et ses projets architecturaux, la Troisième Rome devait parvenir jusqu'à la mer. Le quartier de l'EUR, construit au sud de Rome à l'occasion de l'Exposition universelle de 1942 (d'où son nom), était censé n'être qu'une étape de son grand projet : Rome devait « s'étendre sur d'autres collines le long des rives du fleuve sacré, jusqu'aux plages de la mer Tyrrhénienne ». Paradoxalement, dans l'après-guerre, Rome se développa essentiellement vers le nord, avec la création de banlieues et de quartiers à destination de la haute bourgeoisie.

Rappelons-le, le fascisme tire son nom des *fasces lictoriae*, les faisceaux des licteurs, l'un des symboles du pouvoir dans l'Antiquité. Mussolini se targuait d'avoir soumis les cent capitales d'Italie pour en faire émerger une seule, Rome. Un exploit qui lui valut le surnom moqueur de « César de Carnaval » en France.

Rappelons néanmoins qu'à l'époque moderne le mythe de Rome ne commence pas avec le Duce. Pour l'Italie tout juste unifiée, le destin du jeune État passait forcément par Rome : aucune autre ville ne pouvait en devenir la capitale. Des Turinois comme Cavour et Victor-Emmanuel II, qui n'avaient jamais mis les pieds à Rome, n'envisagèrent pas une seule seconde de laisser la capitale du royaume à Turin. À un pas du Forum, on construisit un immense bâtiment de style néoclassique dédié au monarque père de la patrie, le Vittoriano : depuis 1921, c'est là que repose le soldat inconnu, symbole des victimes de la Grande Guerre. Des chantiers d'ampleur furent également lancés, avec l'ouverture de nouvelles routes visant à relier le centre-ville à la gare de Termini et à la basilique Saint-Pierre.

Mais c'est avec le fascisme que les vestiges de la Rome de jadis s'effacèrent pour qu'une ville nouvelle puisse voir le jour. Le Duce détruisit les anciens palais qui lui bouchaient la vue sur le Capitole depuis son balcon du Palazzo Venezia : il y fit construire l'artère permettant à ses troupes de défiler sur le Forum, l'actuelle via dei Fori imperiali. À son extrémité, il fit exposer les bas-reliefs montrant les différentes étapes de la création de l'Empire romain, ainsi que la carte (désormais retirée) de l'empire fasciste, qui s'étendait jusqu'aux îles de la mer Égée, la Libye et l'Éthiopie. Mussolini fit également abattre la Spina di Borgo, le quartier médiéval qui cachait la coupole de Saint-Pierre, pour y tracer la via della Conciliazione. Partie du Tibre, elle rejoint la célèbre place : effet garanti ! Il ordonna ensuite d'éventrer l'autre quartier médiéval qui s'était développé autour du mausolée d'Auguste. Dans son projet mégalomane, le monument devait devenir le tombeau de sa famille.

Autre exemple de cette folie des grandeurs : lorsqu'il fit construire un complexe sportif destiné à accueillir les Jeux olympiques – ce qui fut le cas en 1960 –, il l'appela Foro Mussolini, en toute simplicité. Mais pour les antifascistes ou, simplement, les mécontents, l'expression avait un tout autre sens : elle désignait le trou (*foro*, en italien) qu'à peu près tout le monde avait dû percer dans sa ceinture en cette période de vaches maigres.

Le Duce avait, en somme, le sentiment d'être la réincarnation d'un empereur. Mieux : d'un fondateur de l'empire. C'est ainsi qu'en septembre 1938 le régime fasciste fêta en grande pompe les deux mille ans de la naissance d'Auguste. Et lors des moments de tension avec Hitler, par exemple lorsque le dictateur nazi annexa l'Autriche, déplaçant mécaniquement la frontière entre l'Allemagne et l'Italie au niveau du fleuve Brenner, Mussolini le compara à Arminius.

La trahison du Führer était digne de celle du barbare germain vis-à-vis d'Auguste.

Napoléon et Marianne

Le personnage qui se rapproche le plus d'un empereur romain dans l'histoire moderne est, en réalité, Napoléon Bonaparte. Fils de la Révolution, il ne pouvait pas restaurer la monarchie. Italien par sa famille, sa langue et, au fond, sa culture, il avait l'Empire comme point de repère naturel. Dès l'époque où il était jeune étudiant à l'École militaire de Brienne-le-Château, son modèle déclaré fut Jules César en matière d'art militaire, et Auguste en matière de politique.

Le 2 décembre 1804, dans la cathédrale Notre-Dame de Paris, son rêve impérial se réalise. Le petit caporal entre en scène vêtu non pas comme Auguste mais comme Héliogabale ou n'importe quel autre potentat du Bas-Empire : carrosse tiré par huit chevaux blancs, tunique rouge cramoisi, cape en velours rouge de quarante kilos bordée d'hermine. Le chœur entonne le *Veni Creator Spiritus* et un prêtre lui applique le saint chrême. Le pape est obligé d'assister à la cérémonie en spectateur davantage qu'en officiant : il est assis sur un trône à côté de l'autel. Napoléon a fait forger une couronne identique à celle de Charlemagne. Le pape ne dit cependant pas « *Accipe coronam* » (« Prends cette couronne ») mais « *Coronet te Deus* » (« Dieu te couronne ») : le diadème est censé venir de Dieu. Dans les faits, Napoléon se couronne tout seul. « Si papa nous voyait ! » glisse-t-il, en corse, à son frère Joseph. (En octobre 1922, Mussolini dira peu ou prou la même chose à son frère Arnaldo après avoir reçu le télégramme royal le priant de descendre à Rome pour devenir chef du gouvernement.)

Sur l'immense tableau de Jacques-Louis David qui immortalise la scène avec une précision presque photographique, on aperçoit également la mère de Napoléon, Maria Letizia. Ce jour-là, pourtant, la mère de l'Empereur n'était pas à Notre-Dame : elle détestait sa belle-fille, Joséphine, et n'aurait jamais supporté de voir son fils la couronner impératrice.

À côté de cette scène emblématique, le Louvre conserve une autre fresque impressionnante, signée Antoine-Jean Gros : *Bonaparte visitant les pestiférés de Jaffa*. L'empereur des Français (tel était son titre) y est représenté en train de toucher le bubon d'une victime de la peste. Un geste qui rappelle la guérison thaumaturgique prêtée aux rois de France… et aux empereurs de l'Antiquité : rappelons que Vespasien aurait guéri un handicapé, du moins selon le récit de Tacite, qu'on ne pouvait pas accuser de complaisance, cela dit.

Mais Napoléon ne voulait pas seulement conquérir l'Europe. Il voulait la reconstruire. Reconstruire les villes. Ouvrir une nouvelle ère. Apparaître comme l'Auguste de son temps.

En 1809, il annexe Rome à l'Empire et en fait sa deuxième ville, après Paris. Pas de quoi s'étonner si son fils, Napoléon II, reçoit le titre de roi de Rome et un surnom éloquent : l'Aiglon. On restaure des bâtiments anciens, on en construit de nouveaux. Pauline, la sœur de Napoléon, épouse le prince Borghèse et scandalise les aristocrates en se faisant représenter à moitié nue par le sculpteur Canova : quel chef-d'œuvre, pourtant ! Sa mère, Maria Letizia, s'installe sur la piazza Venezia et passera ses dernières années à observer discrètement les passants, cachée derrière les persiennes en bois de ce qu'on continue d'appeler le Palazzo Bonaparte.

Napoléon rêvait de rapporter à Paris la colonne Trajane mais se dit finalement qu'une copie serait moins coûteuse. Il la fit dresser place Vendôme, en fondant le bronze des canons pris aux Autrichiens et aux Russes à Austerlitz. À son sommet trône une statue où il est habillé en *Caesar imperator*, avec toge courte, glaive, victoire ailée, couronne de laurier. Une inscription en latin qualifie le Corse d'empereur auguste à l'issue de cette « guerre germanique » victorieuse (*bellum germanicum*). Comme si l'affront de Teutobourg avait été lavé.

Avec la Restauration monarchique, la statue fut retirée. Mais, en 1833, Napoléon revint au sommet de la colonne, cette fois en tenue de caporal. Finalement, son neveu Napoléon III, fils de son frère Louis, fit ériger une copie de la première statue, celle qui le représentait en empereur romain. La colonne fut détruite au moment de la Commune de Paris, en tant que monument au militarisme, sur proposition de Gustave Courbet. La justice condamna plus tard le peintre à la reconstruire, à ses frais. Mais il mourut avant de verser la première échéance.

De la Rome antique, Napoléon copia également les arcs de triomphe : celui qui trône au bout de l'avenue des champs Élysées est la réplique de l'arc de Titus, celui du Carrousel du Louvre copie l'arc de Constantin. L'Empereur avait fait installer à son sommet les quatre chevaux de Saint-Marc, avant qu'ils ne soient rendus à Venise.

Le Louvre devient un temple de l'art grec, romain et Renaissance, notamment grâce au butin de guerre que, suivant l'exemple de ses lointains prédécesseurs, Napoléon avait rapporté d'Italie, qu'il s'agisse d'œuvres d'art ou d'obélisques. Après la défaite française, le pape chargea Canova de rapporter les chefs-d'œuvre dérobés. Mais certains s'y trouvent encore, comme les *Noces de Cana* de Véronèse, découpé par les baïonnettes des soldats à Venise et reconstitué au Louvre. À l'époque, c'était l'œuvre la plus connue au monde, plus encore que *La Joconde*. Les visiteurs allaient voir cette fresque immense et son cortège de personnages, dont Véronèse lui-même, son rival Titien et, peut-être, deux empereurs, Soliman le Magnifique et Charles Quint.

Lorsque Napoléon III devint empereur à son tour, la langue politique européenne accueillit un concept nouveau : le césarisme, mot désignant l'abus de pouvoir personnel et une monarchie s'appuyant non pas sur une dynastie mais sur la force militaire et le soutien populaire. Napoléon comme nouveau César. Lorsque l'anarchiste italien Orsini tenta de l'assassiner, on parla de césaricide. La politique d'alliance avec la Rome papale – et, plus largement, l'union du pouvoir religieux et du pouvoir civil – reçut pour sa part le nom de césaropapisme.

Mais on aurait tort de réduire l'engouement de la France pour l'Empire et la Rome antique à la mégalomanie d'un seul homme, Napoléon, et de ses descendants. « Seule Paris est digne de Rome, et seule Rome est digne de Paris » : c'est par ce slogan qu'on justifia le rapprochement des deux capitales, une union toute symbolique… et exclusive, puisqu'elles n'ont pas noué d'autres jumelages depuis 1956 ! Quant à l'idée que la France a une mission dépassant largement ses frontières, ce souffle universel de la Révolution, il s'agit d'un héritage de la civilisation impériale. Les affranchis de la Rome antique portaient le bonnet phrygien, qui, comme chacun sait, est devenu un symbole révolutionnaire. Emblème de la République, Marianne en est fièrement coiffée.

France-Italie, toute une histoire

Depuis l'époque de Rome et des Gaulois, rares sont les peuples aussi étroitement liés à leurs voisins que les Italiens et les Français. Sans la France, en l'occurrence celle de Napoléon III, qui mit son armée au service de Victor-Emmanuel, l'Italie n'existerait pas. Magenta, la bataille qui ouvrit la route de Milan (4 juin 1859), est une victoire à mettre à l'actif des Français : seuls, les Piémontais n'auraient jamais pu l'emporter sur les Autrichiens. Arrivés après coup, ils furent accueillis par les moqueries des zouaves. Ils se rachetèrent trois semaines plus tard en attaquant frontalement les troupes de François-Joseph sur la colline de San Martino, qui domine le lac de Garde. Mais l'affrontement décisif eut lieu à Solférino et fut remporté par Napoléon III.

L'agonie des milliers de blessés abandonnés à leur sort ébranla profondément l'homme d'affaires Henry Dunant, futur fondateur de la Croix-Rouge, ainsi que l'empereur français : l'armistice fut signé avec l'Autriche dans la foulée. Une volte-face vécue comme une trahison par les Piémontais. Lorsque Napoléon III passa par Turin pour rentrer en France, il fut copieusement sifflé et les commerçants affichèrent le portrait de Felice Orsini, qui avait tenté de le tuer. C'est pourtant à Solférino que naquit l'Italie. Jusque-là, les armées autrichiennes offraient un équilibre précaire à cette kyrielle de petits États ; après leur défaite, l'ancien système s'écroula comme un château de cartes.

Le problème tenait au fait que la France voyait l'Italie comme un pays satellite. Une vingtaine d'années plus tard, l'occupation de la Tunisie, que l'Italie convoitait, elle aussi, créa une rupture, réparée au moment de la Grande Guerre. Quand, en octobre 1917, les Allemands et les Autrichiens percèrent la ligne de front à Caporetto, les Français furent les premiers à voler au secours de l'Italie, qui risquait d'être balayée. Mais le pays résista.

Voilà pourquoi l'attaque surprise voulue par Mussolini au mois de juin 1940, alors que les Allemands étaient déjà à Paris, fut un véritable « coup de poignard dans le dos ». Des régiments de chasseurs alpins se mutinèrent et refusèrent de se battre contre la nation où ils allaient travailler en hiver. « Quand le Chaberton parlera, Paris tremblera », prétendait la propagande fasciste. Mais, en quelques coups précis, l'artillerie française détruisit ce fort surnommé le « Cuirassé des nuages » et perché à plus de trois mille cent mètres d'altitude. Le bilan fut lourd côté italien : six cent trente et un morts, six cent seize disparus et deux mille six cent trente et un soldats gelés, en plein mois de juin ! La France n'eut que trente-sept morts à déplorer. Paris fut néanmoins forcée par Hitler à accepter un armistice jugé absurde : « L'Italie nous a déclaré la guerre, mais ne nous l'a pas faite. »

Une page noire, partiellement compensée par l'humanité de la 4e armée italienne qui occupa le Midi et protégea les juifs, mais aussi par les actions conjointes entre les maquisards et les *partigiani* italiens, de part et d'autre des Alpes. Pour autant, de Gaulle ne cacha jamais son mépris (« L'Italie n'est pas un pays pauvre, c'est un pauvre pays ») et tenta de mettre la main sur la vallée d'Aoste, avant que les Anglais et les Américains ne mettent le holà.

De son côté, l'Italie avait donné à la France deux reines, deux veuves qui ont régné sur le pays à travers leurs enfants (Catherine et Marie de Médicis) ; un cardinal dont la puissance égalait celle du roi, Mazarin, né à Pescina d'une mère originaire d'Ombrie et d'un père sicilien ; un empereur (les Bonaparte, nous l'avons dit, étaient d'origine toscane) ; le Premier ministre Léon Gambetta, en première ligne dans la résistance contre les Prussiens en 1870 et fils d'un épicier génois ; Émile Zola, dont le père était un militaire vénitien, Francesco Zolla ; un capitaine de l'équipe de France de football (la famille Platini vient d'un petit village de Lombardie) ; une première dame, Carla Bruni, mais aussi des artistes de renom, dont Yves Montand (pseudonyme d'Ivo Livi, de Monsummano Terme, en Toscane), Lino Ventura (originaire de Parme), Pierre Cardin (qui avait francisé son prénom, Pietro). Citons aussi ces enfants de l'immigration, profondément français mais aux racines italiennes, dont Fabrice Luchini (sa famille vient d'Assise, comme saint François), Daniel Pennac (Pennacchioni de son vrai nom), Éric Cantona (qui a des racines sardes) ou bien encore le directeur du *Monde*, Jérôme Fenoglio (originaire des collines des Langhes, réputées pour leurs truffes, leurs noisettes et leur vin rouge, tout comme son homonyme, l'écrivain Beppe Fenoglio, à qui l'on doit les plus belles pages jamais écrites sur la résistance italienne).

Pour autant, tout n'a pas toujours été simple entre ces deux peuples latins, loin de là. Voilà des siècles qu'Italiens et Français s'affrontent, se réconcilient, s'allient, s'unissent et recommencent à s'affronter.

La faute est toujours celle de l'autre. Un exemple : quand l'armée de Charles VIII contracta un mal mystérieux dans le sud de l'Italie, la syphilis, les envahisseurs parlèrent de « mal de Naples », et les autochtones envahis, de « mal français ». Il est vrai que le roi de France avait été appelé de l'autre côté des Alpes par un Italien, en l'occurrence Ludovic le Maure, duc de Milan, pour combattre ses ennemis italiens.

« Les Chassepot ont fait merveille ! » se félicitèrent les Français quand ils ouvrirent le feu sur les garibaldiens qui voulaient prendre Rome. C'était en novembre 1867, à Mentana, à une vingtaine de kilomètres plus au nord. Malgré ce précédent, le célèbre général accourut au secours de la France après la défaite de Sedan face aux Prussiens, en 1870. « Ce qui reste de moi est à votre service, disposez », déclara-t-il.

Le pire moment de cette histoire commune fut la chasse aux immigrés qui se déchaîna en août 1893 dans les marais salants d'Aigues-Mortes. Les travailleurs français s'en prirent aux « ritals », aux « macaronis » venus « leur voler leur travail ». Bilan : des dizaines de morts et des blessés qui s'étaient jetés dans les marais pour échapper au massacre.

Avant cela, il y avait eu la trahison de Napoléon, qui, en 1797, avait livré Venise aux Autrichiens. Et, encore avant, le défi médiéval de Barletta, qui opposa deux groupes de treize chevaliers et se conclut par la victoire des Italiens. Exactement comme à l'Olympiastadion de Berlin, en finale de la Coupe du monde de football 2006 – mais cette fois avec des équipes de onze et un mémorable coup de tête donné par Zidane à Materazzi, qui avait insulté sa sœur.

En réalité, si les relations entre les deux peuples sont riches mais compliquées, ce n'est pas sans raison. Les Italiens sont convaincus que les Français les méprisent. Il est vrai que les

Français – et surtout les Parisiens – ont parfois tendance à afficher (plus qu'à cultiver) un sentiment de supériorité… Mais celui-ci vise tout le monde, pas seulement les Italiens. Au contraire : de Charles VIII à Emmanuel Macron, en passant par le Roi-Soleil, qui assiégea Turin, et François Mitterrand, qui s'établit à Venise, les élites françaises sont obsédées par l'Italie.

Le « génie italien » a inspiré des générations d'artistes et d'hommes politiques. Machiavel et Malaparte sont lus et appréciés à Paris, alors qu'ils sont négligés dans leur propre pays. À croire que les Français savent bien mieux valoriser l'Italie que les Italiens eux-mêmes.

L'exemple le plus spectaculaire est celui de la *Joconde*. Les Italiens n'ont jamais accepté que le chef-d'œuvre de Léonard de Vinci soit exposé au Louvre et exigent de temps à autre de le récupérer. Cependant, la *Joconde* n'a pas été volée, à la différence des *Noces de Cana* : c'est l'artiste lui-même qui l'a fait venir en France, à la cour de François Ier. Le monarque le tenait en si haute estime qu'il le veilla sur son lit de mort, à Amboise. Si, au lieu de finir au Louvre, la *Joconde* était restée en Italie, elle ne serait certainement pas le tableau le plus célèbre au monde.

Dante, qui fut le père de la langue italienne mais aussi de l'Italie en tant qu'idée, ne fut pas tendre avec les Français, lui non plus. Dans le *Purgatoire*, le poète croise l'âme d'Hugues Capet, fondateur d'une dynastie longue de plusieurs siècles, et lui fait dire : « Je fus racine de cet arbre mauvais / Qui couvre d'ombre toute la chrétienté / Si bien qu'on y cueille rarement un bon fruit. » L'« arbre mauvais » qui étend son influence néfaste sur la chrétienté tout entière n'est autre que la famille royale de France, que Dante détestait, car elle était l'ennemie de l'Empire. Par ailleurs, le roi Philippe IV avait persécuté les Templiers, pour qui l'auteur de la *Divine Comédie* nourrissait de la sympathie.

Paradoxe : le seul voyage que Dante fit hors des frontières italiennes fut… en France. À Paris, il fréquenta la Sorbonne. Un jour, il surprit les enseignants en résumant à la perfection quatorze interventions qu'il venait d'écouter. Un vrai miracle, d'après Boccace, qui relata l'épisode. Mais faut-il y croire ? Ce qui est certain, c'est que la Sorbonne accueillit Thomas d'Aquin, qu'Umberto Eco – un auteur cher au cœur du public français – considérait comme l'homme le plus intelligent qui ait jamais vécu. Si le nom du maître de la scolastique a été donné à une église de la rive droite, une rue minuscule mais tout à fait charmante du Quartier latin est dédiée à Dante. Voltaire n'aimait guère le poète (« Dante est plus cité que lu », affirmait-il non sans raison) tandis qu'Auguste Rodin passa son existence à sculpter la porte de l'Enfer, sans jamais l'achever : les musées n'exposent que les calques d'un original jamais terminé. Chateaubriand dit que la visite du tombeau du poète, à Ravenne, a provoqué en lui une « commotion mêlée d'une terreur divine » : il n'avait jamais rien éprouvé de semblable, hormis à Jérusalem, dans la maison de Byron.

Le *Manifeste du futurisme* de Marinetti fut publié dans un quotidien français, *Le Figaro*, et c'est également à Paris que se sont formés les plus grands peintres italiens du XXe siècle : Amedeo Modigliani – que les Français ont pour ainsi dire adopté –, Giorgio De Chirico et son frère Alberto Savinio, Filippo De Pisis, Massimo Campigli, Gino Severini, Umberto

Boccioni. Paris accueillit les exilés durant le fascisme (mais ce sont des cagoulards français qui exécutèrent les frères Carlo et Nello Rosselli). Carlo Fruttero et Franco Lucentini, deux auteurs de polars très aimés en Italie, ont tous les deux passé leur enfance à Montmartre, où ils ont vécu de petits boulots, comme revendre les bouteilles de cidre vides. Le tout sans jamais se rencontrer ! Italo Calvino s'est établi à Paris et Paolo Conte a triomphé à l'Olympia, ce temple parisien de la musique qui a révélé Juliette Gréco, fille d'un Corse d'origine italienne.

Sans surprise, cette attirance mutuelle a donné naissance à de nombreux couples. Lors d'une interview qu'elle m'a accordée, Claudia Cardinale m'a assuré qu'elle n'a jamais eu de liaison avec Jacques Chirac, même si elle revendiquait une longue amitié avec le président français. Peu de gens pensaient que le mariage entre Nicolas Sarkozy et Carla Bruni survivrait à une vie politique tumultueuse ; mais ils sont encore ensemble et ont appelé leur fille Giulia, à l'italienne. À l'inverse, Catherine Deneuve a craqué pour Marcello Mastroianni, Brigitte Bardot pour Gigi Rizzi, Laetitia Casta pour Stefano Accorsi. Vincent Cassel et Monica Bellucci ont longtemps formé le couple le plus envié de Paris. L'actrice m'a raconté à propos de leurs merveilleuses filles Deva et Léonie qu'elles sont françaises quand elles la regardent sans rien dire mais qu'elles deviennent italiennes dès qu'elles se mettent en colère. Les grands gestes reviennent au galop…

Les Français ne sont que des Italiens de mauvaise humeur, disait-on autrefois. Ce n'est plus vrai. Même si l'on a beaucoup parlé du « malaise » qui les travaille, même si la moindre étincelle suffit à les embraser, ils sont aujourd'hui plus optimistes que les Italiens. Ils font davantage d'enfants, par exemple, à l'évidence parce qu'ils croient encore dans la vie et dans l'avenir. Les Italiens, eux, ne descendent plus dans la rue. Et, pour trouver une explication à leur propre morosité, ils se persuadent que le monde entier leur en veut, à commencer par les Français. Peut-être est-ce la malédiction de Vercingétorix, sa manière de prendre sa revanche sur ceux qui l'ont jadis vaincu ?

Shakespeare et le British Empire

S'il est un empire qui a tenté de réunir le monde entier dans sa capitale, c'est bien l'Empire britannique. La capitale en question est évidemment Londres, qui abrite les fresques du Parthénon, de merveilleuses statues romaines, les *Triomphes de César* par Mantegna et une trace de tout ce que les hommes ont produit de plus grandiose et de plus raffiné, toutes époques et tous lieux confondus.

Comme les Romains et les Russes, les Anglais de naguère pensaient eux aussi descendre des Troyens.

Dans son *Histoire des rois de Bretagne*, Geoffroy de Monmouth raconte l'histoire de Brutus, fils de Iule et donc petit-fils d'Énée, chassé d'Albe la Longue parce qu'un devin avait prophétisé qu'il tuerait son père et sa mère. Commence ainsi une sorte d'odyssée ; Brutus échappe aux Sirènes, se bat contre les Gaulois, demande à la déesse Artémis où il pourra mettre un point final à ses pérégrinations : on lui ordonne de débarquer sur une île à l'ouest des Gaules habitée par des géants. Brutus et ses Troyens l'emportent sur les créatures monstrueuses et fondent la Bretagne.

Le récit est évidemment fantaisiste. Mais Britannia est restée l'incarnation féminine du pays, jusqu'à nos jours. On croirait voir une déesse romaine armée d'un trident, d'un casque et d'un bouclier, flanquée d'un lion. Tout récemment, deux films ont lié la naissance mythique de l'Angleterre aux derniers actes d'héroïsme des Romains.

King Arthur (2004) reprend l'idée qu'Arthur était un commandant de légion au sang mêlé, à la fois romain et breton : il se retrouve à affronter les envahisseurs saxons accompagné de ses champions, dont Lancelot et Gauvain, alors même que l'Empire s'effondre et que les Romains se retirent de l'île. Après avoir rencontré l'amour, en la personne d'une guerrière picte à la silhouette gracile (Guenièvre, évidemment, ici jouée par Keira Knightley), il devient le nouveau souverain de la Bretagne.

Tirée du roman de Valerio Massimo Manfredi, *La Dernière Légion* (2007), l'une des dernières productions du légendaire Dino De Laurentiis, imagine que Romulus Augustus, dernier empereur d'Occident, parvient à fuir l'Italie en compagnie de son précepteur d'origine celte Ambrosinus. Au côté, il porte une épée mythique qui aurait appartenu à Jules César. En Bretagne, il rencontrera la dernière légion de l'Empire, qui a déposé les armes pour se consacrer à l'agriculture : elle les brandira à nouveau pour défendre l'empereur des barbares. Ambrosinus reprendra son nom celte, Merlin. Quant à Romulus Augustus, lassé de faire la guerre, il plantera son épée dans le rocher et appellera son fils Arthur.

Le couronnement du roi d'Angleterre suivait sans nul doute le cérémonial du Saint Empire romain germanique, lui-même calqué sur le modèle de la Rome antique. L'influence française conduisit à la rédaction, en latin, du *Liber regalis*, qui prévoyait une cérémonie en quatre moments : la présentation du souverain au peuple, le serment devant Dieu et les sujets, l'onction avec le saint chrême, l'investiture avec la remise de la couronne et du globe.

Le latin resta la langue du couronnement jusqu'à Élisabeth Ire, qui imposa l'anglais pour marquer la rupture avec le pape et les catholiques. Cela ne l'empêchait pas d'être une fervente latiniste : elle passe pour avoir traduit le premier livre des *Annales* de Tacite, l'un des écrivains les plus compliqués à saisir à cause de ses formules si concises qu'elles ont toujours plusieurs sens cachés.

Mais, en 1714, le trône échut à un roi allemand qui maîtrisait plutôt mal l'anglais, George Ier. Celui-ci réclama et obtint que la cérémonie de son couronnement se déroule en latin. Une coquetterie qui perdura jusqu'à nos jours. Pour signer un document, Élisabeth II écrivait souvent la lettre R de *Regina* (« reine »), tandis que son fils Charles III a revendiqué le titre de *Rex* (« roi »).

Le latin était la langue des savants, dans laquelle on écrivait les traités de jurisprudence, de géographie, de physique, de botanique. Les documents officiels, aussi. C'est ainsi qu'à la date du 26 avril 1564 le registre paroissial de Stratford-upon-Avon rapporte qu'on baptisa ce jour-là « *Gulielmus, filius Johannes Shakespeare* ».

Le fils de John Shakespeare, William, choisit la Rome impériale comme décor de sa première tragédie, *Titus Andronicus.* Le personnage principal, inventé par l'auteur, est un général qui se retrouve au centre d'une sombre histoire de sacrifices humains, de viols, de banquets sacrilèges, de mutilations. À un moment donné de la pièce, la fille préférée de Titus, Lavinia, à qui on a coupé les mains et la langue, écrit sur le sable le nom des coupables en serrant un bâton entre ses lèvres et ses moignons. Autant le dire tout net : ce n'est pas le chef-d'œuvre de Shakespeare. Mais à l'époque la pièce eut un succès retentissant, pour sa truculence mais aussi pour le cadre de l'action, qui enchanta les spectateurs.

Alors Shakespeare, qui n'a jamais mis les pieds en Italie, y retourne par la pensée pour écrire sa deuxième tragédie, *Roméo et Juliette*, puis la troisième, *Jules César.* Un titre trompeur, car le véritable protagoniste n'est pas César mais Brutus. À sa passion pour la liberté et son éternelle incertitude, le dramaturge oppose la force et la détermination de Marc Antoine, qui dresse la foule contre lui, par son célèbre discours. Mais c'est ce même Antoine qui prononce son éloge funèbre, rappelant devant son corps froid qu'il avait tué César non pas par haine mais par amour de sa patrie.

Dans les films inspirés de Shakespeare, Antoine est toujours le personnage le plus marquant. En 1953, il est interprété par Marlon Brando (dans le *Jules César* de Joseph L. Mankiewicz), et en 1970, par Charlton Heston (*Jules César* de Stuart Burge). À ses côtés, Richard Chamberlain prête sa beauté juvénile au rôle d'Octavien. Les derniers à avoir porté la tragédie au cinéma ont été les frères Paolo et Vittorio Taviani avec *César doit mourir*, joué par les détenus de la prison romaine de Rebibbia, Ours d'or au Festival de Berlin 2012.

Vers la fin de sa vie, Shakespeare écrivit deux autres tragédies ayant pour cadre la Rome antique. *Coriolan* est l'un de ses textes les plus politiques : le protagoniste est à la tête de la faction des aristocrates. Lorsque le peuple conteste son élection au titre de consul, il s'emporte et compare les plébéiens qui attaquent les patriciens à des corbeaux qui s'en prennent à des aigles. Exilé, il se met à la tête d'un peuple ennemi, les Volsques, et marche sur Rome, mais il est arrêté, nous l'avons dit, par sa mère. Il payera de sa vie cette double trahison, vis-à-vis des Romains, puis des Volsques, qui le tueront.

Le Coriolan le plus célèbre dans l'histoire du théâtre moderne est Laurence Olivier, notamment grâce à la manière spectaculaire dont sa mort était mise en scène à l'Old Vic Theatre : Olivier se laissait tomber à la renverse sur le plateau puis se retrouvait pendu la tête en bas – une allusion sans ambiguïté au sort réservé à Mussolini, sur la place Loreto de Milan, en avril 1945. Plus récemment, Ralph Fiennes a incarné un grand Coriolan, tandis que son frère, Joseph, a interprété l'auteur en personne dans un film rempli de poésie, *Shakespeare in Love*.

Pour finir, Shakespeare écrit *Antoine et Cléopâtre*, dont le personnage principal est évidemment la reine d'Égypte. À son sujet, le lieutenant d'Antoine, Enobarbus, dit : « L'âge ne saurait flétrir, ni l'habitude épuiser sa variété infinie. Les autres femmes rassasient les appétits qu'elles nourrissent ; mais elle, plus elle satisfait, plus elle affame. Car les choses les plus immondes séduisent en elle au point que les prêtres saints la bénissent quand elle se prostitue ! »

Lui aussi succombera. Et perdra tout, jusqu'à son honneur.

La flotte de Cléopâtre fuit devant Octavien à Actium, et celle d'Antoine la suit. Un devin avait pourtant prévenu Antoine qu'il devait se méfier du jeune ambitieux (« Si tu joues avec lui à n'importe quel jeu, tu es sûr de perdre »), mais c'est à elle qu'il en veut. Malgré sa colère, il est prêt à la réconciliation : « Une seule de tes larmes vaut tout ce qui a été gagné et perdu. » Shakespeare imagine ensuite une seconde bataille, lors de laquelle Antoine est tout près de rafler la victoire. Mais il est à nouveau trahi et vaincu. Cette fois, Cléopâtre devine que le seul moyen de se faire pardonner est de laisser croire à Antoine qu'elle s'est ôté la vie. Seulement, la nouvelle le dévaste et, au lieu de se précipiter auprès d'elle, il se suicide.

Cette tragédie inspirera l'un des films les plus célèbres du septième art. Et Cléopâtre-Liz Taylor donnera vie, avec Antoine-Richard Burton, à une histoire d'amour capable de faire pâlir celle vécue des siècles plus tôt à la cour d'Égypte.

L'Empire britannique est peut-être celui qui s'est comparé le plus directement à l'Empire romain. Par son étendue et, donc, par la distance qui séparait son centre de sa périphérie. Par le caractère hétérogène des peuples sur lesquels il régnait. Par la quantité de troupes restreinte avec laquelle il lui fallait tenir des territoires immenses. Par la nécessité de faire combattre à ses côtés des soldats étrangers, parfois contre leurs compatriotes.

Dans tous ces domaines, les Anglais furent sans rivaux. Ils imposèrent leur langue mais pas leur religion ou leur système politique. Ils eurent toujours soin de diviser leurs ennemis et de les empêcher de se liguer contre Londres. Ils établirent une forme de clientélisme avec les souverains locaux, à commencer par les rajas indiens. Et, tout en exerçant une influence non négligeable, ils surent assimiler la culture des terres conquises, et pas seulement leur gastronomie.

L'hégémonie anglaise fut avant tout commerciale puis, dans un second temps seulement, militaire et politique. Comme les Romains, les Anglais pouvaient perdre une bataille, pas la guerre. Ils furent battus par le Mahdi au Soudan, par les Zoulous à Isandlwana, par Rommel à Tobrouk. Mais ils finirent toujours par l'emporter.

L'Empire britannique ne résista pourtant pas au choc de l'histoire, lui non plus. Un ensemble de pressions intérieures et extérieures provoqua son effondrement. Il fut ébranlé par les protestations de la classe ouvrière, qui préférait largement travailler dans des conditions meilleures plutôt que combattre pour la gloire de la Couronne. Il céda face au mouvement d'indépendance mené, en Asie et en Afrique, par des hommes qui avaient étudié en Angleterre et qui, très souvent, avaient appris le latin. Et même si le titre, *Invictus*, est posthume, comment ne pas rappeler le sublime poème de William Ernest Henley ? Ces vers devinrent la lecture préférée de Nelson Mandela lors de ses vingt-sept années de détention dans les prisons sud-africaines, et le titre fut celui d'un film magnifique de Clint Eastwood, avec Morgan Freeman : « Aussi étroit soit le chemin / Nombreux les châtiments infâmes / Je suis le maître de mon destin / Je suis le capitaine de mon âme. »

Le 5 juin 1944, Franklin Delano Roosevelt tient l'un de ses derniers grands discours.

La veille, les troupes américaines sont entrées dans Rome. Le lendemain, elles débarquent en Normandie. C'est le tournant de la Seconde Guerre mondiale.

Roosevelt est très malade. Fatigué. Affaibli par les angoisses du conflit. Il lui reste moins d'un an à vivre : il mourra le 12 avril 1945. Mais sa voix ne tremble pas. Le président parle un anglais limpide, compréhensible même par des étrangers. La voix d'un homme fort, fier de son peuple, confiant dans l'avenir.

Roosevelt s'adresse bien sûr aux Italo-Américains, qu'il appelle « Américains-Américains, d'ascendance italienne ». Mais il parle aussi aux Italiens. Un peuple en théorie ennemi qui, sous la férule de Mussolini, a également pris les armes contre les États-Unis. Roosevelt n'a pourtant que des mots remplis d'affection pour eux. Il rappelle que, des siècles durant, ils ont eu « un rôle de pointe dans les arts et les sciences », qui permit d'enrichir l'humanité tout entière. Il cite « les enfants glorieux du peuple italien, Galilée et Marconi, Michel-Ange et Dante, et l'explorateur intrépide qui incarne le courage de l'Italie, Christophe Colomb ». Il n'oublie pas que de nombreux soldats italiens sont en train de se battre au côté des Alliés, contre les Allemands. Puis enchaîne en mentionnant la participation des « valeureux Canadiens », des « combatifs Néo-Zélandais », des « courageux Français », des Sud-Africains, des Indiens, des Polonais qui ont pris Montecassino en offrant « leur corps à l'Italie, leur âme à Dieu et leur cœur à la Pologne » (il s'agit là de l'inscription gravée sur la plaque du cimetière polonais près de l'ancienne abbaye, hélas détruite par les bombes).

Le président parle alors de Rome.

Et il prévient : « Rome est plus qu'un objectif militaire. Bien avant les césars, elle a été un symbole d'autorité. Rome était la République. Rome était l'Empire. Rome était et, quelque part, est encore l'Église catholique. Et Rome était la capitale de l'Italie unifiée. Par la suite, hélas, il y a un quart de siècle, Rome est devenue le siège du fascisme, et l'une des trois capitales de l'Axe. »

Désormais, la première capitale est tombée « entre les mains » des Américains. Il en manque encore deux : Berlin et Tokyo. Roosevelt sait que ce n'est qu'une question de temps, même s'il ne verra pas ce fameux jour. « Il n'est pas anodin que la première à être tombée soit celle dont l'histoire est la plus longue de toutes », dit-il. Il se réjouit que le pape et le Vatican soient libres à nouveau : Rome abrite en effet « le symbole du christianisme, qui s'est étendu quasiment partout dans le monde » : « Il y a d'autres sanctuaires et d'autres églises ailleurs, mais les sanctuaires et les églises de Rome sont les symboles tangibles de la foi et de la détermination dont ont fait preuve les premiers saints et martyrs pour faire vivre le christianisme et le rendre universel. »

Mais Rome, rappelle le président américain, est plus ancienne que le christianisme : « L'histoire de Rome remonte aux temps des fondements de notre civilisation. Nous pouvons encore voir les monuments de l'époque où Rome et les Romains contrôlaient le monde alors connu. Ce n'est pas anodin non plus, car les Nations unies comptent veiller à ce qu'à l'avenir aucune ville et aucune race ne puisse contrôler le monde entier. »

Roosevelt était sincère. De la même manière, le premier Afro-Américain de l'histoire, Barack Obama, n'avait aucune intention dominatrice quand, à la fin des meetings donnés lors de ses deux campagnes électorales victorieuses de 2008 et de 2012, il appelait les États-Unis « la plus grande nation de la terre » (« *the greatest nation on earth* »).

Il n'empêche : les États-Unis ont objectivement construit un empire. Qui a unifié des colonies anglaises en les libérant de la tutelle de Londres, acheté des territoires aux Français, en a arraché d'autres aux Mexicains. Avec le président Monroe, ils ont décidé qu'ils ne toléreraient plus les ingérences européennes à deux pas de leurs portes, c'est-à-dire au Canada et en Amérique latine. Leurs canons ont pris Cuba à l'Empire espagnol. Les États-Unis sont ensuite intervenus lors des deux grandes guerres européennes du XXe siècle, qu'ils ont remportées. Mieux : dont ils ont influencé l'issue en jetant dans la balance leur poids militaire et industriel. Ils ont ensuite étendu leur influence sur l'Europe de l'Ouest et même, après la chute du Mur, jusqu'aux confins de la Russie, avec qui ils ont mené et remporté une guerre froide, y compris sur les fronts asiatiques et africains.

Exactement comme un empereur romain, le président des États-Unis exerce une souveraineté directe sur un vaste territoire et noue toutes sortes de pactes avec d'autres pays – du protectorat (Porto Rico) à l'alliance militaire, du traité de libre-échange au soutien contre un ennemi commun.

Le Nouveau Monde partage avec Rome ce que le journaliste John L. O'Sullivan a été le premier à appeler, dès 1845, un « destin manifeste ». Pour les Romains, le pouvoir était assigné par le ciel : c'est à eux qu'il revenait de gouverner le monde. « D'autres, j'y consens, feront mieux que nous respirer l'airain sous leur ciseau moelleux, tireront du marbre de vivantes figures ; ils plaideront mieux les causes, décriront mieux les révolutions du ciel, diront les astres qui se lèvent : toi, Romain, souviens-toi de régir les nations (ce seront là tes arts) et de leur imposer la paix, d'épargner ceux qui se soumettront, de réduire les superbes », écrit Virgile.

Le pouvoir de Rome s'exerçait sur les personnes plus que sur les territoires. Son principal souci était de soumettre les rois étrangers et de conclure avec eux un pacte d'alliance, sans besoin de recourir à des troupes d'occupation.

N'allons pas croire que les troupes romaines surveillaient les frontières : elles n'auraient jamais pu tenir plus de six mille quatre cents kilomètres de terre. Aux frontières, Rome pouvait compter sur un système de royaumes satellites, de la Mauritanie à la Thrace, de la Cappadoce à l'Arménie, du Pont à la Judée, jusqu'à l'Arabie nabatéenne qui, aujourd'hui, s'appelle la Jordanie. Tantôt ces royaumes étaient annexés, tantôt ils restaient officiellement indépendants. Plus tard, il exista des États ou des tribus liés à Rome par un rapport de clientèle, obligés de fournir des soldats à l'Empire mais qui recevaient souvent des subventions.

Les légions n'étaient pas disposées au niveau des frontières mais se tenaient prêtes à intervenir en cas d'invasion ou de révolte. Bien souvent, elles étaient flanquées d'auxiliaires locaux. Un potentiel militaire qui devenait également une arme diplomatique d'une efficacité redoutable.

C'est en suivant la même stratégie que l'empire américain s'est étendu au cours du XXe siècle, nouant des accords avec différents États : des alliés aux allures de subordonnés entre l'Amérique latine et l'Europe ; d'autres convaincus ou contraints d'accueillir des bases et des soldats américains, comme les Philippines ou l'île rebelle de Cuba. D'anciens ennemis vaincus – comme l'Allemagne, l'Italie, le Japon – ont intégré la sphère de sécurité et de défense garantie par les États-Unis. Les alliés fournissent des troupes à Washington, tout comme le faisaient ceux de Rome. Mais, souvent, ils reçoivent des aides et profitent des avantages offerts par ce lien qui les unit à la première puissance mondiale. Et, comme Rome, les États-Unis cultivent le pouvoir sur les esprits, grâce à la langue, l'art, la technologie. Y compris l'art du XXe siècle par excellence : le cinéma. Ainsi que la technologie la plus révolutionnaire de notre temps – le numérique.

C'est ainsi que les peuples ont commencé à communiquer entre eux en anglais ; que la CIA a financé l'expressionnisme abstrait d'artistes maudits comme Jackson Pollock ; que Hollywood et Disney ont façonné l'imaginaire de générations entières ; et qu'aujourd'hui les maîtres d'Internet exercent un pouvoir d'influence dont aucun être humain n'avait jamais pu rêver depuis l'époque d'Auguste.

Les alliés des Romains n'étaient pas forcés de renoncer à leurs dieux, à leur monnaie, à leurs lois, à leur façon de mesurer le temps, les distances, les récoltes ou les richesses. En revanche, ils étaient tenus de reconnaître l'hégémonie de Rome. Ils faisaient partie d'un système dont ils retiraient également nombre de bénéfices : la liberté commerciale, les voies de communication, la protection militaire, la sécurité. Certes, ils devaient accueillir les forces de Rome, ses soldats, ses diplomates et ses fonctionnaires. Les potentats locaux devaient aussi cultiver de bonnes relations avec la capitale de l'Empire.

Cela ne vous rappelle pas la manière dont les États-Unis ont administré leur pouvoir, au XXe siècle et pas seulement ?

Mais le plus extraordinaire, c'est que les États-Unis, comme l'Empire romain, accordent de moins en moins d'importance aux origines de vos ancêtres, à votre couleur de peau, à la religion dans laquelle vous croyez, à vos habitudes alimentaires, à votre orientation sexuelle. Ce qui compte, c'est votre valeur, vos connaissances, vos actes, ce que vous apportez à la communauté.

Il serait injuste de réduire le dessein hégémonique américain à une simple question de pouvoir. Les États-Unis ont toujours eu le sentiment d'être un phare pour le reste du monde, un modèle à suivre pour les idéaux de démocratie et de liberté. Ce qui explique peut-être l'ancienne rivalité avec la Russie, aujourd'hui alimentée par la guerre en Ukraine. Une Russie elle aussi convaincue d'avoir une mission, d'être, d'une certaine façon, l'héritière de la Rome antique.

Comme l'Empire romain, les États-Unis exercent un énorme pouvoir sur le reste du monde. Qui parle leur langue, écoute leur musique, regarde leurs films, lit leurs livres, se soigne en prenant leurs médicaments et en suivant leurs protocoles, achète ou copie leurs produits technologiques, s'inscrit à leurs communautés 2.0. De même que Rome dut sa chute aux invasions barbares venues de l'extérieur mais aussi à ses fragilités internes, les États-Unis doivent également affronter des dissensions et des crises qui les empêchent de remplir pleinement leur rôle de guides du monde libre. Une illustration ? En 2016, Donald Trump a remporté l'élection présidentielle avec un slogan, « *America First* », qui promettait de faire passer l'Amérique avant le reste. Quitte à négliger le reste du monde, du Moyen-Orient à l'Afrique, où la Chine a, entre-temps, posé les bases d'une possible hégémonie future.

Pourtant, chaque fois qu'un phénomène nouveau s'empare du monde – que ce soit un livre, un film, une chanson, un médicament, un vaccin, une découverte scientifique, une innovation technologique, une mode culturelle –, il vient presque toujours des États-Unis ou a été copié sur le modèle américain.

Avant cela, les États-Unis copiaient déjà la Rome antique. Notamment l'ère républicaine, celle où il était doux et honorable de mourir pour la patrie ; elle a représenté un modèle politique et culturel pour les fondateurs des États-Unis. Et elle a inspiré leurs savants, leurs écrivains, leurs artistes.

Les pères de la Constitution américaine – Hamilton, Jay, Madison – signaient leurs articles sous le nom de Publius, un hommage à Publius Valerius Publicola, l'un des premiers consuls de la République. Leur but : se présenter comme ceux qui avaient abattu les tyrans (dans leur cas, les Anglais et non les Tarquins) et fondé la République au nom de la liberté.

La nouvelle nation devait unir, comme Rome, un ensemble d'États, chacun doté de son autonomie. Avec pour perspective d'intégrer des citoyens venus de pays différents. D'où sa devise, évidemment en latin : « *E pluribus unum* », un vers attribué (à tort) à Virgile qui, à l'origine, signifiait que plusieurs couleurs – et, dans ce cas, plusieurs États, peuples, idéaux, intérêts, pensées – se fondraient en une seule.

Il ne s'agissait pas seulement d'unifier les citoyens. Il fallait insuffler en eux un sentiment de force morale, d'amour pour la patrie, de goût de la liberté. Les Américains sont un peuple hyperactif, optimiste, emporté : ils ressemblent aux anciens Romains.

Rome est avant tout leur modèle en matière de toponymie. Le Parlement est également construit au sommet d'une colline, comme le Capitole. De façon propitiatoire, on l'appelle Capitol Hill. C'est là que se réuniront la Chambre des représentants et la Chambre haute, qui s'appellera le Sénat. Les travaux commencent en 1793 sous la houlette de Thomas Jefferson, qui a déjà fait bâtir le Capitole de Virginie, à Richmond, sur le modèle d'un monument français : la Maison carrée, le temple romain de Nîmes.

Pour Capitol Hill, le modèle est celui du Panthéon, de la colonnade à la rotonde centrale en passant par la coupole, décorée par la fresque *L'Apothéose de George Washington* : vêtu de la tenue violette des généraux romains victorieux, l'homme d'État est entouré par la déesse de la Victoire et la déesse de la Liberté coiffée du bonnet phrygien et serrant un faisceau dans son poing. Ce symbole de l'autorité dans la Rome antique représente également un signe d'unité et de démocratie aux États-Unis : de même que les fines verges sont liées ensemble, les États tirent leur force de leur union sous un gouvernement fédéral commun.

Le faisceau figure également sur le sceau du Sénat et de l'United States Tax Court, sorte de parquet financier à l'échelon fédéral. À la Chambre des représentants, il apparaît derrière le siège du *speaker* (le président de l'assemblée), qu'on appelle le *rostrum*, en latin dans le texte ; sur la chaise de Lincoln dans son mémorial ; dans le Bureau ovale du président ; et sur le *dime*, la pièce de dix centimes. D'ailleurs, les pièces et les billets de banque des États-Unis présentent le profil des pères fondateurs et des grands présidents, à l'instar des pièces où était gravé le profil des empereurs romains. Quant aux volontaires qui, selon les plans de la CIA, étaient censés organiser la résistance en cas d'invasion soviétique, on les surnommait les gladiateurs.

La Maison Blanche, la Cour suprême et le Jefferson Memorial sont tous bâtis dans le style romain, en marbre, pour l'essentiel. La statue de Benjamin Franklin sculptée par Francesco Lazzarini porte une tenue latine et tient un parchemin ; George Washington, lui, s'est fait représenter en empereur par un autre artiste italien, Giuseppe Cerachi. En 1777, Washington avait d'ailleurs refusé les offres de paix du général anglais John Burgoyne, proclamant : « Les armées unies d'Amérique se battent pour la plus noble des causes, la liberté. Les mêmes principes ont inspiré les armes de Rome au temps de sa gloire. Et la même conquête a récompensé la valeur des Romains. »

Aux États-Unis, le style romain peut être copié, mais aussi parodié. Dans les années 1960, Las Vegas voit naître le Caesars Palace, conçu par Jay Sarno, qui rêve d'un hôtel où « chaque client puisse se sentir comme un vrai César ». Si l'extérieur est censé évoquer un temple romain, l'intérieur est une véritable débauche de fresques et de statues : le style est plus kitsch que classique, certes, mais il n'en faut pas plus pour impressionner les Américains. Depuis, la moitié du monde suit en direct les combats de boxe organisés sur place tandis que, dans la salle, des centaines de joueurs tentent de faire sauter la banque.

Lorsque la nation américaine a été fondée, la référence ne pouvait être que la République romaine. Les colons se sont rebellés contre l'Empire britannique pour instaurer la première vraie démocratie de l'histoire. L'auteur de référence était Cicéron, pour son éloquence mais aussi pour l'acharnement avec lequel il a défendu les libertés républicaines contre le pouvoir autocratique, quel qu'il soit.

La division des pouvoirs prévue par la Constitution américaine rappelle celle de la Rome républicaine. Le président et le vice-président sont les deux consuls. Le Sénat, comme celui de Rome, est compétent en matière de finances et de politique extérieure. La Cour suprême suit les principes de la « justice créative », d'origine romaine, où les précédents judiciaires viennent au secours du juge pour l'aider à rendre son verdict.

Hélas, l'esclavage est lui aussi un héritage du monde antique. Mais en 1831, alors qu'on débattait déjà de l'abolition, on monta *The Gladiator*, pièce dont le personnage principal n'est pas le héros fictif du film de Ridley Scott, Maximus Decimus Meridius, mais Spartacus, l'esclave rebelle : le succès fut tel qu'elle resta soixante-dix ans à l'affiche.

Quand les pouvoirs du président se renforcent, même à travers les guerres, la référence à l'Empire devient inévitable. De son vivant, déjà, la figure d'Abraham Lincoln, le président au moment de la guerre civile, avait été rapprochée de celle de Jules César, aussi aimé que détesté. Et son assassinat, en 1865, fut la version américaine des ides de mars. Le meurtrier de

Lincoln, John Booth, choisit Ides pour nom de code, comme pour assimiler son geste à un tyrannicide, à la façon de Brutus. *Les Ides de mars* deviendra le titre de romans de Thornton Wilder, de Colleen McCullough, de Valerio Massimo Manfredi et même un film avec George Clooney consacré non pas à la Rome antique mais aux intrigues politiques à Washington.

En plus de la devise « *E pluribus unum* », l'emblème des États-Unis présente un aigle chauve aux ailes déployées, flanqué de deux autres inscriptions latines. La première, « *Annuit coeptis* », est inspirée de l'*Énéide*, et plus exactement du passage où Iule demande de l'aide à Jupiter avant de tuer son premier ennemi, Numanus, le beau-frère de Turnus (« Dieu tout-puissant, seconde mon audace »). L'autre, « *Novus ordo seclorum* », est encore plus importante : il s'agit d'une réminiscence du plus célèbre vers des *Bucoliques*, où Virgile annonce l'avènement d'un « grand ordre de siècles renaissants ». Rappelons que le poète faisait allusion à l'ère d'Auguste tandis que les chrétiens ont interprété ces quelques mots comme la divinisation de l'avènement de Jésus. Les fondateurs de la démocratie américaine, eux, envoyaient un message clair : avec les États-Unis, le monde ne serait plus le même. Difficile de leur donner tort.

Autre devise qui fit florès au fil des époques : « *Civis romanus sum* ». Citée, entre autres, par le Premier ministre britannique Lord Palmerston, elle s'invite aussi (avec un petit twist) dans l'un des grands discours de celui qui reste, à ce jour, le président le plus célèbre de tous les temps, notamment en raison de sa fin tragique : John Fitzgerald Kennedy. Nous sommes le 26 juin 1963, JFK s'exprime à Berlin, où Khrouchtchev a fait ériger le Mur en une nuit, deux ans plus tôt. « Il y a deux mille ans, la plus grande source de fierté était de pouvoir dire "*Civis romanus sum*", je suis un citoyen romain. Aujourd'hui, dans le monde libre, la plus grande source de fierté est de dire "*Ich bin ein Berliner*", je suis un Berlinois », dit Kennedy. Eh oui : la phrase emblématique de la guerre froide est inspirée d'une devise latine.

Les présidents et leurs conseillers n'ont jamais caché qu'ils se sont inspirés de Rome, y compris en matière de stratégie militaire. Surtout au cours des dernières décennies.

Pendant des siècles, la théorie militaire a suivi Clausewitz : la guerre est un conflit entre nations, elle doit être menée de façon rapide et intransigeante, elle a un début et une fin, qui marque le retour de la paix. Depuis 1945, plus personne ne croit à l'idée d'un conflit décisif et d'une paix durable. Le monde est en état de guerre permanent, même si les conflits se jouent à une échelle limitée. Comme au temps de l'Empire romain.

Si le monde actuel mobilisait l'ensemble des armes à sa disposition, il n'y aurait pas de vainqueurs, car l'humanité elle-même n'y survivrait pas. Cela ne veut malheureusement pas dire que la guerre n'existe plus, mais qu'elle se multiplie sur plusieurs fronts. Ce fut le cas au moment de la guerre froide, et la rivalité entre les États-Unis et la Chine risque de prendre le même chemin. Le pape François parle non sans raison d'une Troisième Guerre mondiale menée par petits bouts.

Comme l'écrit Edward Luttwak, « la transformation révolutionnaire de la guerre moderne nous a paradoxalement conduits à nous rapprocher de la pensée stratégique des Romains ». À l'image des Romains, les Américains sont amenés à employer une armée multiethnique – parfois soutenue par les forces de pays alliés – pour protéger une société avancée des différentes menaces qui pèsent sur elle. La solution n'est pas de détruire l'ennemi mais de l'intégrer à son réseau d'alliances ou de l'user par une série de guerres limitées dans l'espace et dans le temps, voire d'en confier la charge à un État voisin.

La décadence qui frappa Rome a beau constituer un avertissement pour le personnel politique et les généraux, mais aussi une source d'inspiration pour les artistes et les réalisateurs, n'allons pas croire qu'après Auguste l'Empire n'ait fait qu'aller de mal en pis. Longtemps, les barbares n'ont pas représenté un problème. La Germanie était un front secondaire, tenu par quatre légions seulement. Il y en avait trois en Bretagne, huit sur le front oriental, de la Cappadoce à l'Arabie, et entre dix et treize sur le front central, qui s'étendait de la Pannonie à la Dacie (la Roumanie actuelle).

Pendant des siècles, la paix ne fut pas troublée par des guerres acharnées mais par ce qu'on qualifie de nos jours d'« opérations de maintien de l'ordre », formule pudique s'il en est.

La seule vraie grande révolte fut celle des juifs, que Rome mata sans la moindre pitié, ne serait-ce que pour donner l'exemple à d'autres rebelles potentiels. Luttwak parle de « guerre psychologique » à propos du siège de Massada, la citadelle imprenable où une poignée d'héroïques défenseurs s'étaient retranchés. Ils n'avaient pas la moindre chance de l'emporter ou de sauver leur peau : ils ne représentaient pas le moindre danger pour l'Empire. Qu'importe : en l'an 73 après J.-C., les Romains déployèrent toute une légion – formée par un total de vingt-neuf responsables de la défense de tous leurs territoires – et construisirent une immense échelle pour atteindre le sommet de la montagne et massacrer les insurgés. Ceux-ci préférèrent se poignarder les uns les autres plutôt que de se rendre. Afin que nul n'ignore ce qui s'était passé, le récit des événements fut confié à un chroniqueur juif, Josèphe, qui ressentit le besoin de romaniser son nom en Flavius Josèphe (les Flaviens étaient la dynastie régnante). Les écrivains devaient avoir des noms latins – un peu comme ces artistes européens qui, de Johnny Hallyday à Sandy Marton, ont pris des noms de scène anglo-saxons.

Déclin et chute

Et puis, un jour, l'Empire disparut pour de bon.

En l'an 395, à la mort de l'empereur Théodose, il avait été partagé définitivement entre ses deux fils : pour Arcadius, l'Empire romain d'Orient, avec pour capitale Constantinople, dite aussi Byzance ; et pour Honorius, l'Empire romain d'Occident, dont le centre névralgique n'était plus Rome mais Ravenne (en plus de Milan).

Le 4 septembre 476, c'est-à-dire la date censée marquer la chute de l'Empire, celle qu'on nous a apprise à l'école, pas un seul habitant de l'époque n'eut l'impression qu'il s'était passé quelque chose de spécial. Depuis longtemps, la capitale de l'Empire, la seule, la vraie, était Byzance. Mais ce jour-là le dernier empereur d'Occident, ce Romulus Augustus que nous avons déjà évoqué, un jeune homme dont le père était un général de Pannonie, fut renversé par Odoacre, un autre barbare. Ce dernier envoya les insignes impériaux à Byzance, façon de dire qu'il n'était pas nécessaire de nommer un nouvel empereur pour l'Occident. Un seul suffisait amplement ; Odoacre serait simplement gouverneur de l'Italie.

La décadence avait commencé bien avant et se poursuivrait sur une longue période. Avec l'arrivée des Lombards, l'Italie resterait divisée pendant plus de mille ans et souvent dominée par des souverains étrangers. Quant au monde jadis unifié par les Romains, il traversa des siècles qui n'étaient sans doute pas si obscurs qu'on a pu le dire, mais qui ne nous ont pas laissé de chefs-d'œuvre architecturaux, artistiques ou littéraires du même calibre que ceux que nous devons à Rome.

Reste à comprendre comment tout cela a pu arriver. Pourquoi un empire qui semblait destiné à durer éternellement s'est-il dégradé jusqu'à son extinction totale ?

Depuis des siècles, la question fascine. Pour beaucoup, y compris certains de nos contemporains, la décadence est la phase la plus complexe, la plus trouble, la plus pervertie et donc la plus captivante de l'histoire. Rome à son crépuscule passionne davantage que Rome à son zénith. Il existe toute une filmographie consacrée à la décadence, du *Satyricon* de Federico Fellini au *Caligula* de Tinto Brass. Hollywood a reconnu dans ce crépuscule romain les pires travers des autocraties vaincues par les Américains lors de la Seconde Guerre mondiale. Mais d'autres cinéastes furent frappés par cette période où l'on appréciait autant les plaisirs de la chair que ceux de la table. À croire que les Romains ne s'étaient pas aperçus que tout s'écroulait autour d'eux parce qu'ils passaient des journées entières à organiser des banquets, immanquablement voués à dégénérer en orgies débridées.

Et puis, évidemment, il y a l'histoire, la vraie. En six volumes, l'*Histoire de la décadence et de la chute de l'Empire romain* d'Edward Gibbon est peut-être le livre le plus célèbre jamais consacré à ce sujet.

La domination millénaire de Rome touchait à sa fin. L'époque païenne disparaissait à tout jamais. L'oracle de Delphes ne parvenait même plus à indiquer le chemin de l'avenir, et les prêtres d'un monde condamné ne pouvaient que déclarer leur impuissance : « Les oiseaux du bois sacré se sont tus, la fontaine sacrée de Castalie s'est tarie, le dieu ne parle plus. »

Des siècles avant cette déchéance, alors même que Rome enchaînait les victoires et mettait des peuples à sa botte, le germe de la peur était déjà là. Le pressentiment de la crise future rampait au fond de l'âme des patriciens les plus pessimistes et les plus sévères avec eux-mêmes. Caton le Censeur, celui qui terminait chacun de ses discours en rappelant qu'il fallait détruire Carthage, lançait également un avertissement aux Romains. D'après lui, la ville était la proie de « deux vices contraires », le luxe et l'avarice : « Ce sont ces fléaux qui ont causé la ruine de tous les grands empires. » Et que dire de Polybe, cet écrivain qui, après la conquête de la Grèce, fut déporté à Rome ? Malgré toute son admiration pour le modèle de gouvernement romain, « indépassable, y compris pour les générations futures », lui-même devina la future chute de Rome, qu'il qualifiait pourtant d'*Urbs Aeterna*, de Ville éternelle. D'après lui, les causes étaient la soif de pouvoir et la honte qu'une vie sans gloire inspirait : les Romains s'attacheraient davantage à accumuler des richesses et à en faire étalage plutôt qu'à mener efficacement la guerre et à gérer encore mieux la paix. Derrière tout ce qui est au monde se cachent l'usure et le changement, nous rappelle d'ailleurs Polybe.

Puis, lorsque la fin arriva pour de bon, beaucoup pensèrent qu'elle coïncidait avec la fin du monde. Si Rome cessait d'exister, tout devait cesser d'exister. Sur cette terre, du moins. Pour les païens, cette chute était la responsabilité des chrétiens, qui avaient miné l'autorité impériale en refusant de reconnaître autre chose que l'autorité divine. À l'inverse, pour les chrétiens, la faute incombait aux païens qui les avaient longtemps persécutés, avec leur corruption, leur goût du luxe, leurs mœurs dépravées. Bref, tout ce qui était jugé contraire aux valeurs chrétiennes.

Si un empire prenait fin, cela ne pouvait pas être le fait d'autres hommes, de ces nouveaux conquérants : il s'agissait forcément d'une punition céleste. Attila, le roi des Huns, n'était-il pas surnommé le Fléau de Dieu ? Pour l'arrêter, il fallut l'intervention du pape en personne, armé de sa seule croix.

8

Rome, toujours vivante

Marguerite Yourcenar, Liz Taylor et Astérix

Le vieil empereur et la jeune femme

Été 1924. Une jeune femme de vingt et un ans, l'âge « de l'impudence et de la présomption », accompagne son père sur le chantier de fouilles de la villa Hadriana de Tivoli, aux abords de Rome. Marguerite de Crayencour reste frappée par l'histoire de cet empereur qui semble symboliser à lui seul l'apogée de l'histoire romaine : un homme sage, équilibré, cultivé. Mais qui perd la tête pour un jeune homme, Antinoüs, le plus bel être qui soit au monde. Un amour homosexuel, comme celui qui marquera la vie de Marguerite. Elle se lance dans l'écriture d'un livre, un portrait de l'empereur vu à travers les yeux de son favori. Plus tard, elle aura le déclic : c'est Hadrien en personne qui doit prendre la plume pour retracer son existence.

Pendant une douzaine d'années, le projet est remanié à plusieurs reprises mais reste à l'état d'ébauche, qu'elle finit par fourrer dans une malle avec toutes sortes de papiers, de livres et d'objets à l'hôtel Meurice de Lausanne. En cette année 1939, elle s'apprête à quitter précipitamment l'Europe pour les États-Unis, avant que l'envahisseur nazi ne puisse s'en prendre à elle.

En Amérique l'attendent le salut et l'amour, en la personne de Grace. Mais voilà qu'un ami retrouve la malle contenant ses affaires et l'envoie dans le Connecticut, où elle réside désormais sous son nom d'écrivaine : Marguerite Yourcenar. Nous sommes au mois de décembre 1948.

À l'intérieur, elle retrouve son esquisse des *Mémoires d'Hadrien*, dont elle gardera l'incipit : « Mon cher Marc », c'est-à-dire Marc-Aurèle, dont l'empereur a deviné les qualités. « Je commence à apercevoir le profil de ma mort », lui confie-t-il[1]. Aux yeux de Marguerite, cette malle venue d'Europe et son passé sont un signe du destin. Elle se remet donc au travail.

À quarante-six ans, elle est désormais une écrivaine aguerrie. La vie d'Hadrien devient son obsession. Elle lit ses discours, suit le même régime alimentaire que lui, compose des pages entières en grec, consulte ses livres, car « l'une des meilleures manières de recréer la pensée d'un homme, [c'est] recréer sa bibliothèque ». Elle s'enferme « comme dans un hypogée » entre les quatre murs d'un wagon-lit transformé en tombeau souterrain. Le train l'emmène dans le Colorado depuis New York. Tout autour, les croupes noires des montagnes Rocheuses et l'éternel dessin des astres : « Je ne me souviens guère d'un jour plus ardent, ni de nuits plus lucides. »

Hadrien fut le plus voyageur de tous les empereurs romains. Peut-être le premier homme de l'histoire à faire le tour du monde alors connu, de son Espagne natale jusqu'aux confins

1. *Mémoires d'Hadrien*, Marguerite Yourcenar, Gallimard, 1977.

orientaux de l'Empire. Le voyage est « un bris perpétuel de toutes les habitudes, une secousse sans cesse donnée à tous les préjugés ».

Des années plus tard, Marguerite se rend en Égypte et y visite les ruines d'Antinopolis, la ville que l'empereur avait fondée en l'honneur du jeune homme qu'il aimait, mort noyé dans le Nil. À bord d'une barque, l'écrivaine jette des pièces dans le fleuve, comme un rituel d'adieu. De retour sur son bateau de croisière, elle sursaute en entendant des paysannes égyptiennes pousser des cris déchirants : un jeune homme vient de se noyer dans le Nil, comme Antinoüs. Yourcenar voit dans cette tragédie une forme de confirmation : elle était bel et bien destinée à écrire ces *Mémoires d'Hadrien*. Une œuvre immortelle. Peut-être la plus belle jamais inspirée de l'histoire de la Rome antique au XXe siècle – et il y en a eu !

À la fin de sa vie, Marguerite tombera elle aussi amoureuse d'un magnifique jeune homme originaire de l'Arkansas, Jerry : physique d'athlète, bon joueur de tennis, homosexuel, il voit en elle une figure presque maternelle. Il lui sera arraché par un autre jeune homme, Daniel, « l'ange de la mort », et par une maladie récemment découverte, aussi mystérieuse que cruelle, le sida.

Un autre de ses grands livres, *L'Œuvre au noir*, se referme sur une évocation digne de l'Antiquité : le protagoniste, Zénon, philosophe et magicien de la Renaissance, se suicide pour échapper à son exécution, à la manière de Sénèque. Mais nulle autre œuvre ne restitue mieux le charme de l'âge classique que les *Mémoires d'Hadrien*, l'histoire d'un souverain qui dresse le bilan de sa vie alors que sa fin approche. Rentré d'Asie, l'empereur s'est retiré à Tivoli. À Marc-Aurèle, son futur successeur, il parle de sa maladie et du savant grec qui prend soin de lui, Hermogène : « Il est difficile de rester empereur en présence d'un médecin, et difficile aussi de garder sa qualité d'homme. L'œil du praticien ne voyait en moi qu'un monceau d'humeurs, triste amalgame de lymphe et de sang. Ce matin, l'idée m'est venue pour la première fois que mon corps, ce fidèle compagnon, cet ami plus sûr, mieux connu de moi que mon âme, n'est qu'un monstre sournois qui finira par dévorer son maître. [...] J'aurai pour lot d'être le plus soigné des malades. Mais nul ne peut dépasser les limites prescrites ; mes jambes ne me soutiennent plus pendant les longues cérémonies romaines ; je suffoque ; et j'ai soixante ans. »

Son unique et véritable amour a été Antinoüs : une histoire qui n'a duré que cinq ans mais qui a permis à Hadrien de se sentir sincèrement aimé. Avec sa femme, les relations étaient bien plus froides. Avec son favori, il s'est senti « cloué au corps aimé comme un crucifié à sa croix ». La mort a sublimé le sentiment : Antinoüs a été enterré comme un pharaon, dans un tombeau rempli de hiéroglyphes, et son nom a été donné à de nombreuses villes nouvelles.

Hadrien a vécu une époque de transition. En apparence, l'Empire paraît éternel. Pourtant, quelque chose de grandiose ne va pas tarder à se produire. Il a régné à une époque étrange, appelée à rester sans équivalent, « les dieux n'étant plus et le Christ n'étant pas encore » (le mot est de Flaubert). Il frémit d'effroi devant les effusions de sang provoquées par les guerres de son prédécesseur Trajan, de la campagne contre les Sarmates à l'expédition ratée en terre parthe. Il décide donc de se retirer au niveau des anciennes frontières de l'Empire, avant de prendre la tête de ses troupes et mater la révolte des juifs. Il efface le nom de leur terre, qui cesse d'être la Judée pour devenir la Palestine.

Face à la mort, Hadrien s'interroge désormais sur son avenir : « Petite âme, âme tendre et flottante, compagne de mon corps, qui fut ton hôte, tu vas descendre dans ces lieux pâles, durs et nus, où tu devras renoncer aux jeux d'autrefois. Un instant encore, regardons ensemble les rives familières, les objets que sans doute nous ne reverrons jamais... Tâchons d'entrer dans la mort les yeux ouverts. »

Un avertissement intemporel, universel.

Le cinéma naît à Rome

Au fil des siècles, chaque fois qu'un art a vu le jour, il s'est emparé de la Rome antique, il s'est laissé inspirer par elle, il a tenté de la recréer.

Ce fut le cas avec la peinture de la Renaissance, lorsque Raphaël et d'autres artistes descendaient dans les ruines souterraines de la Domus aurea de Néron afin de reproduire les motifs de ses décorations, les grotesques. Ce fut le cas avec l'architecture palladienne, puis avec le style néoclassique – à une époque où tout le monde construisait des *pronaos*, des portiques et des coupoles, et où Antonio Canova sculptait comme les anciens Romains. Ce fut également le cas avec le cinéma.

Aucune période historique n'a laissé une empreinte aussi profonde que Rome, le hasard ayant voulu que deux événements extraordinaires se produisent en l'espace de quelques décennies :

l'avènement de l'Empire d'un côté, celui de Jésus-Christ de l'autre. Cette coïncidence a particulièrement stimulé l'imagination des artistes du XXe siècle. Certains des plus grands succès du septième art ont ainsi croisé l'histoire de la Rome antique avec celle de Jésus.

En 1880, un général nordiste qui a pris part à la guerre de Sécession, Lew Wallace, publie un roman historique, *Ben-Hur* : l'engouement est tel qu'il décide de le porter sur la scène. Mais comment recréer le passage le plus emblématique de l'ouvrage, la palpitante course de chars ? Aucun défi n'est trop grand pour Broadway : on utilise de vrais chevaux, entraînés à courir sur un tapis roulant. Le public est conquis et la pièce est jouée six mille fois ! Le cinéma muet s'empare de l'histoire et en tire deux films. Mais nous gardons surtout le souvenir de la version réalisée en 1959 par William Wyler et tournée à Rome, aux studios de Cinecittà.

Judah Ben-Hur (alias Charlton Heston) est un prince juif. Il retrouve son ami d'enfance Messala, un Romain qui vient de prendre la tête de la garnison de Jérusalem. Alors que le nouveau gouverneur traverse les rues de la ville, des tuiles tombent accidentellement du toit de la maison de Ben-Hur. Messala fait emprisonner la mère et la sœur de son ami, qu'il sait pourtant innocentes, tandis que Ben-Hur est envoyé aux galères.

Tout semble perdu, mais c'est là que l'histoire bascule : durant une bataille navale, Ben-Hur sauve la vie du commandant Quintus Arrius, qui le récompense en lui accordant la liberté et en l'adoptant. Ben-Hur aura sa vengeance en battant Messala lors d'un défi dans l'hippodrome de Jérusalem. Sur place, il retrouvera sa mère et sa sœur, défigurées par la lèpre. Mais le passage du Christ qui monte vers le Golgotha, chargé de sa croix, les guérira.

La présence de Jésus se devine par trois fois au cours de l'histoire, mais son visage n'apparaît jamais à l'écran. À la fin, le Christ se sacrifie pour l'humanité, mais aussi pour conclure le film sur un *happy end*. Le succès est colossal et fait le bonheur de la Metro-Goldwyn-Mayer, qui semblait vouée à la faillite. Les recettes sont les plus importantes de la décennie. *Ben-Hur* remporte pas moins de onze Oscar, un record uniquement égalé par *Titanic* et *Le Retour du roi*, troisième et dernier volet du *Seigneur des anneaux*.

Quelques années plus tôt, une autre œuvre cinématographique avait eu un succès presque aussi retentissant. Là encore, *Quo vadis* fut d'abord un roman, signé de l'écrivain polonais Henryk Sienkiewicz. En 1951, une adaptation est tournée à Cinecittà. Dans cet Hollywood au bord du Tibre, les tournages coûtaient moins cher que de l'autre côté de l'Atlantique, il y avait d'excellents techniciens et une nouvelle loi accordait des abattements fiscaux aux productions contre la promesse de réinvestir les recettes en Italie : l'auteur de ce dispositif était un jeune homme politique qui fut sept fois président du Conseil, Giulio Andreotti.

Quo vadis montre un Néron débauché (formidable Peter Ustinov), un Tigellin impitoyable, des aristocrates médiocres et des figures de la littérature latine, j'ai nommé Sénèque et Pétrone, tous deux promis à un triste sort. À cette noirceur, le scénario oppose la vertu des premiers chrétiens, notamment celle de la belle Licia. Un commandant romain, Marcus Vinicius, tombe amoureux d'elle. Furieux d'être repoussé, il tente de la faire enlever. Qui n'a pas frémi quand le champion des gladiateurs, Croton, soudoyé par Vinicius, est vaincu à mains nues par le mythique Ursus, le bon géant qui protège Licia ? Puis quand Ursus brise le cou du buffle censé supplicier Licia attachée à un poteau ? Le peuple se révolte contre Néron, Galba prend sa place et le couple Licia-Vinicius peut vivre heureux jusqu'à la fin de ses jours.

Quo vadis est le plus grand succès au box-office pour l'année 1951. On en oublierait presque la scène qui offre son titre au roman et au film. L'apôtre Pierre fuit Rome pour sauver sa peau mais croise Jésus (sous la forme d'un rayon de lumière qui perce la végétation) et demande : « Où vas-tu ? » c'est-à-dire « *Quo vadis ?* » en latin. La réponse est soufflée au jeune Nazarius, qui l'accompagne : « Je vais à Rome pour être crucifié une seconde fois. » Pierre comprend soudain qu'il doit témoigner de sa foi, affronter le martyre et mourir sur la croix. La tête en bas, car il ne se sent pas digne de mourir comme le sauveur.

Deux ans plus tard, en 1953, le record de *Quo vadis* est battu par un autre film qui prend l'Empire romain pour toile de fond. Nous sommes en Galilée. Marcellus Gallius, un jeune tribun débauché, gagne aux dés la tunique d'un homme qui vient d'être crucifié : Jésus de Nazareth. Dès lors, il commence à avoir des cauchemars et des visions, rencontre saint Pierre, se convertit, devient un prédicateur de la foi chrétienne. Mais Caligula, son ennemi de longue date devenu entre-temps empereur, le condamne à la décapitation, à moins qu'il renonce à Jésus. Marcellus refuse et marche d'un pas léger vers le supplice, à côté de sa bien-aimée Diana. Pour incarner le rôle principal de *La Tunique*, on a fait appel à un acteur de vingt-huit ans promis à une grande carrière : Richard Burton.

L'année suivante, on tente une suite, *Les Gladiateurs*, où l'infâme Caligula veut s'emparer de la tunique, avec duels dans l'arène face à des tigres, perversions de Messaline, supplices, et même une improbable résurrection. Bref, du grand n'importe quoi. Mais le public américain adore.

Hollywood hésite cependant à se mesurer à la femme la plus célèbre de l'histoire romaine, Cléopâtre. Le souvenir de la dernière tentative en date effraye les producteurs : juste après la guerre, un *César et Cléopâtre* a été tourné. César était incarné par Claude Rains – le capitaine Renault de *Casablanca* – tandis que la reine égyptienne prenait les traits de Vivian Leigh. Très vite, les catastrophes se sont enchaînées. L'actrice était enceinte, mais une chute accidentelle lui a fait perdre son enfant et elle a sombré dans la dépression ; le tournage est resté à l'arrêt pendant des semaines, comme frappé par une malédiction ; les recettes n'ont couvert qu'une infime partie des dépenses.

En 1962, quelqu'un décide pourtant de relever le défi : Joseph L. Mankiewicz, le réalisateur d'*Ève* et de *Jules César*, dans lequel il a confié le rôle de Marc Antoine à Marlon Brando. Cette fois, il a pensé à un autre acteur pour Antoine : Richard Burton. Cléopâtre – est-il besoin de le rappeler ? – n'est autre qu'Elizabeth Taylor. Les deux stars du film se sont déjà croisées près de dix ans plus tôt, à une fête : il est tombé amoureux au premier regard mais elle n'a pas été séduite par ce « Gallois pénible, bruyant et vulgaire ». Sur le plateau de Rome, pourtant, Liz voit Richard d'un tout autre œil. Commence à circuler la rumeur d'une liaison entre les deux comédiens, évidemment secrète, l'un et l'autre étant mariés. La femme de Burton est même du voyage en Italie ! Mais il manque la preuve : la photo.

Au printemps, l'équipe part pour l'île d'Ischia, où sera reconstituée la bataille navale d'Actium. Le 18 juin 1962, dernier jour de tournage, un photographe de Rieti, Marcello Geppetti, posté en haut des falaises, surprend Burton et Taylor en train de s'embrasser à bord d'un bateau à moteur. Aux abois, l'acteur propose douze millions de lires au paparazzi, soit plus de cent cinquante mille euros d'aujourd'hui. Mais Geppetti refuse de lui céder le précieux cliché : « Je travaille pour la presse, pas pour les particuliers », argue-t-il, bien conscient que les journaux payeront nettement plus cher…

Il ne s'agit pourtant pas d'une passade, mais d'une grande histoire d'amour qui se transforme en vrai roman-feuilleton : les deux stars quittent leurs conjoints respectifs et se marient. Le Vatican a beau condamner, on ne peut pas rêver mieux pour lancer le film ! Le couple antique, Antoine et Cléopâtre, a créé un couple moderne, Richard et Liz. Hélas, il n'y aura pas de *happy end* : en 1974, Burton et Taylor divorcent. L'année suivante, ils changeront d'avis et se remarieront… pour divorcer à nouveau.

« *Mon Jésus est très différent du tien* »

Reste à comprendre pourquoi Hollywood adore miser sur des films ayant pour cadre l'époque de Jésus, mais dont les héros sont des Romains, ou du moins leurs ennemis ? La figure de Jésus fascine et effraye en même temps. Produit par Dino De Laurentiis, le *Barabbas* de Richard Fleischer aborde ce sujet biblique, mais en faisant, là encore, un pas de côté : le film est centré sur Barabbas (Anthony Quinn), le larron qui commence par éviter la croix avant de l'affronter. Devenu gladiateur au Colisée, Barabbas se convertit au christianisme grâce à sa fiancée, Rachel, interprétée par Silvana Mangano, et son ami Sahak, qui prend les traits de Vittorio Gassman. La scène de la crucifixion de Jésus est tournée à Roccastrada, un magnifique village fortifié de la Maremme, en Toscane, durant l'éclipse solaire du 15 février 1961. Un ciel qui s'assombrit brusquement, quoi de plus spectaculaire pour exprimer la colère divine ?

En revanche, porter directement à l'écran l'histoire de Jésus, c'est l'échec quasi assuré. Ce qui explique qu'un excellent film comme *Le Roi des rois* ait été très critiqué, y compris par l'Église, et que *La Plus Grande Histoire jamais contée* ait fait un fiasco, en dépit d'un casting cinq étoiles : Max von Sydow y incarne Jésus, Sidney Poitier joue Simon le Cyrénéen, qui l'aide à porter la croix, Charlton Heston est Jean-Baptiste. Les spectateurs (italiens, mais pas seulement) ont été davantage marqués par les acteurs non professionnels qui illuminent *L'Évangile selon saint Matthieu* de Pier Paolo Pasolini, avec cette crucifixion filmée au cœur de la ville troglodyte de Matera et cette Madone interprétée par la mère du réalisateur, Susanna : une mater dolorosa extraordinaire, elle aussi destinée à pleurer la mort de son fils.

Mais, alors qu'il semblait presque impossible d'intéresser le public à l'histoire des Romains crucifiant le fils de Dieu, voici qu'en pleine période des hippies et des révoltes étudiantes ce monde en ébullition donne naissance à l'un des plus grands succès de l'histoire du spectacle vivant : *Jésus-Christ Superstar.* D'abord sous la forme d'une comédie musicale, puis d'un film, avec un acteur noir, Carl Anderson, dans le rôle de Judas. Les accusations d'athéisme, de blasphème, d'antisémitisme pleuvent. L'Afrique du Sud interdit le film... qui plaît beaucoup au pape Paul VI.

Le public réserve également un excellent accueil à l'adaptation plus traditionnelle de Franco Zeffirelli – son *Jésus de Nazareth* est diffusé à la télévision en Italie, au Royaume-Uni et aux États-Unis – ainsi qu'à la géniale parodie des Monty Python, *La Vie de Brian*, interdite dans différents pays, dont l'Italie. Et, non, ce n'était pas à cause des noms des amis de Ponce Pilate, Bitus Grossus et sa femme Incontinentia Peta, qui ont dû faire sourciller certains professeurs de latin.

Deux autres films ont fait date en posant un regard original sur Jésus. Le premier est *La Dernière Tentation du Christ*, adapté du chef-d'œuvre de Nikos Kazantzakis par Martin Scorsese. Pour le rôle de Jésus, tout le monde s'attendait à ce qu'il choisisse Robert De Niro, mais l'acteur favori du réalisateur refuse : il ne se sent pas la force d'affronter un rôle aussi exigeant. Il propose donc de jouer un autre personnage. Mais, là, c'est Scorsese qui dit non et qui choisit Willem Dafoe.

Jésus est un collaborateur des Romains, qui construit des croix pour eux. L'un de ses amis, Judas – joué par Harvey Keitel –, est convaincu que Jésus est le libérateur du peuple juif : il le trahira peut-être pour le punir de ses atermoiements, peut-être pour l'aider à accomplir la prophétie et à se sacrifier pour l'humanité. L'histoire s'inspire des tentations qu'a dû affronter Jésus au désert. Le diable n'arrive pas à séduire le Christ, il le prévient : « Nous nous reverrons. » La dernière tentation est, précisément, celle de Jésus sur la croix : il imagine qu'il échappe à son sort pour vivre une vie normale, d'abord avec Marie-Madeleine, puis avec Marthe. Finalement, tout s'éclaire : ce n'était qu'une hallucination. Jésus accepte de se sacrifier et sauve ainsi le monde.

Le scénario contient des trouvailles extraordinaires, comme la rencontre imaginaire entre Jésus et saint Paul, le véritable inventeur du christianisme, l'homme qui a relié le récit des Évangiles à la culture classique. Le fait que Jésus soit effectivement mort puis revenu parmi les vivants n'a aucune importance, parce que les hommes ont terriblement besoin d'y croire. Voilà en substance ce que dit Paul : « Regarde ces braves gens, regarde leur visage. Tu vois à quel point ils sont malheureux ? Tu vois combien lourde est leur souffrance ? Leur unique espoir réside en Jésus ressuscité. Mon Jésus est beaucoup plus efficace, et mille fois plus puissant... Je suis content de t'avoir connu : j'oublierai que tu as jamais existé. » L'une des plus grandes scènes de la littérature et du cinéma. Au moins aussi extraordinaire que la scène de l'assassinat de Lazare, éliminé par les ennemis de Jésus parce qu'il est la preuve de son plus grand miracle.

Quelques années plus tard, un autre film consacré à Jésus et aux Romains a déchaîné les passions et suscité la controverse : *La Passion du Christ.* Si le film de Scorsese avait été critiqué par les traditionalistes et les conservateurs, celui de Mel Gibson fut, lui, perçu comme un manifeste du fondamentalisme chrétien. En réalité, le public fut essentiellement troublé par la brutalité du martyre du Christ : on y voit le fouet déchirer son corps supplicié et offert aux regards. L'acteur Jim Caviezel resta accroché à sa croix pendant des heures, fouetté par le vent glacial des Sassi de Matera, où Gibson, comme Pasolini, a tourné la crucifixion. La scène se termine par le cri déchirant du diable vaincu, interprété par Rosalinda Celentano.

Le film montre également la dureté de l'affrontement avec les Romains, qui est aussi linguistique : eux parlent en latin tandis que la langue de Jésus est l'araméen. Cela ne l'empêche pas d'affronter Ponce Pilate en parlant dans sa langue. « *Quid est veritas ?* » (« Qu'est-ce que la vérité ? ») lui demande le gouverneur romain, qui illustre la position de la philosophie classique, incapable de reconnaître la nouvelle foi. Un thème également au centre du chef-d'œuvre de la littérature russe moderne qu'est *Le Maître et Marguerite* de Boulgakov, où la passion de Jésus est racontée du point de vue de Pilate.

Cabiria et Maciste

Dès ses débuts, Rome a inspiré le cinéma. Si *L'Arrivée d'un train en gare de La Ciotat* des frères Lumière est considéré comme le premier film de l'histoire, un tout jeune aspirant réalisateur de vingt ans, Georges Hatot, tourne *Néron essayant des poisons sur des esclaves* en cette même année 1896 : cinquante secondes où, comme l'indique son titre, l'empereur regarde deux esclaves s'écrouler au sol et agoniser dans d'atroces souffrances, heureusement de courte durée.

Le premier vrai film en costumes, de dix-huit minutes, est produit en Italie en 1908 : il s'agit d'une adaptation des *Derniers Jours de Pompéi*, le roman de l'Anglais Edward Bulwer-Lytton qui raconte l'éruption du Vésuve et la destruction de la cité, symbole de la civilisation classique.

En 1913, un peintre devenu dessinateur d'affiches publicitaires puis réalisateur, Enrico Guazzoni, réalise en Italie le premier péplum de l'histoire : un film de deux heures, avec cinquante mille figurants. Son titre ? *Quo vadis*. C'est un succès mondial : le film est projeté dans les salles de Broadway et même à Londres, en présence du roi George V.

L'année suivante, on tourne le film le plus célèbre du cinéma muet. Mise en scène : Giovanni Pastrone. « Didascalies littéraires » : Gabriele D'Annunzio, à qui l'on doit également le titre, *Cabiria*, « née du feu ». Une œuvre innovante, avec des scènes tournées sur l'Etna, en Tunisie, dans les Alpes, mais aussi des trouvailles cinématographiques comme le travelling à la place des seuls plans fixes.

L'histoire a pour cadre la seconde guerre punique. Tandis qu'Hannibal attaque Rome, la petite Cabiria, prisonnière à Carthage, doit être sacrifiée au dieu Moloch. Elle est néanmoins sauvée par un espion romain, Fulvius Axilla, et par son serviteur tout en muscles, auquel D'Annunzio donne un nom destiné à passer à la postérité : Maciste. Le succès est immense.

Cabiria sera le premier film projeté à la Maison-Blanche. À Paris, il restera six mois à l'affiche. Et plus d'un an à New York.

Paradoxalement, le fascisme, ce régime qui nourrissait l'ambition de reconstruire l'Empire, ne donna naissance qu'à un seul grand film sur la Rome antique : *Scipion l'Africain*, tourné en 1936, l'année de l'aventure africaine du Duce, la conquête de l'Éthiopie. Un projet titanesque : reconstituer la seule bataille de Zama (202 av. J.-C.) nécessita de mobiliser dix mille fantassins, deux mille cavaliers et trente éléphants. Le Festival de Venise lui décerna, sans grande surprise, la Coupe Mussolini du meilleur film italien, mais le résultat ne fut pas du goût du Duce. Le leader fasciste n'était pas convaincu par l'acteur principal, l'acteur principal, Annibale Ninchi, qui, en plus de porter le nom de l'ennemi carthaginois, ne dégageait pas une virilité écrasante : « Si Scipion avait eu cette allure de brindille, je doute qu'il aurait remporté une seule bataille », déclara Mussolini.

Le vrai héros des péplums, c'est-à-dire ces films inspirés de la Rome antique et adressés prioritairement au grand public, n'est pourtant pas Scipion ou même César, mais le personnage inventé par D'Annunzio : Maciste. Après *Cabiria*, le guerrier musclé devient le héros d'une série de films muets – dont un mémorable *Maciste, chasseur alpin*, projeté à l'arrière lors de la Grande Guerre – avant de renaître à l'ère du cinéma en couleurs.

Entre 1961 et 1964, on tourne pas moins de vingt-trois films sur Maciste, soit une moyenne de six par an, avec pour interprètes des champions de culturisme. Les décors, toujours les mêmes, sont ceux des studios De Paolis de Rome. Certaines scènes de foule coûteuses sont recyclées et se retrouvent dans d'autres productions, à l'identique. Les titres valent leur pesant de cacahuètes : *Maciste chez les coupeurs de tête*, *Maciste en enfer*, *Maciste contre Zorro*. Mais notre héros a également eu droit à des incursions dans le film d'épouvante, la comédie… et la pornographie.

Le genre du péplum a permis à deux réalisateurs italiens majeurs de faire leurs débuts : Sergio Leone et Michelangelo Antonioni. L'un et l'autre ont remplacé des collègues plus âgés, tombés malades en plein tournage. Leone prend ainsi la place de Mario Bonnard et conclut une énième version des *Derniers Jours de Pompéi*. Antonioni, lui, vole au secours de *Sous le signe de Rome* de Guido Brignone, où Anita Ekberg interprète la reine de Palmyre, Zénobie, qui défie les Romains et finit vaincue.

Totò, Fellini et Tinto Brass

Tous les grands noms du cinéma italien se sont mesurés à la Rome antique. Vittorio Gassman a interprété Caton le Censeur, Marcello Mastroianni a été Scipion, et Nino Manfredi, Ponce Pilate. L'acteur comique Totò se rêve en Tibère dans *L'Empereur de Capri*. Alberto Sordi est le héros des *Week-ends de Néron*, avec Vittorio De Sica (Senèque), Gloria Swanson (Agrippine) et Brigitte Bardot (Poppée).

N'oublions pas Federico Fellini, obsédé par Rome depuis l'époque où il habitait Rimini. Il récupère le personnage de Cabiria, qu'il transforme en prostituée, et confie le rôle à sa femme Giulietta Masina pour deux films, *Le Cheikh blanc* et *Les Nuits de Cabiria*. Il jette ensuite son dévolu sur le chef-d'œuvre de Pétrone. En 1969, il tourne *Fellini Satyricon*. Si le nom du réalisateur est précisé dans le titre, c'est pour éviter qu'on confonde le film avec un autre *Satyricon* sorti, curieusement, la même année, avec Ugo Tognazzi, bien connu du public français pour son rôle de Renato dans *La Cage aux folles*.

Les pages de Pétrone permettent à Fellini d'alterner le sublime et le trivial, le lyrique et le comique, le drame et le grotesque : lui-même définira le film comme « un échantillon de science-fiction venue du passé ». C'est le début de la décadence de Rome. De l'original latin, il ne reste pas grand-chose, hormis sa scène emblématique : le banquet de Trimalcyon, l'affranchi parvenu à la vulgarité sans limites. Pour le rôle, le réalisateur a pensé à Bud Spencer (Bambino dans la série des *Trinita*). L'acteur refuse : pas question de tourner nu. Le casting offre leur première apparition à l'écran à une vraie trogne de cinéma, Alvaro Vitali, découverte par Fellini, ainsi qu'un magnifique jeune homme aux cheveux longs, au physique presque hermaphrodite, Renato Zero. On croise aussi Suleiman Ali Nashnush, un basketteur qui fut l'homme le plus grand du monde, avec près de deux mètres cinquante.

Mais l'évocation la plus sulfureuse de Rome, entre érotisme et cruauté, est *Caligula*. À elle seule, son histoire est un vrai roman. Le scénario est de Gore Vidal, le grand écrivain américain, qui veut en faire une série télé. Caligula n'est pas, techniquement, un empereur de la décadence : après tout, nous sommes encore au début de l'Empire ! Mais, après le pragmatisme d'Auguste et le détachement de Tibère, Caligula est le premier empereur à faire un usage immodéré du pouvoir dont il dispose, et à l'exercer sur le corps de ses sujets. C'est cette idée de la recherche du plaisir hors de tout cadre moral, ce mélange de sensualité et de pulsion de mort, d'autorité et de dépravation, qui inspire les artistes. Et qui, à l'évidence, attire les spectateurs. Encore aurait-il fallu qu'on les laisse voir le film.

Dans un premier temps, *Caligula* est censé être un projet de qualité et conçu pour la télévision, avec Roberto Rossellini à la réalisation. Mais on fait appel à son neveu Franco, producteur du *Décaméron* de Pasolini. Vidal est invité à reprendre son scénario pour en tirer un film, financé par Bob Guccione, un Italo-Américain qui publie une revue érotique, *Penthouse*. À ce stade, on envisage toujours un film d'auteur, mais Sir John Huston et Lina Wertmüller, pressentis pour jouer les deux rôles principaux, refusent. Le réalisateur vénitien Tinto Brass, lui, accepte. L'érotisme débridé ne fait pas peur à ce jeune quadra, au contraire !

Le casting est ambitieux, avec des actrices aussi formidables que Maria Schneider et Helen Mirren, ainsi que des comédiens confirmés comme Malcolm McDowell, qui doit jouer Caligula, et Peter O'Toole, au physique de Romain de l'Antiquité (rappelons qu'il a joué dans la série télé *Massada* et qu'il a incarné Auguste dans une autre série, *Imperium*). Mais le tournage est un désastre.

Une dispute éclate avec Maria Schneider, remplacée par Teresa Ann Savoy. Brass se fâche également avec Vidal, qui trouve le film trop érotique, et avec Guccione, qui pense exactement le contraire : il aimerait un long métrage flirtant avec la pornographie, avec des scènes de sexe non simulées que le réalisateur refuse de tourner. La production intervient lourdement sur le montage, pour rendre *Caligula* le plus scabreux possible. Mais quand, en août 1979, le film arrive en salles, la justice est saisie un nombre incalculable de fois. Brass est acquitté : le montage n'est pas de sa responsabilité. Rossellini est condamné en première instance à quatre mois de réclusion et le film est condamné à mort. Toutes les pellicules sont détruites, à l'exception d'un négatif. Amnistié, le producteur peut le récupérer. *Caligula* est remonté, mais, sur les cent cinquante-cinq minutes qu'était censé durer le film, il n'en reste que quatre-vingt-six après les coupes de la censure. Finalement, en 1984, les spectateurs peuvent voir la version intégrale. Cependant, elle est à nouveau retirée de l'affiche quelques jours plus tard.

Ce *Caligula* maudit aura trois « descendants ». Anticipant les problèmes de censure, Rossellini trouve le moyen d'amortir le coût des décors de la Rome impériale, en confiant à Bruno Corbucci la réalisation d'un film qui sort en 1977, avec pour titre à l'international *Messaline, impératrice et putain*, parfois appelé *Caligula II*, comme s'il s'agissait d'une suite. Ce qui n'est pas tout à fait absurde : l'héroïne n'est autre que la femme de Claude, le successeur de Caligula.

En 1982, le réalisateur de films pornographiques Joe D'Amato tourne *Caligula, la véritable histoire*. Sur les cent vingt-cinq minutes, les censeurs n'en sauvent que trente-neuf.

Plus récemment, en 2005, l'artiste italien Francesco Vezzoli présente à la Mostra de Venise un court-métrage de cinq minutes intitulé *Trailer for a Remake of Gore Vidal's Caligula*. Un hommage au scénariste, avec un casting princier : Benicio Del Toro, Courtney Love, la star du cinéma érotique des années 1970 Barbara Bouchet, Milla Jovovich et, dans le rôle d'une matrone romaine débauchée, Helen Mirren, qui, entre-temps, a interprété Elizabeth II.

En plus de s'adonner aux plaisirs charnels et d'abuser de la boisson, la Rome antique pouvait aussi rire.

Plaute et Térence, les deux plus grands dramaturges latins, ne se contentent pas d'amuser les spectateurs : ils s'interrogent sur la nature humaine mais en tirent des conclusions radicalement opposées. Pour Plaute, l'homme est un loup pour l'homme (« *Homo homini lupus* ») : personne n'est capable de faire quoi que ce soit en faveur des autres, de manière désintéressée. Quand il n'est pas mauvais, l'homme est égoïste et ne se montre généreux que si cela l'aide à se sentir meilleur et, donc, à nourrir son narcissisme.

À l'inverse, pour Térence, « quand il sait son devoir, l'homme est un dieu pour l'homme » : la société existe, n'en déplaise à Margaret Thatcher. On peut même la faire fonctionner correctement, si chacun accepte ses responsabilités et veille à ce que sa liberté n'empiète pas sur celle des autres. L'homme de Térence est celui qui accueille toutes les différences, toutes les façons d'aimer et même de haïr, parce qu'il reconnaît une trace de son humanité jusque dans les manifestations qui excèdent la norme, jusque dans la perversion et le mal : « Je suis un homme. Rien de ce qui est humain ne m'est étranger. »

Entre les deux dramaturges de la Rome antique, Buster Keaton (qui, dès 1923, avait tenté une relecture comique de l'histoire classique avec son film *The Three Ages*) choisit Plaute pour sa dernière apparition à l'écran, en 1966. La comédie musicale *Le Forum en folie* est tirée de trois de ses pièces : *Pseudolus*, c'est-à-dire *Le Menteur*, nom du *servus callidus*, l'esclave roublard qui aide son maître à conquérir l'élue de son cœur ; *Mostellaria*, la « Comédie du fantôme » (en réalité, il n'y a pas de fantôme, il ne s'agit que d'une astuce utilisée par le *servus callidus* pour empêcher un père de famille de surprendre les banquets auxquels s'adonne son fils) ; et, enfin, *Le Soldat fanfaron*, peut-être le chef-d'œuvre de Plaute, satire du militaire fier-à-bras, preuve que les Romains savaient aussi faire montre d'autodérision. Alors qui sait ? Marc Antoine aurait peut-être souri en se découvrant sous les traits de Totò, dans *Totò et Cléopâtre*. La reine d'Égypte est interprétée par l'actrice française Magali Noël : la Gradisca d'*Amarcord* de Fellini, que je considère comme son véritable chef-d'œuvre.

Parmi les innombrables séries TV (anglaises et américaines, notamment) ayant pour cadre la Rome antique, citons *Rome*, une production de la BBC et de HBO, qui frappe par son approche crue. Pas obscène ou vulgaire, non. Crue. En pleine guerre des Gaules, on voit Marc Antoine abuser d'une paysanne qui n'oppose aucune résistance, non par consentement mais par résignation. On observe le jeune Octavien gifler un esclave et le traiter avec une violence ahurissante. On assiste à une discussion entre légionnaires dont il ressort que la guerre consiste à dépouiller l'ennemi de son or et de ses femmes. La domination de l'homme par l'homme : ce n'était pas seulement cela, Rome. Mais c'était cela aussi.

Dans *Spartacus*, une autre série américaine (tournée en Nouvelle-Zélande), la violence, le sexe et la perversion naissent de l'inégalité absolue entre les êtres : les gladiateurs ne sont que des bouts de viande dont les patriciens tirent un divertissement sanglant, et les femmes, un plaisir sensuel. Les gladiateurs sont au centre de la nouvelle série tournée à Cinecittà, *Those About to Die*, dont le titre reprend une partie de la devise de ces héros tragiques de l'arène (« Ceux qui vont mourir te saluent »). Anthony Hopkins y interprète un empereur rarement vu à l'écran : Vespasien.

De nombreux jeux vidéo, centraux dans l'imaginaire de ceux qui sont nés avec le numérique, se déroulent dans la Rome antique. Certains sont consacrés aux grandes batailles de cette période, par exemple celles contre Hannibal et Vercingétorix. D'autres sont centrés sur les duels à mort, dans l'arène ou dans les cirques, face à des gladiateurs ou des bêtes féroces. Des jeux de gestion consistent à faire évoluer l'Empire en se glissant dans la peau d'Auguste ou de Trajan ou à reconstruire Rome après l'incendie qui a marqué le règne de Néron. Tel est aussi l'objectif d'un jeu de plateau culte, *Rome & Roll*.

Les Romains ont également inspiré les auteurs de mangas japonais. Passée par l'Académie des beaux-arts de Florence et amoureuse de l'Italie, Mari Yamazaki a créé *Thermae Romae*. L'ingénieur Lucius Modestus, licencié à cause de son manque d'imagination, prend son bain quand il est aspiré dans un vortex temporel qui le fait passer de la Rome antique au Japon d'aujourd'hui. Il y découvre les techniques de construction actuelles. De retour à son époque, il les applique avec un immense succès. Le sujet vous semble tiré par les cheveux ? Au Japon, neuf millions d'exemplaires de cette série ont été vendus. On en a aussi tiré deux films en prises de vues réelles ainsi que deux films d'animation, le dernier produit par Netflix.

Le grand public connaît sans doute mieux les liens qui unissent l'histoire de Rome et la saga *Star Wars*. La guerre interstellaire entre la République et l'Empire s'inspire clairement des guerres civiles de l'époque de César et Pompée, puis des césaricides et d'Auguste. Dans *Star Wars*, c'est aussi l'Empire qui l'emporte : Lord Sidious prend le pouvoir, s'entoure de prétoriens à cape rouge et donne l'Ordre 66 pour éliminer les Jedi. Une vraie liste de proscription. Même si sa promesse de paix évoque plutôt la *Pax Augustea*.

Dans *Star Trek*, le héros, capitaine du vaisseau *Enterprise*, s'appelle James Tiberius Kirk. Dans le préquel de 2009, il doit affronter Nero, l'assassin de son père. Ou comment inviter deux célèbres empereurs dans l'éternel combat du bien et du mal. Par ailleurs, la saga télévisuelle accorde un rôle important aux habitants de la planète Romulus, au caractère agressif et conquérant. Dans l'un des épisodes de la série originelle, intitulé *Sur les chemins de Rome*, on croise une planète appelée Magna Roma, avec des personnages en toge, des combats de gladiateurs et j'en passe.

D'Obélix à Maximus

En 1951, Albert Uderzo, fils d'émigrés italiens, et René Goscinny, né d'une famille de juifs polonais ayant échappé à la Shoah, se rencontrent à Bruxelles et deviennent aussi inséparables que Laurel et Hardy, dont ils sont de grands admirateurs.

Uderzo a vingt-quatre ans. Son père est un luthier originaire de Piovene Rocchette, dans la région de Vicence, et sa mère est toscane. Durant l'occupation allemande, il s'est caché en

Bretagne pour échapper au STO. Goscinny est plus vieux d'à peine un an. S'ils sont en Belgique, c'est parce qu'ils rêvent de percer dans le monde de la bande dessinée, comme Hergé.

Leur situation d'expatriés les amène à chercher un sujet inspiré de l'histoire de France. En ces années-là, Marvel rejette le Spiderman de Stan Lee, jugeant que les super héros doivent être grands, forts et sans défauts. Pas des adolescents en mal d'assurance. « Et puis les gens détestent les araignées », argue-t-on. Goscinny et Uderzo inventent, eux, un drôle de duo : un petit teigneux au gros nez et son ami amateur de bagarres, naïf et obèse, enfin, « légèrement enveloppé ». *Astérix le Gaulois* sort dans le magazine *Pilote* le 29 octobre 1959. La bande dessinée devient un album, puis un film d'animation, le premier d'une longue série.

Les deux personnages vivent à l'époque de la domination romaine. Les auteurs ont deviné que, derrière chaque Français, il y a un fier Gaulois qui sommeille. Une corde qu'ils n'hésitent pas à faire vibrer en imaginant que, dans la Gaule soumise par César, un petit village résiste encore et toujours à l'envahisseur, évidemment en Bretagne… et grâce à la potion magique préparée par le vieux druide Panoramix.

Impossible de ne pas y voir une métaphore d'une France profonde jouant les irréductibles face à l'hégémonie américaine, l'expansion des métropoles et ce que nous appelons aujourd'hui le monde globalisé.

Précisons cependant qu'Astérix et Obélix ne tentent jamais de soulever la Gaule contre les Romains. Au contraire, Bonnemine, la femme du chef du village, Abraracourcix, se plaint souvent des manières rustres de ses congénères et rêve du raffinement de Lutèce (c'est-à-dire de Paris) et de la civilisation romaine. Les Romains ne sont d'ailleurs pas méchants mais tout juste bons à récolter les baffes généreusement distribuées par des Gaulois surpuissants.

Le seul Romain qui ne prête pas à rire est Jules César, hautain, distant, légèrement efféminé, obsédé par sa calvitie, amoureux de lui-même. Mais, quand les circonstances l'exigent, Astérix et Obélix n'hésitent pas à le sauver des manigances de ses lieutenants déloyaux – c'est le cas dès leur première aventure. Au fil des albums, on croise également Brutus, souvent en train de jouer avec un poignard, comme dans *Le Devin*, le dix-neuvième opus de la série. « Tant qu'il sera près de toi, ô César, tu n'auras rien à craindre », promet un augure assez peu inspiré…

Dans *Astérix chez les Bretons*, ceux qu'on appelle pas encore les Anglais boivent de l'eau chaude avec un nuage de lait (le thé n'est pas encore arrivé d'Orient) et infligent leur cuisine exécrable aux Gaulois. Dans *Astérix en Helvétie*, les ancêtres des Suisses sont férus de coffres-forts, d'orgies et de fondue au fromage. Dans *Astérix légionnaire*, le vaste monde et la grande histoire s'invitent. La belle Falbala, dont Obélix est amoureux, découvre ainsi que son fiancé, l'acteur Tragicomix, a été enrôlé de force dans les armées de César : la guerre contre Pompée fait rage. Astérix et Obélix décident de s'enrôler à leur tour mais doivent d'abord faire leurs classes : ils croisent ainsi deux Goths que personne ne comprend ; un Égyptien qui se croit dans un club de vacances ; un Grec ; un Belge qui rappelle évidemment Tintin ; et un Breton au flegme imperturbable, vraiment très *British*. Après avoir fait tourner en bourrique les centurions censés faire d'eux des légionnaires, ils s'aperçoivent que leur compatriote a été enlevé par les pompéiens, qui vont écoper de quelques châtaignes. César est ainsi obligé de reconnaître sa dette envers les irréductibles Gaulois.

Astérix s'est vendu à quatre cents millions d'exemplaires à travers le monde, un record uniquement dépassé par la Bible. Il a été le héros de dix films d'animation et de cinq films en prises de vues réelles – le dernier en date avec Zlatan Ibrahimović dans le rôle d'un dangereux général romain, Antivirus. N'oublions pas non plus la vingtaine de jeux vidéo et le parc d'attractions qu'il a inspirés.

Belle réussite pour un petit Gaulois !

Pendant longtemps, Rome a paru délaissée par le grand cinéma. Trop éloignée de la sensibilité moderne. Et trop chère à reconstituer. L'écart entre le cinéma d'auteur et celui qui s'adresse à un large public était désormais trop grand. Un réalisateur d'envergure n'aurait (plus) jamais l'humilité nécessaire pour se conformer aux goûts du plus grand nombre et raconter une histoire.

Du moins, c'est ce qu'on pensait.

Et puis, au tournant du XXIe siècle et du troisième millénaire, Ridley Scott, un artiste aussi génial qu'inégal, flaire le chef-d'œuvre.

Gladiateur est un film assez peu crédible historiquement parlant. Dans la séquence d'ouverture, le général Maximus Decimus Meridius bat les Germains à Vindobona, aujourd'hui Vienne, sur le Danube, et met un terme aux longues guerres que Marc-Aurèle a dû mener bien malgré lui. L'empereur-philosophe est désormais vieux et fatigué. Sentant la mort approcher, il a décidé de laisser le pouvoir à Maximus, mais pas pour qu'il lui succède : le général devra assurer la transition jusqu'à ce que le Sénat soit en mesure d'administrer à nouveau Rome, comme autrefois. Marc-Aurèle en informe personnellement son fils Commode : « Tu ne seras pas empereur. Rome va être une République à nouveau. »

La réaction de Commode ne se fait pas attendre – il est ici interprété par Joaquin Phoenix, qui rend à la perfection le mélange de bonne volonté, de velléité et de cruauté du personnage. Il étouffe son père et se proclame empereur. Maximus, qui connaissait les intentions de Marc-Aurèle, devine qu'il s'agit d'un assassinat et refuse de jurer fidélité à Commode. Mais son lieutenant, Quintus, l'a déjà trahi. La femme et le fils de Maximus sont assassinés. Lui-même est promis à subir le même sort.

Mais Maximus sauve sa peau. Il devient gladiateur, la coqueluche des Romains. Dévoile son identité. Défie Commode en combat singulier. Et le bat malgré un coup en traître de son adversaire qui le condamne à une mort certaine. Il n'a plus qu'à dicter ses dernières volontés, avant de s'écrouler au milieu de l'arène : « Il y avait un rêve qui s'appelait Rome. Il doit être réalisé. »

Il va sans dire que Maximus Decimus Meridius est un personnage fictif, tout comme le sénateur prénommé Gracchus comme le défenseur du peuple qui avait vécu deux siècles plus tôt. Marc-Aurèle n'avait aucunement l'intention de restaurer la République. Et l'Empire n'est pas mort avec lui, loin de là.

Alors pourquoi *Gladiator* a-t-il été un succès planétaire, raflant cinq Oscars, dont celui du meilleur film, et celui du meilleur acteur pour Russell Crowe ? Pourquoi occupe-t-il une place si importante dans le cœur de générations de spectateurs ? Pourquoi certaines phrases comme « À mon signal, déchaînez les enfers ! » ou « Ce que l'on fait dans la vie résonne dans l'éternité » sont-elles devenues cultes ?

L'explication réside peut-être dans la phrase finale du héros. Dans « ce rêve qui s'appelait Rome ». Au bout du compte, Rome a forgé son héritage par les mots plus que par les armes. De César, il nous reste avant tout *La Guerre des Gaules* plutôt que ses innombrables victoires et les triomphes qui les ont célébrées. D'Auguste, il nous reste les vers composés en son honneur par Horace et Virgile, ainsi que la plainte d'Ovide, qu'il a envoyé en exil. Chaque fois que nous employons les mots de la politique, de la religion, de la vie publique, nous rendons inconsciemment hommage à la Rome antique. Une société violente, marquée par de profondes injustices et des inégalités criantes. Mais aussi parcourue par de grandes aspirations morales, où l'idéal du gouvernement universel et d'une paix durable a plongé des racines destinées à perdurer dans le cœur des hommes.

Voilà la vraie raison pour laquelle, au fil de l'histoire, chaque empire s'est présenté comme l'héritier de celui des césars. Voilà pourquoi Rome n'est jamais tombée. Rome est notre plus belle source d'inspiration – du moins à travers le visage idéalisé qu'en ont donné les écrivains, les artistes et les poètes, et surtout à la période, aussi courte qu'extraordinaire, où l'âge classique rencontre la chrétienté. Au fond, cette rencontre constitue le socle de la civilisation occidentale. Qui a causé beaucoup d'ennuis, qui est profondément critique vis-à-vis d'elle-même, qui est peut-être en train de s'autodétruire. Mais qui, au fond, n'était pas si mal.

Il se peut que ce rêve qui s'appelait Rome soit en train de s'évanouir. Celui d'un monde globalisé, multiculturel, multiethnique, prospère, où la paix n'est pas le signe de sa faiblesse mais de sa force.

Mais il se peut aussi qu'un jour, pas si lointain, ce rêve parvienne à se réaliser pour de bon.

Bibliographie

Les ouvrages consacrés à la Rome antique sont évidemment innombrables. Certains – comme l'*Histoire de la décadence et de la chute de l'Empire romain* d'Edward Gibbon, disponible en français dans la collection « Bouquins » de Robert Laffont (trad. F. Guizot, 2010) – sont eux-mêmes devenus des classiques, des *Discours sur la première décade de Tite-Live* de Machiavel (trad. A. Fontana, Gallimard, 2004) à l'*Histoire romaine* de Theodor Mommsen (trad. C. Nicolet, Robert Laffont, coll. « Bouquins », 2 vol., 2011). J'ai particulièrement aimé l'essai de Mary Beard, *SPQR. Histoire de l'ancienne Rome* (trad. S. Duran, Perrin, coll. « Tempus », 2022 [2016]). De la même autrice, je signale également ces titres, encore inédits en langue française : *The Roman Triumph* (Harvard University Press, 2007) ; *Laughter in Ancient Rome. On Joking, Tickling, and Cracking Up* (University of California Press, 2014) ; *Twelve Caesars. Images of Power From the Ancient World to the Modern* (Princeton University Press, 2021).

Antonio Spinosa, un fin connaisseur de l'histoire qui ne prend jamais son lecteur de haut, nous a laissé deux biographies riches en anecdotes. Ce livre leur doit beaucoup : *Cesare. Il grande giocatore* (Mondadori, 1986) et *Augusto. Il grande baro* (Mondadori, Milano 1996). Je conseille également (à condition de maîtriser l'italien) : *Tiberio. L'imperatore che non amava Roma* (Mondadori, 1985), et *La grande storia di Roma* (Mondadori, 1998).

Pour l'influence de la Rome antique sur le cinéma, j'ai notamment consulté l'ouvrage de Mary Wyke, *Projecting the Past. Ancient Rome, Cinema and History*, Routledge, 1997.

Pour l'*Énéide* :

Comparetti, Domenico, *Virgilio nel Medio Evo*, vol. 1, Francesco Vigo, 1872.

Hardie, Philip, *The Last Trojan Hero. A Cultural History of Virgil's « Aeneid »*, I.B. Tauris, 2014.

Kallendorf, Craig, *The Other Virgil, Classical Presences*, Oxford University Press, 2007.

Kennedy, Duncan, « Tradition and Appropriation. T. S. Eliot and Virgil's Aeneid », *Hermathena*, n° 158, 1995, p. 73-94.

Loane, Helen A., « *The Sortes Vergilianae* », *The Classical Weekly*, vol. 21, n° 24, 1928, p. 185-189.

O'Neill, J.R., Rigoni, Adam (dir.), *The Aeneid and the Modern World. Interdisciplinary Perspectives on Vergil's Epic in the 20th and 21st Centuries*, Routledge, 2022.

Padoan, Giorgio, « Il pio Enea, l'empio Ulisse. Tradizione classica e intendimento medievale », *Dante*, Longo, 1977.

Syed, Yasmin, *Vergil's Aeneid and the Roman self*, University of Michigan Press, 2005.

Ziolkowski, Jan M., Putnam, M.C.E. (dir.), *The Virgilian Tradition. the First Fifteen Hundred Years*, Yale University Press, 2008.

Parmi les textes d'époque romaine que j'ai consultés, je signale notamment :

César, *Guerre des Gaules*.

Cicéron, *Catilinaires*.

—, *De la République*.

—, *Pour Caelius*.

Ennius, *Annales*.

Eusèbe de Césarée, *Vie de Constantin*.

Flavius Josèphe, *La Guerre des juifs*.
Horace, *Épîtres*.
—, *Odes et épodes*.
—, *Satires*.
Juvénal, *Satires*.
Lucain, *La Pharsale*.
Martial, *Épigrammes*.
Pétrone, *Satiricon*.
Plutarque, *Vies parallèles*.
Polybe, *Histoires*.
Salluste, *La Conjuration de Catilina*.
Suétone, *Vie des douze Césars*.
Tacite, *Histoires*.
Virgile, *Énéide*.

Au sujet de l'empire sans fin :

Barbero, Alessandro, *Costantino il vincitore*, Salerno Editrice, 2017.

Bonaparte, Napoléon, *Précis des guerres de César*, Les Perséides, 2009.

Bowersock, Glen W., « Le tre Rome », *Studi Storici*, année XLVII, n° 4, octobre-décembre 2006, p. 977-991.

Butler, Sarah J., *Britain and its Empire in the Shadow of Rome*, Bloomsbury, 2012.

Charles, Michael B., « Remembering and Restoring the Republic. *Star Wars* and Rome », *The Classical World*, vol. 108, n° 2, 2015, p. 281-298.

Cooke, Jacob E., « Alexander Hamilton's Authorship of the "Caesar" Letters », *The William and Mary Quarterly*, vol. 17, n° 1, janvier 1960, p. 78-85.

Cracco Ruggini, Lellia, « Potere e carismi in età imperiale », *Studi Storici*, année XX, nº 3, juillet-septembre, 1979, p. 585-607.

Gandhi, *The Collected Works of Mahatma Gandhi*, Government of India, 1969.

—, *La Jeune Inde*, trad. H. Hart, Stock, 1948 [1924].

Geoffroy de Monmouth, *Histoire des rois de Bretagne*, trad. L. Mathey-Maille, Les Belles Lettres, 1992.

Harper, Kyle, *Comment l'Empire romain s'est effondré. Le climat, les maladies et la chute de Rome*, trad. P. Pignarre, La Découverte, 2021 [2019].

Joshel, Sandra R., Malamud, Margaret, McGuire, Donald T. Jr. (dir.), *Imperial Projections. Ancient Rome in Modern Popular Culture*, Johns Hopkins University Press, 2001.

Kahn, Andrew, « Readings of Imperial Rome from Lomonosov to Pushkin », *Slavic Review*, vol. 52, nº 4, 1993, p. 745-768.

Kumar, Krishan, « Greece and Rome in the British Empire. Contrasting Role Models », *Journal of British Studies*, vol. 51, nº 1, janvier 2012, p. 76-101.

Lacey, Helen, « A Comparison of the Illuminations of *Liber Regalis* with those of the Coronation Book of Charles V of France », *York Medieval Yearbook*, nº 1, 2002.

Lantz, Kenneth, *The Dostoevsky Encyclopedia*, Greenwood, 2004.

Madden, Thomas F., *Empires of Trust. How Rome Built – and America Is Building – a New World*, Plume, 2009.

Malamud, Margaret, *Ancient Rome and Modern America. Classical Receptions*, Wiley-Blackwell, 2009.

Mayhew, Nick, « Moscow, The Third Rome », *Oxford Research Encyclopedia of Literature*, 2021.

Mazzarino, Santo, *Il basso Impero*, Dedalo, 2003.

—, *La fin du monde antique. Avatars d'un thème historiographique*, trad. A. Charpentier, Gallimard, coll. « Bibliothèque des histoires », 1973.

Mazzini, Giuseppe, *Della giovine Italia*, Dagnino, 1851.

Minogue, Kenneth, « The Romans. The Real Meaning of Patriotism », *Politics. A Very Short Introduction*, Oxford University Press, 2000.

Ostrogorski, Georgije, *Histoire de l'État byzantin*, trad. J. Gouillard, Payot & Rivages, 1996 [1956].

Pertusi, Agostino, « Venezia e Bisanzio : 1000-1204 », *Dumbarton Oaks Papers*, vol. 33, 1979, p. 1-22.

Piganiol, André, *La Conquête romaine*, Presses universitaires de France, 2016 [1927].

Poe, Marshall, « Moscow, the Third Rome : The Origins and Transformations of a "Pivotal Moment" », *Jahrbücher für Geschichte Osteuropas*, Neue Folge, vol. 49, n° 3, 2001, p. 412-429.

Rostovtsev, Mikhaïl I., *Histoire économique et sociale de l'Empire romain*, trad. O. Demange, Robert Laffont, 1988.

Stremooukhoff, Dimitri, « Moscow the Third Rome. Sources of the Doctrine », *Speculum*, vol. 28, n° 1, janvier 1953, p. 84-101.

Turner, Frank M., « British Politics and the Demise of the Roman Republic : 1700-1939 », *The Historical Journal*, vol. 29, n° 3, septembre 1986, p. 577-599.

Vance, Norman, « Anxieties of Empire and the Moral Tradition. Rome and Britain », *International Journal of the Classical Tradition*, vol. 18, n° 2, juin 2011, p. 246-261.

Veyne, Paul, *Quand notre monde est devenu chrétien (312-394)*, Librairie générale française, coll. « Le Livre de Poche », 2010 [2007].

Wilson, Peter H., *The Holy Roman Empire. A Thousand Years of Europe's History*, Penguin Books, 2017 [2016].

Winkler, Martin M. (dir.), *The Fall of the Roman Empire. Film and History*, Wiley-Blackwell, 2009.

—, « The Roman Empire in American Cinema after 1945 », *The Classical Journal*, vol. 93, n° 2, décembre 1997 - janvier 1998, p. 167-196.

Je remercie tous ceux qui ont mis leur culture et leur intelligence au service de ce livre, notamment Carlo Carabba, Eugenio Murrali, Giacomo Pucci, Alessandro Sortino, ainsi que Rossana, ma fille que j'aime. Ce livre lui est dédié.

Édité par HarperCollins France.

Composition et mise en pages
Nord Compo à Villeneuve-d'Ascq

Achevé d'imprimer : septembre 2024.

FIRMIN-DIDOT

à Mesnil-sur-l'Estrée (Eure)

Dépôt légal : octobre 2024.

Pour limiter l'empreinte environnementale de ses livres, HarperCollins France s'engage à n'utiliser que du papier fabriqué à partir de bois provenant de forêts gérées durablement et de manière responsable.

Imprimé en France